REINHARD OLSCHANSKI | **DER WILLE ZUM FEIND**

REINHARD OLSCHANSKI

DER WILLE ZUM FEIND

Über populistische Rhetorik

WILHELM FINK

Bibliografische Information der Deutschen Nationalbibliothek

Die Deutsche Nationalbibliothek verzeichnet diese Publikation in der Deutschen Nationalbibliografie; detaillierte bibliografische Daten sind im Internet über http://dnb.d-nb.de abrufbar.

Internet: www.fink.de

Einbandgestaltung und Satz:
Martin Mellen und Peter Zickermann, Bielefeld

Printed in Germany
Herstellung: Brill Deutschland GmbH, Paderborn

ISBN 978-3-7705-6216-9

„Wenn Du Deine Identität nur durch
ein Feindbild aufrechterhalten kannst,
dann ist Deine Identität eine Krankheit."
(Hrant Dink 1954–2007)

Inhalt

Einleitung

Der Populismus bespielt die große Bühne. Kaum ein westliches Land ohne erbitterten Kulturkampf – für das Abendland und gegen den Islam, gegen Flüchtlinge, Migranten oder „korrupte" Eliten. Mit der Wahl von Donald Trump zum US-Präsidenten wurde der Populismus zum Faktor der Weltpolitik. Eine Hassrhetorik, die alle Ansprüche an Mäßigung und Verständigung mit Füßen trat, hat ihn ins Amt geführt. Auch in den großen europäischen Ländern ist der Populismus ein Faktor. Der vom britischen Populismus angestoßene Brexit stellt eine historische Weichenstellung dar. In Frankreich ist der Front National ein politisches Schwergewicht. In Italien hatte der Populismus mit Berlusconi und seinen Bündnispartnern bereits eine große Stunde. Und auch die Bundesrepublik ist längst keine Insel der Seligen mehr, die sich ihrer „rechtspopulistischen Lücke" erfreuen kann. In Österreich scheiterte der FPÖ-Kandidat knapp bei der Präsidentenwahl und in EU-Staaten wie Ungarn, Polen oder der Slowakei schwächt ein Populismus an der Macht die Gewaltenteilung und das demokratische Institutionengefüge. Vor dem Hintergrund dieses beängstigenden Tableaus könnte man fragen, was eigentlich übrig bleibt von jenem liberalen, weltoffenen, auf Demokratie und Menschenrechte setzenden Westen, der, bei all seinen Widersprüchen und Problemen, doch lange ein hochattraktives Modell war. Können die Gesellschaften des Westens dem neuen Ansturm des Illiberalen, Völkischen und Nationalen standhalten? Oder ist das alles nur – wie einige immer noch meinen – halb so schlimm? Ein Sturm im Wasserglas?

Der vorliegende Band kann keine abschließenden Antworten auf die vielen neuen und verwirrenden Fragen geben. Es gibt wohl niemanden, der das gegenwärtig kann. Doch möglich und dringend nötig ist es, an einigen zentralen Stellen gezielt nachzufragen. Und zwar nicht nur mit Blick auf politische, ökonomische, soziale oder kulturelle Bedingungen, die zum Aufstieg des

Populismus beigetragen haben, sondern auch hinsichtlich des Stils seiner Verlautbarungen. Denn er scheint ja in besonderem Maße ein „rhetorischer" Politikstil zu sein. Hier, auf dem Feld des Rhetorischen, ist er „ganz bei sich", in seiner guten oder auch weniger guten Stube, in der seine Wortführer einen sehr speziellen Austausch mit ihrem Publikum suchen. Den Aufstieg des Populismus verstehen heißt nicht zuletzt, ihn „beim Wort" nehmen und die Frage danach, *was* er eigentlich sagt, mit der nach dem *wie* zu verbinden. Die besondere Sprengkraft des Populismus liegt nicht zuletzt in der Verbindung von Form und Inhalt seiner Rede.

Und es gilt, ein Missverhältnis zu untersuchen, das nicht zuletzt er selbst an seinen Gegnern kritisiert: „Viel Rhetorik, wenig vorzeigbare Resultate" – so lautet ja eine Losung, mit der er seinen Hauptfeind, das „Establishment", angreift, das an allem möglichen, was ihn stört, eine Haupt- oder zumindest Teilschuld tragen soll. Allerdings scheint die kritisierte Diskrepanz zwischen Anspruch und konstruktivem Ergebnis eine zu sein, die gerade auch die Arbeit der Populisten charakterisiert. Dort, wo sie in Parlamenten sitzen, geben sie meist das Bild einer schlechten Opposition ab – gelangweilt von komplizierten Details, eher nur an Global- und Fundamentalkritik interessiert, meist passiv, es sei denn, größere Öffentlichkeitseffekte stünden in Aussicht.[1] Nicht nur in Wahlkämpfen neigen Populisten zum „postfaktischen" Sprechen – nach dem Vorbild von Donald Trump. Sie reden wenig über Fakten, sondern bekämpfen einen Feind.

Tatsächlich ist populistische Politik auf einen Ausschnitt dessen konzentriert, was politisches Handeln gemeinhin ausmacht. Es geht ihr vorrangig um die rhetorische Darstellung von politisch konnotierten Gedanken und Gefühlen vor Publikum, und deutlich weniger um realistische Lageeinschätzungen und Beratungs- und Aushandlungsprozeduren – um die meist wenig spektakulären, dafür umso anstrengenderen politischen Haupttätigkeiten in der Demokratie. Rhetorik spielt deshalb im Populismus nicht nur eine irgendwie umfänglichere, sondern eine qualitativ andere Rolle als in der herkömmlichen parlamentarisch-demokratisch geprägten Politik. Aber was genau unterscheidet populistische Rhetorik von anderen politischen Rede- und Darstellungsstilen? Denn reden tun doch alle!

Populismus ist primär und ganz wesentlich Performance, Darstellungshandeln. Gleichzeitig spiegeln Populisten das, was ihr eigenes Tun auffällig bestimmt, auffällig häufig zurück, wie eben im Vorwurf, wonach alle anderen *nur* reden. Als Vertreter eines genuin rhetorischen Politikstils machen sie die Differenz ihrer Rede zu den Reden aller anderen zu einem besonderen Redeinhalt. Sie machen einen Überbietungsanspruch geltend und reklamieren für das, was sie sagen, eine Relevanz, Intensität und Wirksamkeit, die anderen Reden abgehen soll.

Worin besteht dieses Höher, Schneller, Weiter der populistischen Rede?

Charakteristischerweise muss es sich nicht um eine von Massenaufzügen und frenetisch schreienden Rednern geprägte Übermächtigungsästhetik handeln, jene Spielart des Erhabenheitskitschs, die hier vielleicht zuerst in den Sinn kommt. Auch das glatte Gegenteil ist möglich – eine Art Unterbietungswettbewerb in einem skurrilen Kult der Mittelmäßigkeit, der auf den „Jedermann" zielt, eine Welt des „Man", den „Durchschnittsbürger", den der Populismus einer schweigenden, vergessenen und deshalb insgeheim umso wütenderen Mehrheit zurechnet. Tatsächlich liegt die entscheidende Differenz zur demokratischen Redepraxis nicht in den äußeren Formen der Publikumszuwendung, sondern in einem besonderen Willen zum Feind, der die populistische Rhetorik im Innersten antreibt. Populistische Rede ist Feindbildkonstruktion. Hier liegt das Zentrum, um das sie kreist. Fast jeder Satz der populistischen Rede ist ein Kind des Hasses und führt auf ein Feindbild – oder leitet sich von einem her. Hier liegt das, womit populistische Rede alle anderen Reden überbieten will, auch dort, wo sie auf ihre Eigenwelt, auf Volk, Familie und Vater- und Abendland heiße Liebesschwüre ablegt.

Und von diesem Hauptinhalt her ist auch die gesamte Form der populistischen Rede zutiefst affiziert. Wo das rhetorische Hauptanliegen Feindbildung und nicht demokratische Problembearbeitung ist, da dominiert „postfaktisches", um tatsächliche Faktenlagen wenig bekümmertes Sprechen. Vom fehlenden oder nur sehr lockeren Faktenbezug betroffen sind auch alle Folgerungen, die gezogen werden. Die rationale Struktur der Thesen, Argumente und Gegenargumente, die einen sachangemessenen Meinungsstreit auszeichnet, verkümmert zu einer bloßen „Deixis“, einem Zeigen und Ausdeuten des Feinds. Während demokratische Rede *zu* Gegnern spricht, die sie überzeugen möchte, redet der Populist *über* Feinde, die er übermächtigen und verdrängen will. Während demokratische Rede ihren Kontrahenten auch im scharfen Meinungsstreit noch als *Gegner* betrachtet, mit dem auch weiterhin zu reden sein wird, löst der Populist diese Bindung zu seinem Kontrahenten auf. Er bringt die Brücken des Gesprächs zum Einsturz. Er ist ein Abbruchunternehmer der Demokratie. Die Struktur und Funktionsweise von populistischer Rhetorik aufzeigen heißt deshalb auch nicht bloß, eine Form beschreiben und im Rahmen eines rhetorischen Regelwerks zu bestimmen. Es geht darum zu verstehen, wie der besondere Inhalt der populistischen Rede sich die ihm gemäße Form schafft – eine Form, die ihn bestens präsentiert, transportiert und popularisiert. Denn ihm geht es ja auch und vor allem darum, den Inhalt der Rede seinem *populus* nahe zu bringen, seiner als „das Volk“ imaginierten Hörerschaft.

Aber nicht nur die Form der populistischen Rede ist von diesem Hauptinhalt bestimmt, sondern der Populismus insgesamt. Er ist wesentlich Ausdeutung und Bekämpfung von Feinden. Die allermeisten Merkmale, die in den zahlreichen und durchaus disparaten Definitionsversuchen des Populismus angeführt werden[2] – sein Antipluralismus, die Konstruktion einer besonderen Eigenwelt, seine Reaktionsbildung auf soziale Krisen, seine Gegnerschaft zu repräsentativer Politik, sein chamäleonartig wandelbares Wesen und vieles andere mehr – sie alle führen auf diesen Hauptinhalt, der sich im Wandel durchhält und seine unterschiedlichen Züge integriert. Der Populismus wechselt chamäleonartig seine Inhalte, weil sie zu wechselnden und nach Bedarf konstruierten Feindbildern passen sollen, so, wie er auch seine Eigenwelt als ein Gegenbild zur Feindwelt entwirft. Auch seine Reaktionen auf Krisen und Umbrüche sind wesentlich Feindausdeutung, die denjenigen bezeichnen sollen, der an allem schuld ist. Genauso wie er in seiner Gegnerschaft zur repräsentativen Politik alle politischen Konkurrenten unterschiedslos „dem“ Establishment zuordnet, um es in antipluralistischer Weise zu seinem „Hyperfeind“ zu stilisieren.

Die inhaltlich-formale Rekonstruktion, die im Folgenden versucht wird, soll etwas von dem aufklären, was den Populismus antreibt und gefährlich erfolgreich macht – ein Wille zum Feind, der sein Herz vergiftet, eine Tendenz zum Autoritären, die demokratische Spielregeln und Verfahren in Frage stellt. Ein solches tieferes Verständnis des Populismus ist dringend nötig, um einen Weg aus der Sprach- und Hilflosigkeit zu finden, in die populistische Rede die kritische Gegenrede weithin gestoßen hat.

1. Populismus und Rhetorik

Bereits die Bezeichnung *populistische* Rede lässt den besonderen Publikumsbezug aufscheinen, der für diese Art der Rede charakteristisch ist. Sie verdeutlicht, dass eine solche Rede sinnvollerweise nicht nur von ihrer Textgestalt her zu untersuchen ist – oder als bloße Abfolge gesprochener Worte. Ihr Wirkmechanismus lässt sich nur verstehen, wenn auch die performative Situation in den Blick kommt, in der sie steht. Der Anspruch, performative Kontexte stärker zu berücksichtigen, wird heute – vor dem Hintergrund einer auf strikte Textanalysen setzenden theoretischen Haltung – als produktive Erweiterung des Fragehorizonts begriffen. Mit Blick auf die klassische Rhetorik ist sie es nicht. Denn dort wurde nie nur vom Text, sondern stets auch von der Performanz her gedacht.

Das rhetorische Dreieck

Bereits die klassische Bestimmung der rhetorischen Grundelemente bei Aristoteles geht auf das Performative: „Es basiert nämlich die Rede auf dreierlei: dem Redner, dem Gegenstand, über den er redet, sowie jemandem, zu dem er redet, und seine Absicht zielt auf diesen – ich meine den Zuhörer."[3] Diese Definition ist eine der ältesten noch gebräuchlichen und praktisch relevanten Bestimmungen der Geistesgeschichte. Sie umreißt das *Wer – zu Wem – Worüber* des Sprechens, das sich in der Redesituation konkret vermittelt und bestimmt.

Mit Blick auf diese Vermittlung sind die drei Elemente, die Aristoteles anführt, immer wieder in eine Anordnung gebracht worden, in der sie nicht als unverbundene Punkte erscheinen. Sie liegen auch nicht einfach auf einer Geraden und sind auch keine Serie von drei Gleichen, keines ist Wiederholung der beiden anderen. Sie bilden vielmehr die voneinander zu unterscheidenden Grundelemente eines rhetorischen *Dreiecks*. Rede meint von daher die triangulare Konstellation, in der diese Elemente zu konkreten Momenten eines Zusammenhangs werden – im Rahmen eines performativen Prozesses, in dem sie ineinander reflektieren und sich näher bestimmen.

Im Folgenden soll es um die Frage gehen, wie dieses Bestimmungsspiel sich in der Rhetorik gestaltet, die wir populistisch nennen. Dabei handelt es sich nicht einfach um eine besondere atmosphärische Einfärbung der rhetorischen Dreieckskonstellation – eine bloße Versetzung der Redesituation ins „Zünftige", eine Art Bierzelt-Performanz –, sondern um die besondere Art der Verbindung und Verstrebung der drei Elemente, die hier zustande kommt. Es geht nicht zuletzt um die Frage, was es für die populistische Rhetorik bedeutet, dass im Dreieck jeweils nur zwei Punkte auf *einer* Linie liegen, während der Dritte abweicht: Wie spricht der populistische Redner? Und worüber? Und wie verbindet er sich mit seinem Publikum? Und worin besteht das abweichende Dritte, das nicht auf der gemeinsamen Linie liegt?

Das rhetorische Dreieck liefert ein anschauliches Bild dafür, was die rhetorische Situation ausmacht. Doch das Bild fasst nur eine Grundstruktur des Zusammenhangs. Denn eigentlich geht es nicht um eine statische Anordnung, die bildhaft und damit gewissermaßen „auf einen Blick" zu erfassen wäre, sondern um die Bewegung einer Konstruktion, um ein Bewegungsbild, in dem die drei Instanzen sich komplex miteinander vermitteln – auch durch Negation und Abstoßung. Diese Bewegung ist das eigentliche Redeperformativ, der Prozess, in dem auch die populistische Rhetorik sich realisiert.

Worüber spricht der populistische Redner? Und vor allem: in welcher Weise? Die Frage bildet den Anfang nicht nur im Sinne einer Erkenntnisbewegung – weil man Populisten beim Wort nehmen und sie an ihrer Sprache erkennen soll –, sondern auch, weil diese Sprache in einem ganz grundsätzlichen Sinne ein Produktions- und Arbeitsmittel ist, mit dem der Populismus sich eine Welt erschafft und ausgestaltet. Die Doppelung von Erschaffen und Erkennen, auf die wir hier stoßen, korrespondiert mit dem Umstand, dass populistische Rhetorik in einem durchaus doppeldeutigen Sinn vergegenständlichend und objektivierend ist. Der Eindruck, den der Populist zuallererst hinterlässt, ist der von sinnlicher Heftigkeit: Dort, wo er auftritt, kracht es! Schmähung, Hass, Anfeindung sind seine Insignien. Sie indizieren das von ihm beanspruchte Herrschaftsgebiet und sind auch bereits ein Hinweis auf den besonderen Gegenstandsbezug der populistischen Rede und vor allem auch darauf, wie es den Objekten seiner Rede ergehen soll. Denn diese Rede geht primär nicht *ad rem*, ihre Thesen, Belege und Widerlegungen sind nicht streng auf „die Sache" gemünzt – auf einen thematischen Weltausschnitt, der auf Fakten gestützt und mehr oder weniger „objektiv" behandelt wird. Die Sache ist nicht ihr Ding! Stattdessen zielt sie primär auf Personen. Hier liegt ihr eigentliches Anliegen. Und zwar nicht so, dass dann eben Personen zu ihrer Sache würden – im Sinne einer sachlich gehaltenen Erörterung – sondern in einem performativen Sinn, in dem die Rede selbst zu einer aggressiven und verletzenden Handlung auf der Beziehungsebene wird. Oder in den Worten von Schopenhauer ausgedrückt: „Beim Persönlichwerden aber verlässt man den Gegenstand ganz, und richtet seinen Angriff auf die Person des Gegners: man wird also kränkend, hämisch, beleidigend, grob. Es ist eine Appellation von den Kräften des Geistes an die des Leibes, oder an die Tierheit."[4] In der populistischen Rede geht es um eine durchgängig personale Verbindung, in der das dritte Element, der Redegegenstand, a fortiori eine personale Instanz sein muss – eben, weil er „der Feind" sein soll. Die Rede des Populisten geht *ad personam*. Seine Hauptobjekte sind Personen und Personengruppen, über die er nicht nur redet, sondern denen gegenüber er negative Affekte mobilisiert – mit Hilfe einer Sprache, die Gefühle des Hasses und der Feindschaft anstachelt. Populistische Rede ist keine sachliche Rede auf der Sachebene, sondern eine personalisierende Erörterung von sozialen Beziehungen. In der Sache personalisierend und der Form nach verletzend – das ist ihr zentraler Form-Inhalt-Konnex.

Mit Blick auf den personalen Redegegenstand steht der Populismus in keiner dialogischen Perspektive. Als ein negativ emotionalisierender Redestil ist er nicht verständigungs-, sondern konfliktorientiert. Entsprechend ist das „moralische" Anliegen, das ihn bestimmt, eines, das den Unterschied zu dem oder den

Feinden bezeichnen und befestigen soll, die er identifiziert und disqualifiziert. Populismus ist zuallererst eine Praxis des sozialen Ausgrenzens und moralisch-ethischen Verächtlichmachens von Personen und Personengruppen. Populistische Rede ist wesentlich Enmifikation – Feindbildkonstruktion. Der Wille zum Feind ist ihr Motor. Er treibt die populistische Signifkationsmaschine an. Kaum ein Satz in der populistischen Rede, in dem das Wirken dieses Prinzips nicht aufweisbar wäre.

Das zweite hervorstechende und dabei auch namensgebende Merkmal der populistischen Rede besteht darin, dass sie das enmifikatorische Reden ad personam zur direkten Kehrseite eines Redens ad populum macht. Sie will in besonderer Weise bei ihrem Hörer-„Volk" Anklang finden und dessen Ressentiments und Vorurteile bedienen und formen. Die Abstoßungskraft, der moralische Anti-Affekt, den ihr Feindbildkonstrukt mobilisiert, soll dabei umschlagen in Kohäsion. Der gemeinsame Hass auf Feinde soll eine innige Verbindung der Hörerschaft befördern und Affekte populistischer Gemeinschaftlichkeit tragen. Feindbildung und das Ansprechen und Schüren von Ressentiment, Hass und Vorurteilen wird zum Sammelpunkt der populistischen Vergemeinschaftung.[5] In dieser doppelten Affektmobilisierung bestimmt sich das rhetorische Dreieck der populistischen Rede. Und durch Feindbildung und Vergemeinschaftung vermitteln sich auch die drei Elemente der populistischen Rede und werden zu Momenten einer besonderen Redesituation.

Die klassische politische Rede

Doch welche genauere Bewegungsgestalt hat diese Figur? Denn Rede ist ja eine bewegte Form, eine Verlaufsgestalt der Beziehung zwischen ihren Eckpunkten. Wie dieser Gestalt auf die Spur kommen? Und zwar so, dass dabei das für den Populismus Charakteristische und Wesentliche erfasst wird? Um hier Kriterien zu gewinnen, ist es sinnvoll, auch die weiteren Kontexte der populistischen Rede zu betrachten.

Der umfassende Kontext, in dem sie in den heutigen westlichen Gesellschaften auftritt – und den sie gleichzeitig partiell oder sehr weitgehend bekämpft, mitunter aber auch militant für sich reklamiert –, ist der einer offenen, pluralen und demokratischen, von Bürger- und Freiheitsrechten und insbesondere vom Recht auf freie Meinungsäußerung geschützten Gesellschaft. Eine Selbstverortung des Populismus innerhalb dieses Raumes erfolgt etwa mit Wendungen wie dem berühmten „Man wird doch wohl noch sagen dürfen …" eines Thilo Sarrazin, der damit viele seiner Thesen begleitet und legitimiert.[6] Eine solche Wendung beansprucht für Thesen, die ihren Inhalten nach einen oft antipluralistischen Charakter haben, einen Platz im pluralen Raum des Sagbaren. Und das natürlich nicht nur im banalen Sinne physikalisch bewegter Luft, sondern im Sinne eines Beitrags zu einer umfassenderen sozialen Kommunikation, in der Vieles nicht einfach nur daher gesagt werden *kann*, sondern ausdrücklich und legitimerweise auch gesagt werden *darf* – insbesondere auch das, was Inhalt der populistischen Rede ist. Das „wohl" im „wohl noch" macht diesen Anspruch noch dringlicher. Denn es markiert einen Protest gegen eine sprachpolizeiliche Schließung der pluralen Kommunikationsverhältnisse, die als Drohung irgendwie im Raum stehen soll und mit der dann nicht nur populistische Thesen zu Verbotsopfern würden, sondern die Meinungs- und Redefreiheit insgesamt. Wer einen tief antipluralistisch imprägnierten Populismus in Frage stellt, soll sich am Pluralismus selbst vergehen!

Der Kontext der populistischen Rede ist nicht nur der einer freien sprachlichen Selbstexpression oder auch der einer vorrangig nach ästhetischen Kriterien zu bewertenden und von der Kunstfreiheit zu schützenden Kommunikation. Dennoch rekurrieren populistische Redner auch auf diese spezielleren Freiheitsrechte, zum Beispiel um Drohungen oder beleidigende oder diskriminierende Äußerungen zu relativieren, die heftigen Widerspruch gefunden haben und gegebenenfalls auch justiziabel sind. Denn der Populist wähnt sich nicht nur umgeben von einer missgünstigen Welt, die ihn ständig und absichtlich missversteht. Diese Welt ist auch eine humorlose, die keine Antennen hat für jene feinsinnige Ironie und Satire, die er als eingeborenes Kind augenzwinkernden Frohsinns in seinen Äußerungen doch wohl noch einflechten darf.

Auch wenn populistische Invektiven immer wieder als quasikünstlerische Interventionen oder spezieller als Ironie und Satire verteidigt werden, der Selbstanspruch der populistischen Redner ist ein anderer. Ihre Rede soll nicht bloß ästhetische Kommunikation sein – Büttenrede, Comedy oder Satire. Populistische soll politische Rede sein. Das ist der Selbstanspruch. Sie soll politische Kommunikationen und Entscheidungen prägen und bestimmen. Der Redner beansprucht mit seiner Rede, auf wichtige, weithin übersehene, verschwiegene oder verdrängte oder auch nur grundsätzlich falsch angepackte Probleme der Gesellschaft aufmerksam zu machen und politische Lösungen für diese Probleme anbieten zu können. Das gilt auch dann, wenn Problembeschreibungen und Lösungsvorschläge nur einen Komplexitätsgrad erreichen wie bei Donald Trump, der zu viele Mexikaner in den USA als Problem und den Bau einer Grenzmauer als dessen Lösung präsentiert.

Die Darstellung von problematischen Sachverhalten und begründeten Lösungen sind der Kerngehalt der politischen Rede. Das meint Aristoteles, wenn er in diesem Zusammenhang von Sachverhalt und Beweis spricht: „Es gibt aber zwei Teile der Rede: Man muss nämlich den Sachverhalt, um den es sich handelt, darlegen und schließlich den Beweis des Gesagten antreten. Daher ist es unmöglich, das Dargelegte nicht zu beweisen beziehungsweise den Beweis zu führen, ohne vorher den Sachverhalt dargelegt zu haben."[7] Wie solche Reden auch immer ausgestaltet sein mögen, diese beiden Hauptaspekte müssen klar erkennbar sein – auch in fortgeschritteneren Debatten, wo die Beschreibung der Problemlage nur noch implizit vorkommt, weil über sie bereits Einigung erzielt wurde, und die Erörterungen sich auf den zweiten Aspekt, den der angemessenen Lösung, konzentrieren. An der Art des Auftretens dieser beiden Ansprüche ist auch die populistische Rede, die eine politische sein will, zu messen.

In der Geschichte der Rhetorik steht die Behandlung der beiden Hauptaspekte im Rahmen eines komplexeren Redemodells, das einen geradezu kanonischen Status gewonnen hat. Es umfasst neben den beiden genannten noch weitere wichtige funktionale Aspekte und bringt diese in eine vier- respektive fünfteilige Verlaufsform. Eine Einleitung (exordium) soll danach das Interesse des Publikums wecken und vor allem auch Wohlwollen für den

Redenden und die folgende Rede. Ein erster Hauptteil, die Erzählung (narratio), dient dann der Darstellung des Sachproblems, klassischerweise auch im Sinne einer Chronologie, die auf den gegenwärtigen Sachstand führt. Der zweite Hauptteil bringt die „Lösung" als These des Redners und deren Begründung (propositio und probatio). Ihm folgt ein dritter Hauptteil, die refutatio, die oft mit dem zweiten Hauptteil zusammengezogen wird und sich mit der Zurückweisung und Widerlegung der gegnerischen Argumente beschäftigt.[8] Den Abschluss (peroratio) bildet eine inhaltliche Zusammenfassung, die auch eine Anregung der Gefühle mit umfasst. Zwar folgen viele und vielleicht sogar die meisten tatsächlich gehaltenen Reden dieser Form nicht ganz genau. Und natürlich gibt es in der Geschichte der Rhetorik auch zahlreiche Varianten und Gegenmodelle.[9] Aber es ist doch die beschriebene Form, die das klassische Modell abgibt – so, wie die klassische englische Anzugmode einen Maßstab liefert für die unzähligen Abweichungen und Variationen der Modedesigner. Es handelt sich um ein wohlgeordnetes Modell der politischen Rede als Form des kommunikativen Handelns.

Die funktionalen Teile stehen dabei in einer sinnvollen Abfolgelogik. Zunächst geht es um die Herstellung einer kommunikativen Beziehung zwischen Redner und Hörern und dann erst um die Darlegung eines Sachproblems – und auch um das Verhältnis zwischen diesen ersten beiden Aufgaben, nämlich um eine dem Redeerfolg förderliche Beziehung zwischen der kommunikativen Beziehungs- und der sachorientierten Ebene. Auf dieser Grundlage kann dann die These entfaltet werden, die eine fundierte Einschätzung der dargelegten Sachprobleme beinhaltet und auf Lösungsvorschläge führt, von denen dann auch gezeigt werden muss, dass und warum sie anderen Einschätzungen, Urteilen und Lösungsvorschlägen – ihren möglichen Gegenthesen – überlegen sind. Die Rede hat schließlich eine handlungsleitende und -motivierende Funktion, die vor allem an ihrem Ende zum Tragen kommt. Sie soll dazu anregen, die vorgeschlagene Lösung auch tatsächlich zu realisieren. Hierfür spitzt sie im abschließenden Teil ihre These zu, zum Beispiel mit handlungsorientierenden Slogans, die Aufforderungscharakter tragen und auch affektive Ressourcen mobilisieren.

Diese Teile der Rede stehen aber nicht bloß für ein sinnvolles Abfolgemodell, sondern allgemeiner auch für Funktionen und Aufgaben, die eine wohlgeformte Rede zu erfüllen hat – und denen sie auch an anderen als an den für sie modellhaft reservierten Orten der Abfolge nachkommen kann und soll. So wird die Beziehung zum Publikum zwar zu Beginn der Rede „eingefädelt", im Fortgang dann aber natürlich aufrechterhalten und entwickelt. Und auch Emotionen sind nicht nur in der Schlusssteigerung im Spiel, sondern auch schon in verschiedenen Zwischensteigerungen. Die Funktionen der Sach- und Beziehungsebene sowie die thetischen, antithetischen und motivationalen Funktionen gleichen deshalb eher einem Klangcluster, dessen Einzeltöne im ganzen Verlauf der Darbietung präsent sind – an bestimmten Stellen jedoch mehr oder weniger stark hörbar werden.

Auch aufgrund solcher Überlagerungen von Funktionen kommt es zu den vielen Variationen des Grundmodells und zu alternativen Formen des Aufbaus und der Gedankenführung. Doch auch das Grundmodell kommt noch mehr oder weniger in Reinform vor. Vor allem im angelsächsischen Sprachraum wird von ihm bis auf den heutigen Tag reger Gebrauch gemacht, nicht zuletzt in Gerichtsreden, die neben den politischen Reden ja bereits für Aristoteles die zweite Hauptgattung der Rede bilden – wobei die judiziale Rede Urteile über Sachverhalte in der Vergangenheit finden soll, während die politische als deliberative Rede Entscheidungen über ein zukunftsgestaltendes Handeln im Auge hat.[10]

Die populistische Rede, die als politische auftritt, setzt sich unter die Maßstäbe des klassischen Modells. Entsprechend wird zu untersuchen sein, welche Formen und welche typischen Gehalte die Problem- und Sachverhaltsdarstellungen und auch die Lösungsvorschläge in populistischen Reden haben; und ebenso natürlich in welchen Formen und mit welchen Inhalten jene funktionalen Aspekte auftauchen, die ihre klassischen Orte in den Randteilen der Rede haben.

Für die Frage des Bewertungsmaßstabs von populistischen Reden ist aber auch der Umstand relevant, dass sich mit den Funktionen der Rede bestimmte rationale Standards und normative Geltungsansprüche verbinden. Die Frage nach den Charakteristika der populistischen Rede wird entsprechend auch als Frage nach den Abweichungen von diesen Standards und Ansprüchen zu untersuchen sein.

Jürgen Habermas hat in seiner „Theorie des kommunikativen Handelns" die normativen Geltungsansprüche, die in verständigungsorientierter Rede präsupponiert sind, als die der „Wahrheit, Richtigkeit und Wahrhaftigkeit"[11] umrissen. Gemeint sind „objektive" Wahrheit im Sinne der Faktendarstellung, subjektive Aufrichtigkeit des Sprechenden sowie die normative Richtigkeit des Gesagten. Wer diesen Ansprüchen in angemessener Weise Rechnung trägt, kann produktiv Anteil nehmen an einem Beratungsgeschehen, das mittels Rede und Gegenrede auf faire und sachangemessene Problemlösung orientiert.

Auch Verfahrensregeln von Parlamenten und Gerichten schreiben Standards und Ansprüche fest – nicht zuletzt, was Höflichkeit, persönliche Achtung und wechselseitigen Respekt der Beteiligten untereinander anbelangt – Regeln, die von Richtern und Parlamentspräsidenten auch im Sinne einer Mäßigung der im Laufe des Verfahrens gegen Personen gerichteten Affekte geltend gemacht werden. Das ist besonders wichtig mit Blick darauf, dass politische und Gerichtsreden ja in aller Regel Teil eines Konfliktgeschehens sind, das sie in Parlamente oder Gerichte hinein verlängern, um dort konfligierende Ansichten, Ansprüche und Interessen in fairen und transparenten Prozeduren zu prüfen, um sie mit Hilfe von guten Kompromissen und fairem Interessensausgleich friedlich zu schlichten oder auch, um zwischen nicht vermittelbaren Positionen rational und verantwortlich zu entscheiden.

Höflichkeit und Respekt sind dabei Verhaltensweisen, die auf der interpersonalen Ebene zur Deeskalation beitragen, um Konflikte sachangemessen bearbeiten zu können, ohne sie durch persönliche Angriffe weiter zu eskalieren. Die Kontrahenten sollen sich wechselseitig als Gegner im Rahmen eines gemeinsam geteilten und sie verbindenden normativen Horizonts anerkennen und sich als gleichwertige Personen begegnen, die gleichermaßen Achtung verdienen. Gemeint ist jene Art der Anerkennung, die wir allen Menschen als *Personen* entgegenbringen, also als Individuen, mit denen wir zwar nicht in Beziehungen der besonderen Wertschätzung oder gar der individuellen Liebe stehen, die aber qua wechselseitiger Achtung gleichwohl darauf vertrauen können, dass sie nicht zu Feinden werden, also zu Kontrahenten, die sich nicht mehr in ihrer persönlichen Integrität anerkennen und zwischen denen aufgrund von tiefen Kränkungen und Beleidigungen kein Gespräch mehr möglich ist.

Beim klassischen Redemodell und seiner heutigen judizialen oder deliberativen Anwendung und Ausformung in den Verhandlungen von Parlamenten und Gerichten handelt es sich also um ein Modell mit normativ-rationalem Zuschnitt. Es macht die zu verhandelnden Probleme gut darstellbar und diskutierbar und erhöht die Chancen, zu guten und angemessenen Entscheidungen zu kommen.

Von der thetischen und antithetischen Funktion her gesehen sind die Reden, die hier gehalten werden, Teil eines pluralen und agonalen Geschehens – bezogen auf einen ganzen Horizont von Gegenthesen und Gegenreden, die in die einzelnen Reden wiederum eingehen, indem die Redner wechselseitig aufeinander reagieren. Im Horizont der miteinander interagierenden und konkurrierenden Thesen und Reden und auf der Grundlage einer Offenheit aller Teilnehmer für den zwanglosen Zwang des besseren Arguments ist die einzelne Rede idealerweise Teil eines rationalen Überbietungswettbewerbs auf der Suche nach der besten Lösung.

In dieser Weise verkörpert das agonale Reden auch den kritischen Geist einer lebendigen Demokratie und des modernen Rechtsstaats, in dem Rede und Gegenrede willkommen sind, auf fruchtbaren Boden fallen und Entscheidungsprozesse prägen und bestimmen.[12] Dass die faktisch gehaltenen deliberativen und judizialen Reden hinter solchen Ansprüchen mitunter zurückbleiben, dürfte den realistischen Beobachter nicht überraschen. Das bedeutet jedoch nicht, dass die Teilnehmer der entsprechenden Verhandlungen sich hier einfach Dispens erteilen. Deutlich sichtbar wird das Festhalten an den entsprechenden Ansprüchen und Präsuppositionen der Rede nicht zuletzt dort, wo Diskutanten sie explizit machen oder Sitzungsleitungen und Richter sie qua Verfahrensordnung einfordern: Sei aufrichtig! Sage die Wahrheit! Verlange nichts Unrichtiges!

Die populistische Rede lässt sich auf verschiedenen Ebenen als Abweichung vom Modell der klassischen politischen Rede beschreiben, vor allem auch mit Blick auf dessen normative und rationale Standards. Das lässt sich an charakteristischen Unter- bzw. Überbetonungen einzelner Redeelemente oder auch am Umgang mit deren sachlich-rationaler und normativer Logik ablesen, die in einer bestimmten Darbietung und Gewichtung von Sachdarstellung, Argument und Gegenargument zum Ausdruck kommt. Die populistische Rede steht nicht auf der Seite von persönlicher Mäßigung, von rationaler Rekonstruktion und Argumentation oder normativer und affektiver Selbstkontrolle im Konfliktaustrag, sondern auf der Seite der Konflikteskalation, von sachfremden Statements, irrationalen Sprüngen und starken und ungezügelten Affekten. Eine Analyse von populistischen Reden vor der Folie des klassischen Modells politischer Rede lässt ihre diesbezüglichen Eigenheiten plastisch hervortreten.

Lässt sich gegenüber dem klassischen Modell der politischen Rede aber auch ein Grundmodell der populistischen Rede ausmachen? Holzschnittartig gesagt verkürzt der Populismus die klassische politische Rede zu einer Art Revenge Story. Er gibt ihr eine mythische Form, wie man sie aus zahlreichen Kriminal- oder Westernfilmen kennt. Darin nähert sich der Rhetor seinem Publikum in besonderer Weise, als jemand, der entweder „genauso" ist wie seine Zuhörerschaft – ein Mann des „Mittelmaßes", aus dem Volke – oder aber grandios und überlegen und gerade deshalb zur Erhöhung seines Publikums bestimmt. Er erzählt die Geschichte von einem gemeinsamen Herzland, einer Eigenwelt, in der fast alles so war, wie es eigentlich sein sollte, die nun aber in größter Gefahr schwebt und dem Untergang geweiht ist, falls nicht schnell und entschieden gehandelt wird. Der Grund der Gefahr und des Niedergangs ist ein Feind, der die Eigenwelt bedroht, zersetzt und zerstört. Ein großer Kampf steht bevor, eine Entscheidungsschlacht über Sein oder Nichtsein. Der Hass auf den Feind, den die Rede schürt, dient der Vorbereitung dieser Schlacht. Er soll in die Stärke und Entschlossenheit umschlagen, die nötig sind, um Herzland zu retten und zu rächen und um wieder Herr zu sein im eigenen Haus.

Ein solches Grundschema, das die populistische Rede vielfältig variiert, führt sie in ein deutliches Spannungsverhältnis zum klassischen Modell. Dabei wird nicht nur deutlich, dass sie nicht nur in einem neutralen Sinne etwas *anders* macht als die klassische Rede, sondern auch, dass darin eine besondere Defizienz liegt, was ihre Beiträge zur demokratischen Problembearbeitung betrifft. Es handelt sich um eine Defizienz, die als eine innere betrachtet werden kann – als eine zwischen eigenem Anspruch und dessen rhetorischer Einlösung –, insofern Populisten ihr Sprechen eben als Beitrag zur politischen Debatte in einer offenen, pluralen und demokratischen Gesellschaft deklarieren, was sie ja zumeist tun. Um keine innere Defizienz, sondern um etwas möglicherweise sehr folgerichtig anderes handelt es sich, wenn Populisten sich explizit jenseits von Pluralismus und Demokratie verorten und der Standort und die Perspektive ihrer Rede nicht bloß faktisch, sondern offen und bewusst der einer illiberalen, undemokratischen und autoritären Gesellschaft ist – wie zum Beispiel in einem Rechtspopulismus, der sich im Übergang zum Rechtsextremismus befindet.

Mit Blick auf einen solchen Ort an den Rändern oder jenseits des demokratischen Gemeinwesens ließe sich die Frage stellen, ob die Abweichungen vom klassischen Modell und seinen Präsuppositionen nicht prinzipiell so stark sind, dass die populistische Rede von vornherein eben von diesem anderen Ort her zu untersuchen und zu beurteilen ist – und entsprechend auch anhand von anderen Redegattungen, die für diesen nichtdemokratischen Ort charakteristisch sind. Anders gesagt: Lässt man der populistischen Rede nicht zu viel Ehre angedeihen, wenn man sie an demokratisch-pluralen Maßstäben misst? Ist ihr eigentlicher Ort nicht die autoritäre Gesellschaft? Und liegt der Maßstab, an dem sie gemessen werden sollte, nicht in jener Art von Reden, für die es vor allem in Autokratien eine Nachfrage gibt?

Der Oberbegriff, den man dann für sie finden könnte, hätte möglicherweise mit jener dritten Redegattung zu tun, die Aristoteles auch noch kennt, ohne ihr eine vergleichbar große Beachtung zu schenken wie der politischen und der Gerichtsrede, nämlich mit der epideiktischen Rede, die auf Lob und Tadel geht. Sie hat mit der populistischen Rede gemeinsam, dass sie ebenfalls nicht auf eine kritische Wechselrede zielt, sondern eher monologisch feststellend ist. Sollte man die populistische Rede, statt sie an den Kriterien der klassischen politischen Rede zu messen, nicht eher als Abart und Verfallsform der epideiktischen Rede beschreiben, verwandt mit der Prunkrede auf Autokraten oder mehr noch mit deren negativem Pendant, der schrillen Invektive, der Schmährede gegen Feinde des Autokraten?

Als nicht kontroverse Rede dient die Lobrede nicht der diskursiven Entscheidungsfindung durch Rede und Gegenrede, sondern der Herausstellung von Persönlichkeiten und ihren Leistungen. Das ist per se nichts Negatives, zumal Lobreden ja sehr positive Funktionen im Rahmen einer Kultur der öffentlichen Anerkennung haben können, auf die eine demokratische Gesellschaft nicht verzichten sollte.

Wirklich problematisch wird es, wenn die demokratische Wechselrede insgesamt verkümmert – und mit ihr eine demokratische Streitkultur, die in einer solchen Redekultur ja einen wesentlichen Rückhalt findet. Typischerweise wird in einer solchen Situation auch das Genre der Lobrede durch ein speichelleckerisches Prunken kolonisiert und Kritik durch heftiges Schmähen ersetzt. Dort, wo Demokratie autoritären Herrschaftsformen weicht, geht rhetorisches Loben und Anerkennen in das Beweihräuchern von Autokraten über.[13] Und auch aus dem Dialog, auf den die politische Rede innerlich und in der Abfolge von kontroversen Reden angelegt ist, wird insgesamt Monolog und letztlich sogar Autolog. Durch die Münder der verbliebenen Redner spricht nur noch einer – der Autokrat – mit sich selbst.[14]

Allerdings geht auch hier das antithetische Reden nicht schlechthin verloren, vielmehr erfährt es eine tiefgehende Transformation. Es halbiert sich in durchaus autoritärer Perspektive. Die gegnerische These – oder das, was man dafür ausgibt – wird in einer qua Feindbild heftig personalisierten Form angegriffen, wobei der Feind selbst Auftritts- und Redeverbot erhält oder zum wehrlosen Delinquenten in Schauprozessen wird. Sein aktiver Anteil am Geschehen wird eliminiert, und damit das agonale Grundverhältnis, die antithetische Wechselseitigkeit der Rede.

Sollte man die populistische Rede also nicht gleich von diesem politischen Ort her untersuchen, als Redeform oder zumindest als Vorschein einer Redeform in einem autokratischen System? Als Platzhalter des Diktatorischen in der Demokratie? Es lässt sich nicht abstreiten, dass in der populistischen Rede dieser autoritäre Aspekt deutlich präsent ist. Der Gegner, gegen den sie ätzt und mit dem sie nicht mehr redet, ist – der Feind. Die Redeform, die diese Verschiebung vom Gegner zum Feind in sich hinein nimmt, ist die Schmährede. Qua Schmähung und Beleidigung bringt sie den Gegner direkt als Feind hervor. Denn die Schmähung ist ja nicht einfach sachlich-neutrale Benennung, sondern moralisch-werthafte Abwertung, Enmifikation – ein Akt der Feindseligkeit, der Feindschaft produziert.

Die populistische Rede ist ihrem Wesen nach übrigens auch nicht bloß eine tadelnde. Sie zielt nicht auf die „Läuterung" desjenigen, über den sie herzieht – auch dort nicht, wo sie mehr oder weniger autoritär seine Assimilation an leitkulturelle Vorgaben einer populistischen Eigenwelt fordert. Sie ist an ihrem noch mehr oder weniger eng begrenzten Vortragsort genau auf jenen Ausschluss des Feindes aus, den der Autokrat für sein Herrschaftsgebiet bereits räumlich umfassend durchgesetzt hat. Sie ist ausschließende Rede, deren Hauptprojekt ein seinerseits umfassender Ausschluss des als Feind konstruierten Gegners ist. Sie nimmt rhetorisch vorweg, was ihr als autoritäres Sozialmodell vorschwebt. Der Ausschluss der Gegenrede, den sie qua fehlender Machtvollkommenheit nur erst punktuell durchsetzen kann, im abgeschlossenen Auditorium, steht auch für jenen viel radikaleren und umfassenderen sozialen Ausschluss der Gegengruppe, um den es ihr eigentlich geht.

Die populistische Rede ist also tatsächlich ein Grenzfall. Auch wenn sie unter demokratischen Bedingungen gehalten wird, hat sie eine Tendenz zur autoritären Schmährede und Invektive. Sie ist eine Rede, die nach Form und Inhalt die offene Gesellschaft in Frage stellt. Sie kennt deutlich voneinander geschieden nur Gute und Böse, zwischen denen kein Dialog möglich erscheint. Sie leistet deshalb keinen Beitrag zur Diskussion zwischen politisch Andersdenkenden und Gegnern. Dort, wo sie bei sich ist und sich nicht mit Zweitsprachen camoufliert, will sie Schmähen und Verdammen – und allenfalls noch Prunken und Überhöhen.

Doch trotz oder gerade wegen dieser Übergangsstellung hin zum Autoritarismus ist es wichtig und richtig, sie an demokratischen Redemaßstäben zu messen. Auch insoweit sie sich ein demokratisches Deckmäntelchen umlegt und gleichzeitig die darin implizierten Maßstäbe verrät. Es geht darum, den Autoritarismus sichtbar zu machen, den der Populismus unter demokratisch-pluralen Bedingungen aufscheinen lässt, und erst in zweiter Linie um den Autoritarismus, der politisch bereits der herrschende ist. Der erste und wichtigste Maßstab ist also die Demokratie – als politischer Ort, an dem der Populismus die Pluralität der Meinungen „noch" ertragen und seine Feinde „noch" nicht in der gewünscht radikalen Weise aus dem Diskurs verdrängen kann; als ein Ort, an dem der Populismus sich zwar einigeln kann in eine Parallelwelt, in eine eigene „Öffentlichkeit" von Hass-Blogs und ultrarechten Fernsehsendern, an dem er aber nur erst symbolisch Verdammen und Verurteilen kann – weil er den liberalen Rechtsstaat und seine Institutionen noch nicht abgebaut hat, weil die Gegenmeinung ein Stachel bleibt, geschützt von eben jener Meinungsfreiheit, der sich der Populismus im Kampf gegen selbige taktisch gut zu bedienen weiß.

Die Maßstäbe der demokratischen Redekultur sind es, die die Differenz deutlich zutage treten lassen – und auch dasjenige, was es zu verteidigen gilt gegen einen populistischen Antipluralismus. Diese Maßstäbe machen die entscheidenden Unterschiede sichtbar – die politischen Welten, die zwischen geduldiger, dialogischer Konfliktbearbeitung und autoritärer Order liegen. Die übergreifende und politisch vordringliche Frage, die dem Folgenden zugrunde liegt, lautet daher: Was bedeutet populistische Rede vom Standpunkt der Demokratie?

Dabei wird mit dem, was hier als Populismus beschrieben wird, auch nicht allzu empfindsam umgegangen. Das autoritäre Anliegen, das sich bei ihm allenthalben andeutet, hat in seiner Rede ein nicht zufälliges, sondern sehr systematisches Fundament. Seine Feindausdeutungen und Gewaltfantasien befeuern eine Logik der Eskalation, in der Hass zu seinem eigenen Brandbeschleuniger wird und Feindschaft immer mehr Feindschaft aufstachelt – und natürlich auch Gegenfeindschaft auf der anderen Seite. Der Populist hat Bürgerkriegsideen im Reisegepäck.

Und dieser autoritäre Vorschein hat auch einen Rückschein, einen historischen Kometenschweif, den der Populismus hinter sich herzieht – die unübersehbaren Parallelen mit der autoritären Rhetorik, welche uns in der jüngeren deutschen und europäischen Geschichte begegnet. Klar ist: Auch die aggressivsten und tief von rechtsextremistischem Gedankengut durchdrungenen Populisten der Gegenwart haben keine nur annähernd vergleichbaren Verbrechen zu verantworten wie das NS-Regime. Der Holocaust stellt eine unmissverständliche Grenze für vordergründige Vergleiche und Analogien dar. Dieser Unterschied muss gerade deshalb sehr klar gemacht werden, weil der Blick auf die zahlreichen Ähnlichkeiten und Parallelen zwischen populistischer und nationalsozialistischer Rhetorik weder verstellt werden noch sich als „Nazikeule" selbst neutralisieren sollte, als unangemessene und überzogene Kritik, die den Gegenstand verfehlt. Es geht um einen angemessen kritischen und dabei nicht vorschnell skandalisierenden Blick auf die unzweifelhaft vorhandenen Strukturähnlichkeiten.

Große und erschreckende Ähnlichkeiten liegen vor allem in der Logik des Hasses und der Feindschaft, die der Populismus lostritt, wenn er seine Gegner als Feinde konstruiert und in seiner Rede dann den Gesprächsabbruch zelebriert. Die darin liegende Eskalationslogik ist es vor allem, die die Feindkonstruktion des heutigen Populismus mit jener aggressiven Rhetorik vergleichbar macht, die in der ersten Hälfte des 20. Jahrhunderts zu hören war[15] – eine Logik, mit der heutige Populisten spielen, wenn sie die Grenze des „Sagbaren" bewusst verschieben. So wagen AfD-Vertreter sich regelmäßig zwei Schritte vorwärts und verkünden, dass sie sich etwa wieder dem „völkischen" Denken zuwenden wollen, um dann einen Schritt zurück zu tun und einzuschränken, dass damit natürlich nur die unmittelbaren Vorläufer der Nazis gemeint seien, bloß die „konservative Revolution" und nicht etwa der „Völkische Beobachter". Eine solche, durchaus flexible und geschmeidige Eskalationsrhetorik ist nur zu gut bekannt – bereits aus der Kaiserzeit, aus der Weimarer Republik und natürlich aus der NS-Zeit. Die Folgen, die ihr Wiedererstarken heute haben wird, sind noch nicht zu überschauen – einstweilen. Doch darauf, dass es nur *Worte* des Hasses und der Feindschaft sind, die hier in Umlauf kommen, sollte man nicht mehr zählen.

2. Fishing for Compliments

Der populistische Redner will eine besondere Verbindung mit seinem Publikum. Sein Auftritt ist Rede ad populum – ein Versuch des Hofierens und Anbiederns und der Erzeugung von besonderen Affekten. Doch so auffällig diese Hinwendung ist, sie allein liefert noch kein zureichendes Unterscheidungskriterium für die populistische Rede. Denn auch nicht-populistische Redner wollen ihr Publikum für sich gewinnen. Das klassische Redemodell sieht hierin eine wichtige Aufgabe, die es nicht zuletzt dem Einleitungsteil überträgt. Der Redner soll hier in besonderer Weise Höflichkeit und Respekt zeigen, auflockernden Witz und gewinnende Freundlichkeit, um so sein Publikum anzusprechen und zu interessieren.

Wie ausgeprägt die entsprechenden Publikumserwartungen an den Redner sind, zeigt sich dort, wo sie gebrochen werden, etwa in der „Publikumsbeschimpfung", mit der ein Redner die Beziehungen zu seinem Publikum mit einem provokanten und verletzenden Auftreten negativ gestaltet. Peter Handke hat einen solchen Vorgang in seinem gleichnamigen Sprechstück eindrucksvoll konstruiert.[16] Doch der Populist ist natürlich kein Publikumsbeschimpfer, er ist das genaue Gegenteil, ein Publikumsbeschmeichler. Aber auch er wählt einen negativen Zugang. Auch er hat jede Menge schlechter Botschaften parat. Doch sie sind kein Störfaktor für seine Darbietung, im Gegenteil. Denn sie sind nicht Teil einer Publikumsbeschimpfung, sondern betreffen eine dritte Partei, einen abwesenden Feind. Die schlechten Nachrichten, die der Populist verbreitet, sind „good news" für ihn – Chancen, um an Gefühle, Vorurteile und Ressentiments seines Publikums zu appellieren und eine Negation des Negativen, der Begrenzungen und Einschränkungen zu versprechen, die darin impliziert sind. Er konstruiert seine Rede geradezu als Negation eines Publikumsbeschimpfers, als Zurückweisung einer imaginierten Beschimpfung und Beleidigung seines Publikums durch den von ihm ausgedeuteten Feind.

Dennoch soll die besondere Beziehung zu seinem Publikum nicht nur negativ vermittelt sein. Sie soll auch nicht auf einem bloß elementaren Respekt beruhen, der nötig ist, damit keine Friktionen auf der interpersonalen Ebene die Aufmerksamkeit stören, oder auf einem bloß freundlichen Wohlwollen, das den Vortrag atmosphärisch trägt und unterstützt. Der populistische Redner will mehr. Er will eine emphatische und überschwängliche Zustimmung – so stark, dass sie über alle Mängel der sachlichen Darstellung hinweg trägt und auch das Unterlaufen von argumentativen und normativen Standards keine Rolle mehr spielt. Um das zu erreichen, nutzt er in plakativer Weise die positiven Mittel der Sympathiegewinnung, die auch aus herkömmlichen Reden bekannt sind. Ein besonderes Beispiel liefern Redner, die ihrem Publikum mitteilen, wie grandios und einzigartig es doch sei: „You're great, you're wonderful!" Es sind Techniken des Sich-Anbiederns, die das Stereotyp des dubiosen Gebrauchtwagenhändlers evozieren.[17]

Der populistische Redner will seine Hörer für ein Bild der Größe und Wichtigkeit vereinnahmen, das er von ihnen zeichnet. Denn der Populismus ist eine Veranstaltung, bei der der „kleine Mann" sich groß fühlen soll. Die Karotte, mit der der Redner seine Hörer dabei wie ein Lasttier ködert, hat jedoch zwei Enden, ein dickes und ein dünnes. Besonders deutlich werden die Lockangebote dort, wo er besonders dick aufträgt – bei Versuchen einer Übermächtigung des Publikums, bei denen besondere Bilder von Größe und Erhabenheit zur Darstellung kommen.

Übermächtigung

Beim Versuch, die populistische Rede mit einem Nimbus der Wichtigkeit zu umgeben, zeigen sich zahlreiche Parallelen zu Popveranstaltungen, unter anderem beim Einsatz eines „Vorprogramms", das Spannung aufbaut, indem es das Auftreten des Hauptredners hinauszögert – durch prunkende Vorredner oder eine hymnisch-musikalische Aufrichtung, mit einem Repertoire von „Heil Dir im Siegerkranz" über „Defiliermarsch" bis zu „We are the Champions". Auch das Vorzeigen besonderer Insignien spielt eine wichtige Rolle – schwere gepanzerte Limousinen oder Bodyguards mit Ohrstöpseln und verspiegelten Sonnenbrillen als Entourage – sie sollen ein Pathos der Distanz schaffen. Imposante Bühnenaufbauten oder Herrschaftsarchitekturen und historisch aufgeladene Orte als Hintergrund sollen ebenfalls die Größe und Wichtigkeit der Veranstaltung betonen wie auch ein Lärm bis an die Schmerzgrenze und regelrechte Übermächtigungsperformances nach dem Vorbild von Odins Donner – etwa dem Tiefflug eines im Düsenjet anreisenden Donald Trump über ein Stadion, in dem bereits zehntausende Anhänger warten –, die ohrenbetäubende Herabkunft eines Heroen, eingehüllt in eine Aura von Kerosin.

Trump will Großmeister der übermächtigenden Redeeinleitung sein. Das zeigt auch seine Ankunft in einem Flugzeughangar bei Pittsburgh am 6. November 2016.[18] Die Inszenierung versucht sich dort an einer Verbindung von Minimalismus und Erhabenheit. Eine Videoaufnahme zeigt tausende jubelnde Trump-Fans, die im Innern des Hangars erwartungsvoll auf ein riesiges, flugzeugspannweitenbreites Schiebetor schauen, das den Eingang des Hangars wie eine Höhle verschließt. Dazu erklingt Musik aus dem Film „Air Force One" mit Harrison Ford, eine Mischung aus euphorisierendem, traditionell den Herrscher glorifizierendem Pompmarsch und Elementen der Westernelegie, die eine imposante Weite und Größe von Landschaft erahnen lässt. An der Torinnenfläche sind Lichtspiegelungen zu sehen, die sich verschieben. Möglicherweise stammen einige von ihnen schon von etwas, das sich auf der anderen Seite befindet. Genaueres weiß man nicht. Aber es muss sich um etwas sehr Wichtiges handeln. Wie ist sonst die Aufregung der Menschen in der Hangar-Höhle zu erklären, die dieser Sinneseindrücke habhaft werden? Ja, sie befinden sich in einer Höhle, doch in keiner platonischen. Denn deren Bewohner hatten sich ja auf einen bloßen Abglanz der Wahrheit versteift, auf bloße Schattenbilder an der Wand. In der Höhle von Pittsburgh strebt man dagegen zur Wahrheit selbst. Die Insassen wollen nicht bloß Schatten und Lichtreflexe sehen, sondern das, was sich hinter dem Tor befindet.

Endlich beginnt das Tor sich zu öffnen, unendlich langsam, von rechts nach links, so als ob sich der Vorhang zu einer Philipp-

Glass-Inszenierung öffnen würde, der den Blick auf ein riesiges Bühnenobjekt freigibt. In Pittsburgh ist es der Trump-Jet, der wie eine Riesenzigarre durch die immer größer werdende Öffnung sichtbar wird; zuerst das Heck, dann der hintere Teil des Rumpfes, die Flügel, der vordere Rumpfteil mit einer geöffneten Tür, an der auch bereits eine Rolltreppe steht, schließlich das Cockpit. Alles in allem eine traumbildartig langsame und ikonisch stilisierende Enthüllung eines riesigen phallischen Objekts. Nachdem diese ikonische Wahrheit, die aktiv die Gegenwart des Urbilds vermittelt, präsentiert ist – so wie ja auch wirkliche Ikonen ein Zeugnis dafür sind, dass Gottes Sohn Mensch geworden ist – nimmt die Musik sich etwas zurück, wird weniger pompös und geht stärker auf die elegische Seite des Gefühlsspektrums über – zwei Tage vor dem Wahltag, bei für Trump eher durchwachsenen Prognosen. Eine einsame Trompete wird hörbar, wie in Charles Ives' „The Unanswered Question". Dann tut sich eine Weile nichts, die Sekunden verstreichen. Aber das kann es natürlich noch nicht gewesen sein. Greater things have yet to come – ein aufgeschobener Höhepunkt. Schließlich ist es eine Lautsprecherstimme, die mit einem aufpeitschenden Ausruf die Ankunft des zukünftigen Präsidenten der USA verkündet. Die Musik schaltet um auf euphorisierenden Rock, worauf cockpitseitig kurz der Wink einer Hand zu sehen ist, die offensichtlich zum Auftritt drängt. Donald Trump erscheint, mehr nur in Umrissen zu sehen, ausgespuckt von der offenen Flugzeugtür, eine Baseballkappe auf dem Kopf, den Schirm der Kappe tief im Gesicht, in einem knöchellangen schwarzen Mantel, den er offen trägt, tastet er sich eher mühsam die Gangway hinunter, eher sowjetischer Spätstil denn Master of the Universe. Doch dieser traurige Austritt aus der Trump-Zigarre trifft in der Höhle von Pittsburgh auf ein begeistertes Publikum, das einen fertilen Schoß für diese Darbietung bildet. Die Zuschauer halten fest an dem Glauben, dass nun das Echte, Wahre und Große eingetroffen ist und zu seinem Volk hinunter steigt. Und das ist es, was alle unendlich erhöht – Teil dieses Moments zu sein, dieser globalen Wichtigkeit.

Der populistische Redner steht für ein Bild, das er auch seinem Hörer als Selbstbild anträgt. Trump treibt die Größenfantasien auf die Spitze. Möglich ist jedoch auch der genau entgegengesetzte Einsatz, der nicht auf eine kitschige Version des Übermächtigen, Erhabenen, Charismatischen oder Numinosen geht, sondern am dünnen Ende der Karotte anfängt und eher das Symbiotische im Auge hat, eine vertrauensheischende Präsentation alltäglicher Übereinstimmungsmerkmale mit dem Publikum. Der US-amerikanische Populist George Wallace, Gouverneur von Alabama, hat dies ein halbes Jahrhundert vor Trump getan. Um als Mann aus dem Volke zu erscheinen, trug er betont billige Anzüge von der Stange und frisierte sich gemäß einem in den 1960er Jahren bereits ziemlich antiquierten Pomadestil. Den Menschen in seinem Publikum, denen er zum Verwechseln ähnlich sah, verkündete er: „There are millions like You and I throughout this country".[19] Er versprach ihnen im Kampf gegen die Bürgerrechtsgesetze das Fortdauern der Rassentrennung: „Segregation now, segregation tomorrow, segregation forever!"[20] Mit Redenschreibern aus dem Ku Klux Klan und einer forcierten Volkstümlichkeit orientierte er den amerikanischen Populismus weg von seinen traditionell eher gegen Monopole und „Big Business" gerichteten Ideen hin zu einer Bewegung gegen „Big State", der sich mit dem Ausbau des Sozialstaats angeblich breit machen würde und mit seiner „kommunistischen" Gleichmacherei dabei nicht einmal mehr die ehrwürdige Vielfalt des gewachsenen Südstaatenrassismus respektiere.

Übermächtigung und Understatement als unterschiedliche Präsentationsweisen lassen sich jedoch auch miteinander verbinden. Silvio Berlusconi, der sich in den Insignien seiner Macht und seines Reichtums sonnte und den italienischen Staat im großen Stil für seine ökonomischen Zwecke einspannte, gelang es, sich bei seiner Anhängerschaft immer wieder mit der Versicherung anzudienen: „Ich bin so wie Ihr!" Das war eine Art Bündnisangebot, in dem er als Garant dafür auftrat, dass Steuerhinterziehung und sonstige Tricksereien gegenüber dem Staat auch weiterhin als bloße Kavaliersdelikte betrachtet würden. Der Staat sollte von

„oben“ wie auch von „unten“ als etwas Drittes aufgefasst werden, als eine unabhängige Existenz, die weder den Staatschef noch dessen Wähler sonderlich tangieren muss. In gleicher Weise gelang es Berlusconi, seinen Chauvinismus und Seximus in großen Teilen seiner Anhängerschaft zu rechtfertigen. Mit dem Satz „Ich bin kein Heiliger“ ordnete er sie augenzwinkernd jenen kleinen, allgemeinmännlichen Schwächen zu, die nur Heilige, aber keine normalen Männer aus dem Volk überwinden können.

Über besondere Techniken nicht nur der Übermächtigung, sondern auch des Understatement und der Symbiose verfügte übrigens der Redner Hitler. Die Understatementseite zeigte sich oft am Anfang seiner Reden. Hier hört man nicht sogleich den schreienden Demagogen, der Brand legen will in den Köpfen seiner Zuhörer, sondern einen manchmal fast fahrig anmutenden Redner, der sichtlich bemüht nach einem Anfang sucht und einen eher berichtenden Tonfall anschlägt, Dinge aufzählt und einordnet, fast wie in einer gewöhnlichen sachorientierten Rede. Hitler beherrschte ein breites Repertoire von der scheinbaren Unterbietung bis zur grandiosen Übermächtigungsgeste und konnte dazwischen auch die Übergänge und Dynamikunterschiede gestalten. Die rhetorische Dynamik von laut, leise, klein und groß sollte dem „kleinen Mann“ aus dem Auditorium eine gleichermaßen autobiographische wie volksbiographische Bewegung nahebringen, nämlich von Hitler als Mann aus dem Volke, dem kleinen Gefreiten aus den Schützengräben des Ersten Weltkriegs; ein Mann, den die Vorsehung und ein stählerner Wille zum Führer und Retter seines Volkes auserkoren hatte. Das Zusammenspiel von Understatement und Übermächtigung ist hier Teil einer besonderen populistisch-rhetorischen Katharsis. Sie wird angeleitet von einem zunächst etwas linkisch auftretenden Redner, der Teil einer verunsicherten und von Ängsten und Minderwertigkeitsgefühlen geplagten Menge ist, und führt hin zu einem geradezu titanenhaften Abschluss, der die in der Redeschlacht entzündete Menge zu einer Rudelbildung im Übermenschlichen aufreizt – mit dem Redner als Halbgott und Führer in lichtes Gebiet.

Die Über- und Unterbietungsperformances in der Annäherung an das Publikum wirken als ikonische Zeichen und haben – ähnlich wie der Bierkrug in der Stammtischrede – Türöffnerfunktionen. Ihre Verwendung zitiert ganze Sinnhorizonte herbei, vergleichbar mit prägnanten Details in literarischen Erzählungen, die mehr oder weniger komplexe Charaktere und soziale Situationen vergegenwärtigen. Genau das ist es, was auch Trumps Herabkunft an den Ort der rhetorischen Befruchtung bezwecken soll, die dann für jeden weiteren Moment der Performance die Sinnrahmung liefert – bevor der Redner auch nur ein Wort gesagt hat. Letztlich geht es um Identitätsrahmungen, die der populistische Redner seinem Publikum anträgt, implizite Lebensentwürfe und Vergemeinschaftungshorizonte, auf die er mit seinem Auftritt und seiner Erscheinungsweise verweist und die er als Gegenentwürfe zu einem abgelehnten und bekämpften Bild der gesellschaftlichen Wirklichkeit präsentiert. Mit ostentativer Durchschnittlichkeit oder grandios – der Redner will Zeichen setzen und letztlich selbst ein Zeichen sein, ein Schlüsselzeichen für den ganzen von ihm evozierten Zeichenhorizont.

Doch die Über- und Unterbietungsperformances sind nicht die alleinig oder auch nur die hauptsächlich wirksamen Mittel der populistischen Ansprache, sondern insgesamt eher ergänzender Natur. Denn der wichtigste Unterschied zur herkömmlichen Rede liegt nicht in der Akzentuierung von etwas, das in seiner herrschaftlichen Übergröße oder vertrauenserheischenden Normalität *positiv* erscheinen soll, sondern in etwas Negativem. In der Schmähung des Feindes. Der Hass ist der Vater aller populistischen Dinge – einerlei, ob er von phallokratischem Größenwahn, von anbiedernder Mittelmäßigkeit oder von beidem zugleich geschürt wird.

Allerdings hat der Populismus auch eine ideelle Mutter, auch wenn diese nicht sehr gleichberechtigt an seiner Hervorbringung beteiligt ist. Die grandiose oder symbiotische Selbstdarstellung des Populisten führt auf die Erzählung von einer Wunsch- und Eigenwelt, einem Herzland, in dem das populistische Selbstbild nach Verankerung sucht, nach tiefer Einwurzelung in heimischer Erde.

3. Herzland und Eigenwelt

Der eigentliche Ort der „Erzählung“ im formalen Aufbau der klassischen Rede ist die „narratio“. Sie bildet nach der Einleitung den ersten Hauptteil und ist üblicherweise der sachlichste und auch vom Duktus her am wenigsten emotionale Teil der Rede. Klassischerweise geht es ihr nicht um Identitätsrahmungen und existentielle Horizonte. Sie steht eher auf der Seite eines rhetorischen Positivismus. Hier geht es um Fakten! An dieser Stelle wird oft relativ trocken das Geschehen referiert, das zu einem Sachstand führte, der im Weiteren dann zu verhandeln und zu bearbeiten ist. Narratio meint von daher auch nicht Geschichte im Sinne einer literarisch strukturierten Erzählung, sondern faktische Geschehensabfolge im zu behandelnden Weltausschnitt – wie merklich oder unmerklich die vermeintlich objektiven „Fakten“ dabei durch eine sinnhaft oder diskursiv vorordnende Narration auch schon organisiert sein mögen.

Faktisches und Postfaktisches

Der Begriff des Faktischen hat in der gegenwärtigen Debatte um den Populismus eine besondere Relevanz, auch weil die populistische Rede immer wieder als eine um Fakten wenig bekümmerte und von daher „postfaktische“ bestimmt wird. Eine solche Bestimmung des Populismus wird dann sogleich auch kritisiert, weil es ja schwer bis unmöglich sein dürfte, „reine“ Fakten auszumachen, auf die sich jenseits von Interpretation einfach zugreifen ließe. Eine Kritik des Populismus qua Kritik am Postfaktizismus wäre insofern schwierig oder sogar illusorisch, weil ja auch die Fakten des allersachlichsten Redners keine „reinen“, sondern immer schon interpretierte, in einen Bedeutungshorizont eingelassene und von ihm her bestimmte Fakten sind.

Diese Kritik an der Populismuskritik hat bis zu einem gewissen Punkt eine philosophisch-hermeneutische Berechtigung und sollte Anlass geben, etwas vorsichtiger mit dem Begriff des Postfaktischen umzugehen. Allerdings sollte sie auch keinem sprach- oder zeichentheoretischen Idealismus Vorschub leisten, der den umgekehrten Fehler macht und das Spannungsverhältnis, in dem Fakten und Interpretationen sich aufeinander beziehen, auflöst: um Fakten als reine Setzungen eines sich seines Tuns nicht bewussten Interpretierens zu interpretieren. Wenn die Kritik an der Postfaktizismuskritik auf einer solch luftigen Grundlage erfolgt, dann läuft sie Gefahr, selbst zu einer Art Überbau des postfaktischen Sprechens zu werden. Denn wenn alle „Fakten" allein dem innersprachlichen Spiel der Bedeutungskonstruktion entspringen, ist eine Kritik etwa an der politischen Fabuliererei eines Donald Trump nur noch als vergleichende Literaturkritik möglich – als nur noch ästhetisch wertender Vergleich einer politischen Fabula mit einer anderen.

Eine kultur- und philosophiekritisch weitreichende Frage wäre es entsprechend, ob und inwieweit ein sprach- und zeichentheoretischer Idealismus, der das Spannungsverhältnis zwischen Faktischem und Interpretativem zugunsten des Interpretativen auflöst, nicht mit leeren Händen dasteht, wenn es darum geht, relevante Beiträge zur dringend nötigen Postfaktizismuskritik zu leisten. Eine noch weitergehende Frage wäre es, ob ein solcher Idealismus nicht nur keinen wirklichen Beitrag zur Kritik leisten kann, sondern das zu Kritisierende, nämlich den Vormarsch der politischen Märchenerzählung qua Populismus, nicht selbst mit befördert hat – durch ein Denken, das eben nur noch die Fabel kennt. Postmoderne Autoren, die einen solchen Weg gegangen sind, haben zwar zahlreiche subtile Analysen von Texten und textuellen Bezügen und Strategien vorgelegt. Um wirksame Kritik am Populismus zu formulieren, muss aber deutlich mehr „Wirklichkeit" als nur die innere von Texten in den Blick genommen werden.

Hinzu kommt, dass der politische Raum nicht nur frei gleitende Bedeutungen, sondern durchaus feste und nicht willkürlich zu verschiebende Definitionen kennt: Gesetze, Verträge, Rechtsprechungen, Beschlüsse, Resolutionen, Sachdefinitionen, die das Faktische natürlich ebenfalls nicht als factum brutum zu fassen kriegen, jenseits aller Sachauslegungen und Interpretationen, die aber für das Politische selbst dennoch ein Faktisches darstellen, das ein verbindliches und vor allem auch die verschiedenen sozialen Akteure verbindendes Handeln möglich macht. Das betrifft insbesondere auch die Schutz- und Freiheitsrechte, so wie sie in Gesetzen und Verfassungen festgelegt sind. Der Populismus mit seinem notorischen Ruf nach weniger Diskussionen, härterem Durchgreifen und strengeren Strafen findet gerade an solchen Bestimmungen „faktische" Grenzen, die die Gesellschaft und ihre Individuen und Gruppen schützen. Es sind kodifizierte Ergebnisse von oft langen Diskussionen – mitunter auch von jahrzehntelangen Kämpfen. Diese Dimension des Faktischen gibt der politischen Rede in der pluralen Demokratie entscheidend wichtige Rahmensetzungen und Gehalte. Und das eigentümlich Faktische am Postfaktizismus besteht gerade darin, dass er über solche Faktizitäten hinweggehen, sie außer Kraft setzen will – weg von der Herrschaft der Verfassung und der Gesetze, hin zur autoritären Order. Das ist der tiefste faktische Gehalt von postfaktischer Politik. Und auch aus dieser im engeren Sinne politischen Perspektive ist eine Kritik am Postfaktizismus möglich und dringend nötig.

Trotz aller Relativierungen von „reiner" Faktizität herrscht im politischen Raum also keine Beliebigkeit. Und das gilt auch für die sachangemessene politische Rede. Sie muss eine Darstellung der Fakten geben, die mehr oder weniger strengen Standards unterliegt. So gilt für die narratio – wie für die Rede insgesamt – dass sie *verständlich* sein muss. Und zwar nicht nur mit Blick auf akustische oder sonstige technische Voraussetzungen, sondern auch mit Blick auf die Bildung und Formung der Wörter und Sätze und deren Integration in den Textzusammenhang. Die narratio unterliegt auch besonderen Anforderungen an die logische Stringenz. Fakten müssen in einer Weise miteinander vereinbar sein, dass sie im behandelten Weltausschnitt tatsächlich auftreten können – und ohne sich hinsichtlich Zeit und Ort ihres Auftretens logisch zu widersprechen. Zudem steht die narratio unter der Bedingung zureichender Vollständigkeit. Alle für den Sachstand und für die weitere Argumentation und die Entscheidung relevanten Sachverhalte müssen berücksichtigt werden. Wenn ein relevanter Ausschnitt fehlt, wird die ganze weitere Argumentation geschwächt oder sogar unterminiert. Die Darstellung der Faktenlage hat in besonderer Weise der Forderung nach „objektiver" Wahrheit zu genügen. Es dürfen nicht nur keine relevanten Fakten fehlen, sondern deren Darstellung muss schlicht auch „stimmen". Es muss sich tatsächlich so verhalten, wie der Redner es darstellt. Und auch die subjektive Wahrhaftigkeit oder Aufrichtigkeit des Sprechers spielt bereits eine Rolle. Es ist gefordert, dass er nicht wissentlich die Unwahrheit sagt. Im weiteren Zusammenhang der Rede, wo es um die eigentlich wertenden Aspekte geht, wird schließlich noch der Anspruch der normativen Richtigkeit hinzutreten. Die Wertungen und Handlungsaufforderungen der Rede müssen auch normativer Kritik standhalten.

Mit den vielfältigen Anforderungen, denen bereits die narratio unterliegt, bietet sie mannigfaltige Anhaltspunkte für Nachfragen, Einwände und Zweifel, die nicht zuletzt einen kritischen „Faktencheck" herausfordern und Auslegungen ermöglichen, die dieselben Fakten anders interpretieren – und dabei übrigens auch sogenannte „alternative Fakten"[21] von Populisten unter einigen Beweisdruck setzen. Schon mit Blick auf diese Anforderungen an den eher unauffälligen, faktenzentrierten Teil der klassischen Rede fällt ein besonderes Licht auf die populistische Rede insgesamt. Sie hat mit dem Faktischen besondere oder – je nach Standort – besonders wenige Probleme! Denn die faktenorientierte Grundanlage der narratio ist in der populistischen Rede tatsächlich auffallend unentwickelt. Die genaue und möglicherweise auch langatmige Beschreibung von Sachverhalten liegt ihr fern. Besonders augenfällig wurde dies im Trump-Wahlkampf. Die „Fakten-Checker" in Medien und Politik notierten hunderte von Aussagen des Kandidaten, die sich von den Fakten mehr oder weniger weit entfernten und ganz oder teilweise falsch und unwahr waren. Diese auffällige Faktenferne war es, die die Rede von einer postfaktischen Politik auch erst populär machte – als Bezeichnung für eine politische Kommunikation, in der nachvollziehbare und belegbare Fakten eben kaum mehr eine Rolle spielen.

Die narratio ist mit der von ihr geforderten Sachhaltigkeit auch eher dazu angetan, die Gemüter abzukühlen. Auch deshalb überspringt die populistische Rede die Rekonstruktion der Fakten meist sehr schnell – um zu ihrer eigentlichen „Sache“ zu kommen, der Anfeindung von Personen und Personengruppen. Faktenferne und Ablehnung der „ad rem“-Perspektive korrespondieren direkt mit der populistischen ad-populum- und ad-personam-Perspektive, der es in erster Linie um die an ein Publikum gerichtete rhetorische Ausdeutung eines personalen Feindes geht. Je weniger diese Ausdeutung in der Sachlage fundiert ist, desto freier und fantasievoller kann sie erfolgen. Sie lässt die Faktenlast hinter sich, um in ihrer Wutlust ganz bei sich zu sein. Meilenweit erhaben über die Welt der „Aktenfresser“, frei in der lauteren Unmittelbarkeit des Affekts; ohne Nachfragen und Zweifel, ohne Sachkenntnis und wutlustfeindliche Reflexion.

Die Welt des Man

Der freie Flug über die Welt der Fakten bietet den populistischen Über- und Unterbietungsperformances besondere Möglichkeiten. Er kann sogar einen Rekurs auf scheinbar krudeste Faktizität legitimieren, nicht zuletzt im Verweis auf die Wut, die hier aufgestachelt wird: Der populus des Populisten *ist* so, respektive *soll* so sein, wie er sich im Zustand populistischer Aufstachelung darbietet – wütend auf seinen Feind, und wütend auf eine Welt, die anders ist als er selbst und die seine Ansprüche an diese nicht erfüllt. Der Populist wird zum vermeintlichen Ultrapositivisten. In seiner Negation diffizilerer Faktenlagen will er aussprechen, was *wirklich* wirklich ist: die „einfachen Menschen“, die Affektlage der „schweigenden Mehrheit“, der „gesunde Menschenverstand“, das „gemeine Volk“, der „Uomo qualunque“ und „Jedermann“.

Der Populist als Ultrapositivist wird dabei kurioserweise zum Vorkämpfer einer „Welt des Man“, die Heidegger in seiner heroisch-existenzphilosophischen Phase gerade als größtes Verhängnis für die „eigentlichen“ existentiellen Möglichkeiten des Daseins beschrieb, nämlich als eine bloße „Durchschnittlichkeit“, auf die „das Man“ sich versteift: „Dem Man geht es in seinem Sein wesentlich um sie. Deshalb hält es sich faktisch in der Durchschnittlichkeit dessen, was sich gehört, was man gelten lässt, und was nicht, dem man Erfolg zubilligt, dem man sich versagt. Diese Durchschnittlichkeit […] wacht über jede sich vordrängende Ausnahme. Jeder Vorrang wird geräuschlos niedergehalten."[22] Die Welt des Man ist eine Welt, die in Klatsch, Tratsch und Nachrede einen wichtigen Einebnungsmechanismus findet. Und dieser wirkt auch in Fachszenen, Karrierehierarchien und zahlreichen kulturellen Distinktionspraktiken. Seine Mittel sind Statusabgleiche und Benimmkontrollen, wobei Abweichungen von den Mittelwerten sanktioniert und moralisch disqualifiziert werden. Für Heidegger enthüllt eine solche „Sorge der Durchschnittlichkeit" eine wesenhafte Tendenz der „Einebnung aller Seinsmöglichkeiten".[23] Mit dieser Analyse des Man will Heidegger einen Abstoßungspunkt für sein Projekt einer sich auf Authentizität und Eigentlichkeit hin entwerfenden Existenz finden, das Phänomenologie, Kierkegaard und moderne Vermassungskritik miteinander verbindet. Ein sich auf seine „eigentlichen existenziellen Möglichkeiten" hin entwerfendes Dasein muss sich danach von einebnender „Uneigentlichkeit" und „Durchschnittlichkeit" befreien. Es muss sich von der Welt des Man abstoßen.

Ganz anders der Populismus. Er sucht nach Eigentlichkeit gerade in einer solchen Welt des Man und betreibt einen regelrechten Kult um sie: Alles, was das Dasein ausmachen und erfüllen kann, all seine Möglichkeiten und Entwürfe sollen in dieser „Durchschnittlichkeit" ein festes Fundament finden. Die Welt des vermeintlich „gesunden" Menschenverstands soll hier eine feste Seinsgrundlage haben. Und hier liegt auch sein Sollensideal. Ein Großteil der Empörung, die der Populismus rhetorisch mobilisiert, soll Empörung angesichts von Verstößen gegen dieses vermeintlich Gesunde und Durchschnittliche sein – einer Herz- und Eigenwelt, die er zwar selten näher beschreibt, die er aber zur Feindkonstruktion dringend braucht. Wie steht es um diese Eigenwelt als ontologisch-normativ vorausgesetztes Grundfaktum des Populismus – das es doch irgendwo und irgendwie geben muss, wenn derart viel Wut auf einen Feind freigesetzt wird, der eine Bedrohung für diese Eigenwelt darstellen soll?

Der populistische Unterstatement-Redner bietet erste Anhaltspunkte für eine Rekonstruktion. Denn er verkörpert ja den Anspruch der Durchschnittlichkeit und macht sich selbst zum Showcase seines Produkts – einer Mediokrität bis in die pomadisierten Haarspitzen hinein. Er *ist* der Jedermann, die Darstellung des „Durchschnittsspießers". Alles Linkische und Mickrige mitsamt einer ostentativen Geschmacklosigkeit macht er zu seinen Insignien. Er ist der sich selbst nobilitierende Minderwertigkeitskomplex, der in dieser Umkehrung das Wahre im Falschen abgeben soll – das, was von all den angeblich wirklich Falschen und Unechten, den Eliten, die das große Wort in Politik und Gesellschaft führen, als das Unzulängliche gebrandmarkt wird und das sich nun, in der populistischen Performanz, als das Eigentliche und Echte erweisen soll, als die einfache und wahre, mit sich identische Substanz und Existenzerfüllung. Die sich einebnende Durchschnittlichkeit wird zum populistischen Existenzentwurf!

Die dabei vorgenommene Zurückweisung „eigentlicher" Falschheit ist natürlich auch eine Ausdeutung der „tatsächlichen" Falschredner und ihres rhetorischen Stils. Nein, der populistische Redner ist nicht der Dummbeutel, als den man ihn hinstellt! Wer das aus seiner Rede schließt, ist vielmehr selbst ein Sophist – einer jener Schlauen und Gekünstelten, die zu lange mit rhetorischer Gleisnerei reüssieren konnten. Der Populist stilisiert sich zum Antisophisten. Alle rhetorischen Standards, die er ablehnt, bricht und unterbietet – sachliche Richtigkeit, Reflexion, komplexes Argumentieren –, sollen bloße Tricks sein, Mittel der Sophistik. Sie würden, wie er unterstellt, das Volk vollends verwirren, um ihm jene einfache und lautere Wahrheit vorzuenthalten, die er, der einfache Mann aus der Welt des Man, einfach, direkt und mutig ausspricht.

In gleicher Weise wird das, was der Populismus als das Einfache, Durchschnittliche und „Faktische" normalisiert, geradewegs zum normativen Ideal erhoben. Norm ist, was als „normal" erscheint. Moralphilosophie und alle weitergehende normative Reflexion erscheinen dagegen als ebenso obsolet wie kritische Selbstdistanz und Distanz zu einer bestimmten Normalitätsdefinition. Alles beginnt und endet im Moralpositivismus einer einfachen und tautologischen Identität des Man mit sich und seiner Welt: *Ich bin Ich* und *Wir sind Wir*. In dieser Grundtautologie findet die populistische narratio ihr Ursprüngliches, den archimedischen Punkt, in dem sie sich selbst voraussetzt, um die „falsche" Welt aus den Angeln zu heben.

Doch die Wahrheit eines solchen Versuchs liegt woanders. Das vermeintliche Fixum liefert gerade keinen festen Bezugspunkt außerhalb des Bestimmungsspiels, keine vorausliegende, für sich bestehende Ursprünglichkeit und Eigentlichkeit. Denn es handelt sich nur scheinbar um eine Bestimmung, in der Bestimmendes und Bestimmtes eine solide und in sich ruhende Einheit bilden – oder auch eine einfache, auf immer gleiche Weise in sich kreisende Bewegung. Sie erweisen sich vielmehr als das Gegenteil dessen, was sie sein sollen, als ein nur scheinbar Fixes und Vorgegebenes. Tatsächlich handelt es sich um ein nur rhetorisch festgestelltes und mit sich identifiziertes Sein. Im Aussprechen der Seins-Identität mit sich erweist es sich zudem nicht als Sein, sondern als ein Sollen, als eine nur gewünschte Identität mit sich, die im Wunsch magisch herbeizitiert werden soll.

Schon Sartre wusste, dass die indikativische Feststellung der Identität mit sich in Wahrheit das Projekt einer Selbst-Feststellung und Fixierung ist. Eine sich auf ein scheinbar bekanntes und fixes Sein hin entwerfende Existenzbewegung – ein Versuch, jener grundlegenden, sich selbst entgehenden Prozessualität zu entgehen, die das menschliche Bewusstsein als „ek-statisches", zu sich selbst in Distanz stehendes „Für-sich-sein" ist. Denn als solches muss es zugleich: „1. Nicht das sein, was es ist; 2. Das sein, was es nicht ist; 3. In der Einheit eines ständigen Verweisens das sein, was es nicht ist, und nicht das sein, was es ist."[24] In dieser Weise wird menschliches Bewusstsein bei Sartre als eine sich von der eigenen faktischen Bestimmtheit losreißende Bewegung gefasst, der nur um den Preis der „mauvaise foi", einer Unaufrichtigkeit sich selbst gegenüber, zu entkommen ist – einer illusorischen Selbstfestlegung auf eine fest gefügte Identität, die in Wahrheit eine beständige, jeden Moment neu zu leistende Festlegungsarbeit darstellt. Die populistische Selbst- und Eigenweltdefinition steht damit in einiger Spannung nicht nur zum Heideggerischen Existenzdenken, in dem das Dasein sich von der Man-Welt auf seine eigensten Seinsmöglichkeiten hin abstößt, sondern auch zum Sartreschen Existentialismus, in dem das Für-sich beständig das, was es „ist", also seine Faktizität, nichtet und überschreitet. Sie steht für das ziemlich genaue Gegenteil dessen, was in den wichtigsten existentialistisch-existenzphilosophischen Reflexionen über die Bedingungen und Chancen gelingenden Selbstseins gesagt wird.

Zwar macht auch der Populist von der Freiheit des menschlichen Bewusstseins, die in seiner ek-statischen Selbstdistanz gründet, einen einigermaßen luftigen Gebrauch – wenn er sich nämlich frei fabulierend von der Welt der Fakten abstößt. Aber gleichzeitig soll die populistische Selbst- und Eigenweltbestimmung ja mit krudester Faktizität zusammenfallen, mit einer zwar erdichteten Welt, so wie sie ihm gefällt, die gleichzeitig aber ein unabänderliches Fixum sein soll. Hier liegt das unmögliche Projekt der populistischen Eigenweltbestimmung.

Als Richtmaß dieser Selbstfestlegung fungieren eben die Nivellierungsprodukte der Welt des Man – oder der bei Sartre beschriebene, sich selbst gegenüber unaufrichtige „Geist der Seriosität“, der die Mythen eines übermächtig Großen und Wichtigen aufrichtet. Etwas, das ernst, echt, wahr und unabänderlich identisch mit sich sein soll, um dem Selbstsein und seinem Sollen unabänderliche Bestimmungsgründe zu liefern. Das sich dergestalt auf eine fixe Man-Welt oder auf Größe und Wichtigkeit hin entwerfende Dasein soll Teil einer homogenen und selbstgenügsamen Ich-Wir-Substanz werden. Es soll mit einer gleichermaßen fest gefügten Selbst- und Gruppenidentität ausgestattet sei. Der Populismus verkauft den Traum einer heilen, mit sich selbst gleichbleibenden Welt, die klar definierte Identitäten in festen sozialen Gefügen verbürgen soll.

Familialismus

Der freie Flug über die Fakten macht den Populisten zu einem scheinbaren Ultrapositivisten und Faktizisten. Das Faktum, über das er spricht – wenn er darüber spricht – ist die Welt des Man, eine Welt faktischer respektive faktisch sein sollender Durchschnittlichkeit oder der Haltepunkt einer fixen und übermächtigen Größe und Wichtigkeit. Hier liegen die grundlegenden facta, die seine narratio impliziert – die Hintergrundfolien für all das, was er an der faktisch vorfindlichen Welt, die er kritisiert, auszusetzen hat. Sie sind das Bühnenbild, das er entwirft, um die Negativität eines Feindes in Erscheinung treten zu lassen, der die als Grundfaktum gesetzte populistische Eigenwelt in Frage stellt.

Der Populismusforscher Paul Taggart hat für die zumeist impliziten Eigenweltkonstrukte des Populismus einen treffenden Ausdruck geprägt, den des „heartland". Taggart zufolge ist es für Populisten die „idealised conception of the community they serve", die in der populistischen Konstruktion sogar eine noch fundamentalere Rolle spielen soll als der populus, das Volk oder „the people": „It is mistaken to take populists at their words and see ‚the people' as the unifying principle of populism. The commitment to the ‚people' is in fact a derivative consequence of the implicit or explicit commitment to a ‚heartland'. The ‚people' are nothing more than the populance of the heartland".[25] Herzland ist eine bildhafte Bezeichnung für eine gewünschte und erträumte, zumeist kleinstädtisch-ländliche Lebenswelt, in der sich wichtige Gewohnheiten des Herzens bewahrt haben, eine Welt des „menschlichen Maßes", das in den urbanen Großstrukturen der modernen Welt verloren gegangen sein soll.[26] Das Herzland prägt entsprechend auch die Utopie des Populismus, die eine rückwärtsgewandte Utopie ist, eine Retrotopie, die etwas von dem zurückhaben will, was der Gegenwart abhanden gekommen ist.

Vieles von dem, was in diesen Herzland-Retrotopien als anheimelnd beworben wird, ist zumeist antiquiert und ein reichlich unattraktiver Ausbund an Gestrigkeit. Der Populismus scheint zu ahnen, dass seine rückwärtsgewandten Utopien nicht nur warme Nostalgiegefühle wecken, sondern eben auch Abstoßungseffekte zeitigen. Auch deshalb bleiben die Retrotopien eher unscharf. Im populistischen Idyllengemälde wird weit mehr evoziert als konturiert. Denn tatsächlich ist vieles faul im Herzland Retrotopia. Wie auch sonst wären die massiven Verschiebungen in den gesellschaftlichen Werthorizonten der letzten Jahrzehnte und das massive Abwandern ganzer sozialer Kohorten aus den vermeintlich anstrebenswerten Paradieslandschaften des populistischen Sozialidylls zu verstehen?

Mit seiner Unschärfe zielt das Bild des heartland auf einen eher emotionalen denn rationalen Nachvollzug beim Adressaten. Die

Unschärfe verdeckt nicht nur die überlebten Ideale des Retrokonstrukts, sondern sorgt auch für eine breitere Anschlussfähigkeit, dafür, dass eine sehr heterogene Anhängerschaft unterschiedliche heartland-Fantasien hegen und durchaus Gegensätzliches in sie hinein projizieren kann. Taggart hat den Begriff heartland nicht zuletzt aufgrund einer solchen Verbindung von Unschärfe und emotionaler Ansprache eingeführt: „Heartlands are something which are felt rather than reasoned, and something which are shrouded in imprecision. This means that different positions can implicitly conjure up heartlands that differ from each other but where the difference can be ascribed to the nature of the heartlands rather than to the different starting positions of the advocates. This ambiguity works in favor of populists because it disguises or ignores what might otherwise be divisions among its constituency. This suits populists who portray themselves as monolithic and untainted by internal conflict".[27]

Die Welt des Man als Herzland lädt eine eher zufällig auffindbare Durchschnittlichkeit – oder vielmehr ein bestimmtes Bild von ihr – affektiv und normativ auf und macht sie zu einem Ideal, das hochgehalten, verteidigt oder wieder bestimmend werden soll. Etwas Entsprechendes – doch von vornherein mit noch mehr „Herz" und Gefühl ausgestattet – geschieht im Familialismus, der auf die Familie als Fundament und Keimzelle des populistischen Weltenbaus setzt: eine heile Familienwelt, die in unzähligen populistischen narrationes als bedrohtes Sozialbiotop auftritt, für das mit sogenannten „family values" gekämpft wird – jenen besonderen Werten, die für den amerikanischen und zunehmend auch für den europäischen Populismus eine wichtige Kampfplattform bilden.

Der Familialismus verklärt eine historische Sonderform der Familie – die überkommene bürgerliche respektive kleinbürgerliche Kleinfamilie – und wird dabei nur sehr ungern an jene einengenden Familien- und Ehewirklichkeiten erinnert, die in den letzten 200 Jahren ganzen Dramatikergenerationen Lohn, Brot und Aufmerksamkeit verschafft haben. Der Familialismus hebt dabei höchst allgemein auf die Werte von Liebe, Hilfe und Fürsorglichkeit ab, um hier eine breitenwirksame Basiserzählung zu gewinnen, die von Sicherheit, wechselseitiger Verantwortung und Einbeziehung handelt: „Die Familie [...] verbindet uns miteinander; sie ist der Ort, an dem wir vorbehaltlose Liebe und Solidarität erfahren; sie federt soziale Notlagen ab und schützt uns vor Vereinsamung. [...] sie stellt die Gegenwart und die Zukunft sicher." Wenn die hier zitierte katholisch-fundamentalistische Initiative „Für Ehe und Familie in Europa", die sich den flockigen Namen „Mum, Dad & Kids"[28] gegeben hat, es bei dieser Botschaft bewenden ließe, hätte sie tatsächlich gute Chancen, einen breiteren Konsens zu treffen – mit der Einschränkung vielleicht, dass sie ihr Idealbild von Familie zu stark indikativisch zeichnet. Doch bei Teaser-Sätzen wie den zitierten lässt man die kritische Unterscheidung zwischen faktischem Sein und Sollensideal durchgehen – auch im Sinne eines idealisierenden Indikativs, der eigentlich ein Sollen und Wollen ausspricht: Familien sind (können) Orte der Liebe und Solidarität (sein).

Die Verklärung des eigentlich gemeinten christlich-fundamentalistischen Familienbilds zeigt sich dafür im Weiteren umso deutlicher, etwa an einer Abbildung auf der Homepage der Initiative, die ebenfalls den Weg zum „Herzen der Mehrheit" ebnen soll. Sie bietet sich als anrührende Kinderzeichnung dar, doch die routinierte Strichführung verrät die Erwachsenenhand. Wir sehen „Mum, Dad & Kids" und bekommen vor Augen geführt, was das, was bereits zu lesen war, eigentlich bedeuten soll: Im Zentrum Vater und Mutter, Arm in Arm, zur Rechten und Linken, an den Händen jeweils eines Elternteils, Tochter und Sohn. Traditionelle binäre Geschlechtsmarker – Hose und Rock, lange und kurze Haare sowie die Farben Rot und Blau – sind entsprechend der überkommenen Zuordnung den männlichen und weiblichen Familienmitgliedern zugeteilt. Mutter und Tochter in blassem Rot, mit Rock und langen Haaren, Vater und Sohn mit den jeweiligen männlichen Gegenmarkern.

Dass mit Blick auf das Familienideal nicht nur ein Sprechen im Konjunktiv, sondern auch ein pluraleres Sprechen angebracht wäre, kann ein kleiner Recherchefehler dem User der „Mum, Dad & Kids"-Seite auf durchaus überraschende Weise verdeutlichen – wenn er nämlich auf die Partnerbörse „Moms-Dads-Kids.de"[29] gerät, die für ihre User nicht nur ein ziemlich anderes Angebot bereithält, sondern offensichtlich auch auf Menschen mit anderen Lebenserfahrungen zielt. Die Börse wendet sich an Alleinerziehende und Singles mit Familienwunsch und führt im Unterschied zur fundamentalkatholischen Initiative nicht nur die Kinderrollen, sondern auch die Elternrollen im Plural an. Die Börse ist nach Ansicht der Bildzeitung, die sich ja ihres besonderen Herzens für Kinder rühmt, ein Markt für „Beschädigte Ware", wie sie im März 2013 zynisch titelte. Unter der Titelzeile zitiert sie dann aus den Erfahrungen der alleinerziehenden „Jessica G. (31)": „Niemand will sich freiwillig ein fremdes Balg an die Backe binden".[30] Die Partnerbörse wendet sich mithin an Menschen, deren familiale Bindungserfahrungen nicht dem Ideal von Mum, Dad & Kids entsprechen und die für sich – trotz fortbestehender Ressentiments gegenüber „fremden Bälgern" – familiale Bindungen wieder aufbauen und im Sinne von Patchworkfamilien rekonstruieren wollen. Aus diesem Grund treten hier nicht nur Kids, sondern auch Moms und Dads im Plural in Erscheinung.

Unbeirrt und bedeutungsschwanger bleibt dagegen die fundamentalkatholisch-singulare Definition der Elternrollen, die sich im Wörterbuch von „Mum, Dad & Kids" findet: „Ehe – die dauerhafte und treue Gemeinschaft zwischen einem Mann und einer Frau zum Zweck der Familiengründung." Ganz lapidar auch der Eintrag zu „Familie": „Ein Vater, eine Mutter, und ihre Kinder." Einen Tick liberaler schließlich die Bestimmung dessen, was als „Familienbeziehung" gelten darf, nämlich „die Beziehung zwischen Ehegatten bzw. zwischen Eltern und Kind." Immerhin sind damit auch unverheiratete Eltern als Teil einer Familienbeziehung denkbar. Keinen näheren Aufschluss gibt die Initiative darüber, ob das auch für katholische Geistliche, ihre Partnerinnen und deren gemeinsame Kinder gilt. Doch es wäre schon überraschend, wenn die Blindheit der Initiative für die Faktizitäten der Welt vor der eigenen Glaubensgemeinschaft haltmachen sollte.

Im Wörterbuch geht es dann politisch zur Sache. Es folgt der Aufruf, den eigentlichen Zweck der Initiative zu unterstützen, nämlich die juristische Festschreibung des traditionellen Familienbegriffs auf EU-Ebene: „Ja, ich unterstütze die Forderung nach einer EU-Verordnung, die die Begriffe Ehe und Familie folgendermaßen definiert: Ehe ist die Verbindung zwischen einem

Mann und einer Frau, und die Familie gründet sich auf Ehe und/oder Abstammung." Doch jede Bestimmung ist auch Negation. Die Bestimmung der Herzlandfamilie, die auf die Mann-Frau-Beziehung, die Institution der Ehe sowie die leibliche Elternschaft abhebt, negiert die Gleichwertigkeit aller anderen Formen von Ehe und Familie, vor allem jene, die auf gleichgeschlechtlicher Ehe und nicht-leiblicher Elternschaft beruhen. Und genau das ist ja auch ein Hauptzweck der populistischen Familialnarration. Tatsächlich geht es um die Restauration eines historisch bestimmten Familienbildes, das einer „heilen" Familienwelt zugrunde gelegen haben soll, deren übergroßer Glückszusammenhang nun endlich wieder für alle verbindlich gemacht werden soll.

Das Herzland, das qua juristischer Fixierung alle beglücken soll, ist nicht nur das der Kleinfamilie, so wie sie bis in die 50er oder 60er Jahre des vergangenen Jahrhunderts prägend war. Es kommt aus Zeiten, die noch weit vor 1968 liegen und wird nicht zuletzt von fundamentalkatholischen und preußisch-protestantischen Abkömmlingen alter Adelshäuser propagiert.[31] Evangelikale Populisten zielen auch auf eine Verbindung von Islamophobie und Familialismus und erhoffen sich hiervon ein Inzentiv für die Neuevangelisierung Europas. Sie träumen den Herzlandtraum von der christlichen Familie im christlichen Abendland. Bekannt hierfür sind im Kontext des gegenwärtigen Populismus unter anderem die Evangelikale Hedwig von Beverfoerde und auch die AfD-Politikerin Beatrix von Storch, deren Familie Teil eines weitverzweigten Netzwerks ist, in dem eine Biopolitik hochadliger Eheschließungen Urstände feiert. Vor diesem Hintergrund erhält auch eine Äußerung von Sven von Storch, des Ehemanns der AfD-Politikerin, eine besondere Nuance. Als Sprecher der Initiative „Familienschutz" hebt er hervor, dass die Familie „jedem von uns in der Abfolge der Generationen seinen Platz" zuweist.[3232] Der Familialismus gipfelt so im Retrotopos eines genealogischen Platzanweisers, der den Individuen einer Gesellschaft nach seinem Ratschluss historische Orte und Lebenschancen zuteilt.

Auch der Familialismus lebt davon, dass er in seinen Verfallsgeschichten vom Guten zum Schlechten die ursprünglichen Defekte seiner Idyllen ausblendet. Den denkbar schärfsten Blick auf die blinden Flecken und Defekte der nostalgisch erträumten heilen Welten liefern satirische Kritiker, die als Zeitgenossen die vermeintlich heilen Urbilder der Idyllen vor Augen hatten. Die retrotopische Nostalgie wird durchaus unsanft aus ihren Träumen geweckt, wo solche Zeugen der verklärten Vergangenheit zu Wort kommen; für die spießbürgerlichen deutschen Lebenswelten des 19. Jahrhunderts etwa Heinrich Heine; und für die des frühen 20. Jahrhunderts Heinrich Mann. Für die Geschichte der Bundesrepublik liefern frühe Songs des Liedermachers Franz Josef Degenhardt erhellende Einsichten. Sie beschreiben eine Welt „vor 1968“, die in den heutigen populistischen Rückkehrfantasien so sehr en vogue ist – eine Welt vor dem Studentenprotest und vor den globalen Jugendkulturen, die entscheidend zur Liberalisierung der westlichen Gesellschaften beigetragen haben. Diese neue Welt, in der die Chancen, ein Leben frei von unhinterfragten Rollenzwängen und Autoritäten führen zu können, so sehr viel besser sind, muss in den Augen der Populisten abgewickelt werden, damit die scheinbar heile Welt vor dem „Gender-Wahn“, vor migrantischer „Umvolkung“ oder Globalisierung und Denationalisierung wieder auferstehen kann.

Degenhardt ist der Chronist des Unheils und der sozialen Enge, die in frühbundesrepublikanischen Herzland-Idyllen sorgsam ausgespart bleiben – eine kleinstädtische Welt, in der überlebende Opfer des NS-Regimes verschämt schweigen, während NS-Täter und Mitläufer wieder den Ton angeben, ein autoritärer Klerus die Bürgerschaft kujoniert und sonntägliche Bratendüfte sich mit der Angst homosexueller Männer vor der Polizei mischen. Das Stimmungsbild einer solchen Welt liefert etwa Degenhardts „Deutscher Sonntag“ (1965). Der Autor dekuvriert, was im Herz der Herzlandnarrationen, bei Familie und Kleinstadtidylle, unausgesprochen bleibt:

Sonntags in der kleinen Stadt –
Wenn die Spinne Langeweile
Fäden spinnt und ohne Eile
Giftig-grau die Wand hochkriecht –
Wenn's blank und frisch gebadet riecht
Dann bringt mich keiner auf die Straße
Und aus Angst und Ärger lasse

Ich mein rotes Barthaar steh'n
Und lass' den Tag vorübergehn
[…]

Da treten sie zum Kirchgang an,
Familienleittiere voran,
Hütchen, Schühchen, Täschchen passend,
ihre Männer unterfassend,
die sie heimlich vorwärts schieben,
weil die gern zu Hause blieben.
Und dann kommen sie zurück
mit dem gleichen bösen Blick,
Hütchen, Schühchen, Täschchen passend,
ihre Männer unterfassend,
die sie heimlich heimwärts ziehn,
dass sie nicht in Kneipen fliehn.
[…]

Da hockt die ganze Stadt und mampft
Dass Bratenschweiß aus Fenstern dampft!
Durch die fette Stille dringen
Gaumenschnalzen, Schüsselklingen
Messer, die auf Knochen stoßen
Und das Blubbern dicker Soßen –
Hat nicht irgendwas geschrien?
Jetzt nicht aus dem Fenster seh'n
Wo auf Hausvorgärtenmauern
Ausgefranste Krähen lauern –
Was nur da geschrien hat?
Ich werd' so entsetzlich satt!
Pampapam, pampampapam …

Wenn Zigarrenwolken schweben
Aufgeblähte Nüstern beben
Aus Musiktruh'n Donauwellen
Plätschern, über Mägen quellen
Dann hat die Luft sich angestaut –
Die ganze Stadt hockt und verdaut!

Woher kam der laute Knall?
Brach ein Flugzeug durch den Schall?
Oder ob mit Mal die Stadt
Ihr Bäuerchen gelassen hat?
Die Luft riecht süß und säuerlich –
Ich glaube, ich erbreche mich!
Pampapam, pampampapam …

Dann geht's zu den Schlachtfeldstätten
Um im Geiste mitzutreten
Mitzuschießen, mitzustechen –
Sich für wochentags zu rächen
Um im Chor Worte zu röhren
Die beim Gottesdienst nur stören
Schinkenspeckgesichter lachen
Treuherzig, weil Knochen krachen
Werden. Ich verstopf' die Ohren
Meiner Kinder! Traumverloren
Hocken auf den Stadtparkbänken
Greise, die an Sedan denken!
Pampapam, pampampapam …[34]

Vom Man-Wir zum Volksmythos

Der Familialismus fasst eine historische Form der Kleinfamilie als überhistorische und organische Keimzelle des Sozialen und macht aus ihr eine seinsmäßig-normative Hintergrundfolie für seine Forderungen und Verlautbarungen – als natürliche Form, die in ihrem Bestand etwas Grundlegenderes ausdrücken soll, eine Vorsehung oder einen göttlichen Willen, der sich auch in der historischen und sozialen Stellung Geltung verschafft, die den Individuen zugewiesenen wird. Die Welt des Man war dagegen ein Herzland mit durchaus niedrigeren Temperaturen, eher eine Welt der Mechanisierung, Einebnung und Vermassung, die im Populismus in einer kuriosen Volte ebenfalls als Basis und Hintergrundfolie veranschlagt wird – in einem schrillen Gegensatz zur existenzphilosophischen Vermassungs- und

Nivellierungskritik. Der Populismus gibt seinem Kampf ein Hintergrundbild, dessen Authentizität gerade in spießig fixierenden Selbstdefinitionen nach dem Motto: Ich bin Ich und Wir sind Wir auffindbar sein soll – Definitionen, die als höchster Ausdruck authentischen Selbstseins dasjenige affirmieren, was für die Existenzdenker ein Ausdruck von höchster Entfremdung und Uneigentlichkeit ist. Doch der Populismus neigt nicht nur zu kuriosen Querstellungen und Volten, sondern vollbringt manchmal auch regelrechte Wunder und Transsubstantiationen. Eines dieser Wunder ist die organizistische Himmelfahrt, die er einem solchen Einebnungsideal angedeihen lässt, dann nämlich, wenn er das eher kühle Herz des Man-Wir völkisch unifiziert und organisiert als eine neben der Familie weitere – und auch deutlich weiter ausgreifende – organische Grundlage seiner Narration.

Sprachlich übersetzt sich das Man-haft homogenisierende und in einem bloß äußerlichen Nebeneinander der Elemente bestehende Man-Wir aus der ersten Person Plural in eine dritte Person Singular – in ein Es, das keine mechanische, sondern eine tiefere, lebendigere und herzvollere Einheit für sich beansprucht. Am eindringlichsten geschieht dies im Zauberspruch der Pegida-Bewegung, dessen Verwendung der Politologe Jan-Werner Müller[35] geradezu als Inbegriff des Populistischen ansieht: *Wir sind das Volk!* Der Ausruf bezeichnet den Moment, in dem die populistische Performance bei ihren Teilnehmern einen Akt der Selbstverzauberung initiiert. All jene, die den Ausspruch tun, reklamieren für sich eine andere Seinsebene, eine Rückübersetzung in oder Aktualisierung des Volkhaften, aus dem sie eigentlich herkommen und dem sie im tieferen Sinne immer schon angehört haben wollen. Das im Man-Wir als Pluralpronomen Gefasste geht über in die Bestimmung eines Einzahlwortes: Wir sind *Es – das* Volk! – ein Einzahlwort, das mehr sein soll als nur ein Begriffscontainer. Mechanik geht hier über in Organik. Das, was im Man nur aggregiert war, synthetisiert und überbietet sich zum einig Volk. Die Ansammlung von Hörern der populistischen Rede wird zum populus im eminenten Sinne, zum einzähligen Gebilde, das als *eines* zählt und gerade nicht als bloße Ansammlung einer Vielheit.

Eine solche Entpluralisierung ist eine weitere normative Normalisierung – und dies noch in einem gesteigerten Sinne. Denn was „normal" ist, bestimmt der Populist und sein akklamierendes Publikum! Er spricht für *das* Volk, das von genau diesem Publikum repräsentiert wird. Und genau dort, wo sein Publikumsvolk zustimmt, da liegen Norm, Regel und Richtschnur für alles Weitere. Der Populismus gelangt damit zu einer Ethik, die aus dem Konstrukt einer Gemeinschaftssubstanz erwachsen soll. Diese Substanz soll wiederum eine Substanzethik begründen, der ein Primat im Gebiet des Normativen insgesamt zugeschrieben wird: Die Substanz, das Volk des Populisten, ist, was es ist. Und es will sich selbst, sein eigenes Sein. Und was es aus diesem Sein heraus will, ist ein primäres Sollen, das alles weitere Sein und Sollen, alle anderen Ethiken aussticht – insbesondere auch die universalistischen und die an ihnen orientierten Menschenrechte sowie Verfassungs- und Rechtsstaatsgebote, die die Vielfalt der divergierenden Ethiken und Lebensentwürfe schützen sollen.

Auch dem Redner, der mit dem Pegida-Volk kolludiert, das sich in der Exklamation konstituiert und präsentiert, geht es nicht um eine simple normative Elitenkritik, in der ein „einfaches" Volk sich sozialen Eliten gegenüber zu Wort meldet. Die scheinbare Elitenkritik im Ausruf „Wir sind das Volk", ist nämlich nicht Volks-, sondern ihrerseits Elitenbildung! Der sich als *das* Volk bestimmende Hörerpopulus bestimmt sich als Volkselite, in der die Norm für all das beschlossen liegen soll, was im eminenten Sinne als Teil und Eigenschaft des hier gemeinten Volkes gelten darf: *Wir* sind *das* Volk – und nicht etwa nur eine singuläre Gruppe einer pluralen Bevölkerung, zu der auch alle anderen gehören. Und wir sind ein einiges und entpluralisiertes Wir – mit einem einzigen gemeinsamen Willen ausgestattet, ein eminentes und überlegenes Ganzes –, wir sind Norm und Faktum und auch potenzielle Durchsetzungsmacht für alles, was sein soll.

Die exklamierte Seinsbestimmung soll entsprechend auch zur sozialen Bestimmung für alle anderen werden. Wer nicht so ist wie wir, und wer etwas anderes will, der ist nicht Teil *des* Volkes. Die Bestimmung markiert eine ideologische Wagenburg gegen alle Anfechtungen von Vielfalt, Andersheit, Nichtidentität und Nichthomogenität. Das bleibt ihr unverbrüchliches Erbe aus der Welt des Man. Populismus ist nicht etwa kritische Gegenposition zum Elitismus, sondern kämpferischer und elitistischer Antipluralismus – sowohl gegen „die da oben", die Usurpatorenelite, die gestürzt und durch die neue Volkselite ersetzt werden muss, wie auch gegen alle Subalternen, die nicht so sind wie dieses Wir –, wie dumpf und platt die selbst erklärte Volkselite ihren Überlegenheitsanspruch auch immer artikulieren mag.

Dieser Übergang konstituiert noch eine weitere Ebene der Hintergrundnarratio. Denn im einzähligen Volk wird das im Man-Wir nur mechanisch Aggregierte nicht nur zu organischem Leben erweckt. Es wird auch eingeschmolzen in Historie, das heißt, in eine irgendwie organische Geschichtlichkeit. Das gemeine Volk und die Jedermänner, die zusammenströmen, um den populistischen Redner zu hören, erweisen sich nun als zugehörig und aufgehoben in einer höheren und umfassenderen Lebens- und Leidensgeschichte *des* Volkes. Die Redeperformance promoviert und transsubstantiiert die tote Mechanik der Man-haften Einebnung in höhere Eigentlichkeit von Geschichte. Aus der vermassten Vielheit wird *historisch*-organische Volkseinheit. Das Volk wird aus potenzieller Pöbelmasse zu historischer Substanz, zu Leib und Blut eines die Einzelindividuen und historische Epochen umfassenden und umgreifenden Ganzen. Entsprechend wird aus dem erschwindelten Positivismus der populistischen narratio des Man eine noch dreister erschwindelte populistische Geschichtsmythologie. In den Exklamationen der Hörerschaft soll aus einem Aggregat der modernen Massengesellschaft die romantische Volksidee neu entstehen – mehr als anderthalb Jahrhunderte nach der Romantik, umgeben von einem ganzen Kranz korrelierender Bestimmungen: Familie, Heimat, Nation, Abendland, die wie Ministranten bei einer Prozession populistischer Kampfbegriffe neben ihr einherschreiten.

Ein populistischer Redner, der in seiner Redepraxis genau diese mythische Transsubstantiation nicht nur bezweckt, sondern auch reflexiv zum Gegenstand macht, ist der Politiker und Geschichtslehrer Björn Höcke, Frontmann des „Flügels" der AfD, jener Strömung, um die sich die völkischen, ultrakonservativen bis rechtsextremen Mitglieder dieser rechtspopulistischen Partei scharen.[36] Höcke entwickelt für sein Remythisierungsprogramm eine eigene Aufführungspraxis. Was für Trump das Flugzeug, das ist für ihn das Kyffhäuser-Denkmal. An diesem zum Ende des 19. Jahrhunderts zu Ehren des „Reichseinigers“ Kaiser Wilhelm I. errichteten Denkmal hält er bei Veranstaltungen seines „Flügels“ erbauliche Reden.[37] Das Denkmal steht an einem geschichtsträchtigen Ort und soll mit seinen Reminiszenzen an die Stauferzeit das Wilhelminische Kaiserreich als legitimen Nachfolger des mittelalterlichen Heiligen Römischen Reiches darstellen. Somit handelt es sich nicht nur um einen besonderen Ort der jüngeren und nicht mehr so jungen deutschen Geschichte, sondern vor allem auch um einen der Geschichtspolitik.

In besonderer Weise auf das Kyffhäuserdenkmal bezogen war der „Kyffhäuserbund“, ein extrem militaristischer und nationalistischer Kriegerverband, der sich nach der im Kaiserreich gelungenen äußeren „Reichseinigung“ die innere zur Aufgabe machte – gemäß der Devise: „Für Gott, König und Vaterland – Gegen die Sozialisten“. Nach Hitlers Machtantritt organisierte der Bund sich nach SA-Vorbild und gliederte sich dem NS-System ein. Nicht weit entfernt vom Denkmal liegen die Ruinen einer mehr als tausend Jahre alten Pfalzburg, mit deren Ausgrabung in der Nazizeit begonnen wurde. In dieser Burg soll der im europäischen Ausland ob seines Expansionsdranges eher weniger geschätzte Kaiser Friedrich I. genannt Barbarossa, im Jahr 1174 ein Heer für einen Kriegszug gegen die oberitalienische Stadt Alessandria versammelt haben.

Und natürlich ist hier auch der Ort der Kyffhäusersage, der zufolge Friedrich Barbarossa nicht bei einem Kreuzzug gegen die Türken gestorben sei, sondern in einem unterirdischen Schloss in den Tiefen des Kyffhäuserbergs auf seine Wiederkehr warte. Ursprünglich war die Kyffhäusersage auf Barbarossas Enkel Friedrich II. gemünzt, der von Teilen der Geschichtsschreibung – im Gegensatz zum schwertumgürteten Friedrich I. – eher als kultivierter Europäer gezeichnet wird. Im Laufe der Zeit wurde dann aber der Großvater mit dem „Bart von Feuersglut“ zur Gestalt der Kyffhäusersage. Die Entdeckung einer nahegelegenen Gipshöhle mit bizarren Ausblühungen, die gegen Ende des 19. Jahrhunderts prompt zur „Barbarossahöhle“ wurde, hat mystagogischen Kyffhäuserträumen weitere Nahrung gegeben. Doch schon die romantische Fassung der Kyffhäusersage von Ludwig Bechstein aus den 1830er Jahren spart nicht mit rauschhaften Bildern: „Da sitzt er nun im Bergschloss, umgeben von seinen Wappnern, in einer glänzenden Halle, an einem güldenen Tisch und trägt auf dem Haupt eine alte güldene Krone. Des Kaisers roter Bart ist durch den Tisch gewachsen und reicht zweimal schon um den Tisch herum. Wenn er aber zum dritten Mal herumreicht, dann wird der Kaiser heraufkommen, das Reich wieder behaupten, das Regiment bessern und das gelobte Land mit dem heiligen Grabe den Türken abgewinnen. Dann wird er seinen Schild hängen an den dürren Ast eines Birnbaumes, der auf dem Ratsfeld steht, und eine große Schlacht wird dann geschlagen werden, der Baum aber wird grünen und blühen."[38]

Höcke hat den deutschesten aller deutschen Berge gewählt, um sein Remythisierungsprogramm zur Aufführung zu bringen, den Ort einer Nationalsage und des geschichtspolitischen Darstellungswillens, an dessen Beispiel sich eine ganze Geschichte der Remythisierungsprogramme schreiben ließe. Und Höcke weiß, mies machen gilt nicht – gerade in Sachen Geschichtspolitik: „Das permanente mies- und lächerlich machen unserer Geschichte hat uns wurzellos gemacht." Für ihn gilt „die alte Einsicht: Der Mensch ist auf Orientierung hin angelegt."[39] Und genau zu dieser Orientierung und Neuverwurzelung will er beitragen. Auch denen gegenüber, die das Kyffhäuserdenkmal – nicht zuletzt mit Blick auf den Entstehungskontext – für ein Bauwerk des Militarismus halten. Wer so denkt, der sei „ein armes Würstchen ohne historisch-politisches Tiefenbewusstsein, der ist nichts anderes, als ein Stück Treibgut auf dem Strom der Geschichte."[40]

Für den sich kyffhäusertief in der Geschichte einwurzelnden Redner kann dagegen „kein Zweifel daran bestehen, dass diese Zeit von 1871 bis 1914 eine Hochzeit unseres Volkes gewesen ist." Erst 1914 habe ein „Vulgär-Nationalismus"[41] die schöne Erhabenheit des geeinten Reiches unterminiert. Doch woher dieser „Vulgär-Nationalismus" kam, wie die Katastrophe des Ersten Weltkriegs sich gerade in den Jahren „der Hochzeit unseres Volkes" und auch im Wirken des ultranationalistischen Kyffhäuserbunds vorbereitete, der noch unter seinem alten Namen „Deutscher

Kriegerbund" den Denkmalbau inspiriert hatte, darüber verliert der Redner kein Wort – auch darüber nicht, ob und inwiefern es einen „nicht-vulgären" Nationalismus geben kann. Studienrat Höcke ist eher am Positiven orientiert und hält es für ein „Vergehen an unserer Jugend", wenn man ihr „in der Schule positive Identifikation mit unserer Geschichte vorenthält". Denn er weiß: „Vergangenheitsbewältigung als Daueraufgabe lähmt ein Volk". Man soll nicht so viel mit dem Negativen in der eigenen Vergangenheit aufhalten. Deswegen gilt für ihn der Satz – frei nach Franz Josef Strauß –: „Wir haben 70 Jahre Mahnmäler gebaut, es ist Zeit, dass wir wieder Denkmäler errichten!"[42]

Wenige Monate später, im Januar 2017, wird Höcke in einer Rede in Dresden inhaltlich an die Kyffhäuserrede aus dem Jahr 2016 anknüpfen und seine Umkehrappelle in Sachen Erinnerungspolitik noch einmal deutlich radikalisieren: „Es gibt keine moralische Pflicht zur Selbstauflösung [...] Wir müssen wieder wir selbst werden [...] Wir brauchen nichts anderes als eine erinnerungspolitische Wende um 180 Grad." Kurz davor hatte er in derselben Rede bereits deutlich gemacht, was da in sein Gegenteil verkehrt werden soll: „Wir sind das einzige Volk der Welt, das sich ein Denkmal der Schande in das Herz seiner Hauptstadt gepflanzt hat." Gemeint ist das Denkmal für die ermordeten Juden Europas im Zentrum Berlins.[43] Mit Blick auf das „positive" Geschichtsbild, das Höcke anstrebt, gilt es dagegen vor allem an der Remythisierung zu arbeiten: Wir müssen uns „die gemeinschaftsbildende Kraft des Mythos wieder neu erschließen, indem wir uns dieser gemeinschaftsbildenden Kraft der Wirkung des Mythos vollumfänglich öffnen."[44]

Könnte man von den Inhalten in Höckes Fortschreibungsversuch abstrahieren, wäre die ungewollte Mischung aus rhetorischer Unter- und Überbietungsperformance, mit der er hier antritt, komisch zu nennen. In seiner Kyffhäuserrede vom Juni 2016 berichtet er mit leuchtenden Augen von der Größe und Erhabenheit der Aufgabe, die ihn und seine Zuhörer verbindet – ohne diese Darbietung selbst jedoch ganz auf der beanspruchten geschichtlichen Höhe halten zu können. Es ist letztlich die auf eine größere Bühne übertragene Überbietungsperformance, die man bisher eher aus den stickigen Hinterzimmern der ultrarechten Szene kannte – von den kleinen Führern, die dort die Rhetorik ihrer großen Vorbilder als Farce zur Wiederaufführung bringen.

Allerdings korreliert die Größe der von Höcke beanspruchten Aufgabe durchaus mit seinem Sendungsbewusstsein. Das zeigt schon der Einleitungssatz seiner Rede: „Liebe Freunde, ich gucke in die Runde, ich sehe Mitstreiter aus ganz Deutschland". Solche und ähnliche Sätze in Höcke-Reden könnten von Goebbelsreden inspiriert sein[45], nicht zuletzt von der Sportpalastrede 1943 mit ihrer langen Aufzählung der in der Zuhörerschaft vertretenen Bevölkerungsgruppen, mit der die Darbietung sich einen Plebiszitcharakter erschwindeln will: „*Was hier vor mir sitzt, ist ein Ausschnitt aus dem ganzen deutschen Volk, an der Front und in der Heimat, – stimmt das*? [Stürmische Rufe: „Ja!", anhaltender Beifall].[46]

Für die Größe und Unbedingtheit, die hier evoziert werden soll, spricht schließlich auch eine ins Videobild flatternde Deutschlandfahne, die Höcke seit seiner Fahnenperformance auf dem Talkshowsessel von Günter Jauch offensichtlich zu seinem Erkennungszeichen gemacht hat. Weniger dramatisch und ebenfalls eher komisch wird die Bühnenszene von den sich hinter dem Redner befindlichen Decktüchern kommentiert, die von den Notenpulten einer Volksmusikgruppe herabhängen, um gemeinsam mit Höckes Deutschlandfahne im Wind zu schaukeln: „Die lustigen Dorfmusikanten – Musik für jeden Anlass" steht darauf. Die Erhabenheit eines Tannhäuser-Wettstreits wird auf dem Kyffhäuser diesmal jedenfalls nicht erreicht. Der Sängerkrieg fällt aus. Höcke markiert mit seiner Rede schon den Höhepunkt des Emphatischen – zumal auch die zerstrittene AfD-Führung sich an diesem Tag ohne Widerworte hinter ihrem rechten Flügelmann schart.

4. Der Riss im Herzen

Der Populist konstruiert die Positivität einer Eigenwelt als ein Hintergrundfaktum seiner Rede – ein Man-haft, familial oder auch volkshaft Normalisiertes, das er als das Eigentliche, Normale und Normierende voraussetzt. Wie unscharf er diese Welt auch immer zeichnet, ihr soll sein Herz gehören; sie ist es, was er liebt, was ihn ausmacht und was er ausleben will. Er will diese Eigenwelt als eine illusorisch fixierte und gleichzeitig bedrohte. Denn wenn es nur die einfache, für sich bestehende und sich felsenfest durchhaltende Positivität wäre, könnte er ja auch zu Hause bleiben und sein Eigenstes in stiller Kontemplation genießen. Der Populist will aber hinaus, um vor Publikum erbitterte Reden zu halten. Und hierfür benötigt er die Eigenwelt als eine in Frage stehende, der Negativität ausgesetzte. Diese Negativität ist das zweite im Populismus vorausgesetzte Faktum. Sie macht die populistische Rede zu einer Performance des gebrochenen und zerrissenen Herzens.

Doch wie ist es näher um sie bestellt? Ist sie etwas, das die Positivität der Eigenwelt als ein bis dato Selbstverständliches in Frage stellt – als eine bisher mehr oder weniger Unhinterfragte? Ist das Herz des Populisten also ein frisch gebrochenes? Ist das der Grund dafür, dass populistische Rede die Verteidigung der Eigenwelt so heftig und dringlich einfordert?

Verfallsgeschichte

Heideggers Zuhandenheitsanalyse kennt die unerwartete Abwesenheit. Sie hebt an mit dem Fehlen eines unhinterfragt Erwarteten, bei Heidegger ein Werkzeug im routinierten Arbeitsablauf, dessen unerwartetes Nichtzuhandensein ein gerade noch Selbstverständliches fraglich macht: „Das Zuhandene kommt im Bemerken von Unzuhandenem in den Modus der *Aufdringlich-*

keit.“[47] Doch mit der Eigenwelt des Populismus verhält es sich anders. Ihre „Normalität“ ist eine schon reichlich Entschwundene! Das, was hier als Aufreger gehandelt wird, ist in aller Regel schon lange kein unhinterfragt Normales und Durchschnittliches, in ruhiger und unauffälliger Selbstgenügsamkeit Gegebenes mehr. Das populistisch Begehrte, Propagierte und exklamatorisch Herbeizitierte – soweit es sich nicht überhaupt um eine historische Chimäre handelt – hat längst Adieu gesagt und ist nicht erst seit eben entschwunden. Nicht eine „normale“, sondern eine längst anomalisierte „Normalität“ tritt in den Fokus der Aufmerksamkeit. Der populistische Modus der Aufdringlichkeit ist der eines Aufdringlichmachens, er ist konstruierte Überraschung.

Der Populist als Propagandist der Man-Welt, des homogenen Volks oder einer unverbrüchlichen Kleinfamilie ist deshalb auch nicht Seismograph allerneuester kulturtektonischer Verschiebungen oder popkultureller Trendscout. Er protokolliert nicht die ersten feinen Haarrisse überkommener Gebilde. Seine Rede beginnt auch nicht schon bei „einbrechender Dämmerung“ – als Flug der Eule der Minerva – sondern noch später.

In Hegels berühmtem Zitat ist das Wappentier der Philosophie für eine nur retrospektiv mögliche Erkenntnis der Lebensformen zuständig, die erst einsetzt, „nachdem die Wirklichkeit ihren Bildungsprozess vollendet und sich fertig gemacht hat“.[48] Dem Dämmerlicht der Tageszeit entsprechend arbeitet eine solche Erkenntnis nicht polychrom, sondern übt sich in der Grisaille: „Wenn die Philosophie ihr Grau in Grau malt, dann ist eine Gestalt des Lebens alt geworden“.[49] In eben dieser historischen Abendstunde erscheint sie als das „Ideale dem Realen gegenüber“, um es in seiner „Substanz“ zu erfassen und „in Gestalt eines intellektuellen Reichs“[50] zu erbauen. Philosophie als Flug von Minervas Eule ist also geistige Himmelfahrt einer überlebten Wirklichkeit, die sich von letzterer absetzt, um sie als nur mehr erkenntnismäßige Form zu reproduzieren. Entsprechend gering soll auch die praktische Rückwirkung auf die verfallende historische Lebensform sein, der sie entspricht. Denn „mit Grau in Grau lässt sie sich nicht verjüngen, sondern nur erkennen“.[51]

Der Populist dagegen muss sich sein Wappentier unter noch späteren Nachtfliegern suchen. Mit dem Hauch von Spießigkeit und abgestandener Luft, mit dem er sich umgibt, macht er sich zum Propheten nicht der ersten, sondern der allerletzten Abenddämmerung, dem Moment, in dem das Licht ganz erlischt. Er hat deshalb auch keine Graupalette mehr, um mit ihr – zwar lebensenthoben, aber doch subtil – die Details eines intellektuellen Reichs zu zeichnen. Er kennt nur noch die Schwarzmalerei, die als Herzland-Nachtfantasie und ohne weiteren Realitätsbezug in seinem Kopf erblüht. Der Populist spricht nicht zu den Ersten, sondern zu den Letzten, die begreifen, dass etwas vergeht. Er ist der genuine Nachhutprediger.

Dabei spiegelt sein Reflexionsspiel von Sein und Sollen auch in die Vergangenheit hinein. Zunächst hatte er ja das Sollen in ein Sein hinein projiziert, das er als Gegebenes fassen wollte, als eine in sich ruhende oder gleichförmig in sich kreisende Identität mit sich, der er seine Sollensnormen unterschob. Diese sollten im Sein moralpositivistisch auffindbare Fakten darstellen: *Ich bin Ich* und *Wir sind das Volk* – dasjenige, was in schlichter oder eminenter Weise sowohl das faktisch Seiende wie auch das Geltende sein soll. Das war sein Seins-Projekt – ein als gegebenes Sein hypostasiertes Sollen. Doch die populistische Sollensprojektion ins Sein hinein – genauer in ein sich nicht mehr unauffällig von sich her reproduzierendes, sondern in ein entschwindendes und schon weithin entschwundenes Sein hinein – ist in noch viel stärkerem Maße Seins-Retrojektion, Teil eines Ursprungsdenkens, in dem die Gegenwart nur mehr als Schwundstufe der volleren und eigentlich gültigen Vergangenheit erscheint. Hier liegt die wichtigste Scharnierstelle des Übergangs von Moralpositivismus zu Geschichtsmetaphysik und Mythologie, die den Gegenstand des populistischen Begehrens als Retrotopie kennzeichnet. Der Populismus erweist sich als der etwas schmuddelige kleine Bruder eines philosophischen Ursprungsdenkens, dem es „nicht um den Pathos des Anfangs und Neubeginns, sondern um Sehnsucht nach dem Ursprung" geht.[52]

Im Gegensatz zum modern-utopischen Denken, dessen u-topos ein *noch* nicht existierender Zukunftsort ist, hat die populistische Retrotopie sich so sehr mit begehrter Vergangenheit aufgeladen, dass sie nur noch einen vollkommen einseitigen Blick für die Gegenwart und die in ihr liegenden Zukunftsmöglichkeiten hat. Die Vergangenheit, die sie hochhält, wird als Fülle und heile Ganzheit imaginiert, zu der sie zurück strebt. Das Konstruktionsprinzip von Retrotopie als Denkform ist das einer Verklärungsgeschichte, eine Geschichtsbetrachtung, die ein heartland als paradiesischen Ort respektive Zustand verklärt, in dem alles so gewesen sein soll, wie es eigentlich sein sollte. Ihr Zukunftsprojekt ist das einer Rückkehr ins verlorene Paradies. Von allem Unheil und Widrigkeiten in dieser verlorenen und wieder zu gewinnenden Vergangenheit wird weitgehend abstrahiert – falls diese Widrigkeiten nicht bereits Teil jener Verfallsnarration werden können, die vom verklärten paradiesischen Ursprungszustand in die Gegenwart wegführt. Denn die Gegenwart ist mit dem verlorenen Paradies durch diese Verfallsgeschichte verbunden – eine Geschichte, die nicht nur eine Ergänzung, sondern den eigentlichen Hauptstrang der retrotopischen Erzählung ausmacht. Retrotopie als in sich rückwärtsgewandte Utopie speist sich vor allem aus Verfallsgeschichte. Eine Geschichte, die zuallererst nicht den Weg zu einem Besseren hin, sondern den von einem Besseren weg beschreibt. Um diese Geschichte zu erzählen, benötigt sie die Positivität des Herzlands als fiktiven Sozialzustand, der in nur bedrängter und negierter Form auf die Gegenwart gekommen ist – als verklärter Punkt des Absprungs für eine Rhetorik, die ihn als Opfer einer Negativität präsentiert, die den herzzerreißenden Abfall vom Heil in Gang setzte.

Die Herzlandgeschichten des Populismus sind in dieser Weise Hintergrundfolien für Verfallsgeschichten: Früher war alles besser! Und das Leid ist in die Welt gekommen, weil die alten Formen außer Geltung geraten sind. Vom Positiven zum Negativen – das ist der Richtungsvektor der populistischen narratio, der scharf geschlagene Ball, den sie mit der eigentlichen populistischen These historisch retournieren will und dem sie zahlreiche weitere Großvokabeln aus ihrem Wörterbuch der Früher-war-alles-besser-Herzensanliegen entgegenhält: Abendland, Anstand, Arbeitsdisziplin oder Rasse, Recht, Reich, Religion oder auch Sitte, Staat und niedriger Steuertarif. Mit solchen Vokabeln wird das Bewegungsbild einer vormals heilen Welt gezeichnet – ein wahrer Historienschinken von einer in Niedergang und Zerrüttung befindlichen Welt.

Und der diesem Geschichtsbild entsprechende Grundaffekt ist natürlich Leiden am Verfall. Die Welt, die einmal gut war, ist verdorben. Das retrotopische Bewusstsein ist ein sich zwischen einstmals und jetzt zerreißendes, selbst Teil jener Verfallsgeschichte, die es erzählt – ein unglückliches, sich auf verschiedenen Stufen des Niedergangs befindliches und in allen Schattierungen und Gemütslagen sich verzehrendes Bewusstsein –, melancholisch, manisch, cholerisch, zynisch, sich selbst mehr hassend als liebend für die Unglücksgeschichte, die es erzählt.

Retrotopie

Das Unrealistische und Blinde der retrotopischen Erzählung besteht nicht zuletzt darin, das Neue und Unfertige, das sich neben dem Verfall des Alten ebenfalls ergeben hat, entweder ganz zu übersehen oder es weitgehend abzuwerten und für nichtig zu erklären. Das Neue an der höchst einseitig wahrgenommenen Gegenwart wird zum Inbegriff alles Schlechten, das nur einen Verfallszustand des verklärten Alten darstellen soll. Das Alte hui, das Neue pfui – Retrotopie meint Geschichte eines Niedergangs, die umgekehrt werden soll. Ihr Zukunftsausblick liegt im Rückspiegel.

Retrotopie wird entsprechend zur *leeren* Utopie. Ihr geht das novum ab – dasjenige Moment, das die moderne Utopie ausmacht und befeuert. Das novum ist für die Retrotopie nichts und nichtig – kein positives novum, nichts wirklich Neues unter der Sonne. Dennoch hat sie als in sich verkehrte Utopie ein Zukunftsbild – jenseits des Sich-Zerreißens, Verbitterns oder melancholischen Sich-Fügens. Sie will einer verlorenen Wirklichkeit als solcher wieder Geltung verschaffen. Von daher steht sie in zumeist griesgrämigem Widerspruch zur Gegenwart. Sie wird zum Widerstand gegen die Zeit, zum trotzigen Hochhalten der entwerteten Werte.

Besonders deutlich wird dies beim Familialismus. So verbreitet Sven von Storch auf der Internetseite von familien-schutz.de eine Gegenwartsanalyse, nach der in Ehe und Familie frevelhaft eingegriffen wird: „Wir wissen um die unerträgliche Duldung der hohen Scheidungsrate, der niedrigen Geburtenrate und der hohen Abtreibungszahlen. Um die traurige demografische Lage."[53] Die Probleme in modernen Familienbeziehungen entspringen dem „geduldeten" Verfall der traditionellen Familie. Von Storch will nicht länger dulden. Er kämpft für mehr artgerechten Nachwuchs in guten alten Familiennestern. Völlig aus der Optik der restaurativen Brille geraten dabei die Liberalisierungsgewinne, die sich mit dem Wertewandel und den emanzipatorischen Bewegungen der letzten Jahrzehnte verbinden: die Befreiung aus einer reichlich autoritären „Normalität", in die Geschlechts- und Familienrollen noch vor wenigen Jahrzehnten eingezwängt waren. Eine Welt, in der der Ehemann und Familienvater weitgehende Rechte über Frau und Kinder hatte, eine Welt der restriktiven Abtreibungsverbote, die Frauen auf die Rolle der Ehefrau und Mutter festlegten, und der geschlechtsgebundenen Arbeitsrollen, die Frauen im Berufsleben noch stärker benachteiligten als das heute der Fall ist – oder die schrittweise und noch immer nicht abgeschlossene Gleichstellung von Schwulen, Lesben und Transgendermenschen, die es heute ermöglicht, geschlechtliche Identität zwangfreier zu finden und zu leben als das noch vor wenigen Jahren der Fall war.

Das Wofür des retropopulistischen Kampfes, die bessere Zukunft, die er verspricht, ist keine neu zu Erfindende. Der historische Richtungsvektor führt ja weg von der besseren Vergangenheit hin zur schlechteren Gegenwart. Das novum ist das Schlechtere – es muss weg! Entsprechend geht es um Umkehr und Rückkehr. Der Weg nach vorne ist der zurück. Es geht um eine auf den Ruinen der untergegangenen Welt wieder identisch zu errichtende; es geht um die Wiederkehr des entschwundenen Alten in wieder hergestellter Integrität. Der Horizont der vergangenen Werte, die alte Welt der Zeichen und Bedeutungen, soll sich erneut lichten. Eine altbekannte lebensweltliche Normalität soll wieder einziehen, eine Normalität vor ihrer Anomalisierung – alt, und doch versehen mit dem Zauber des neuen Tags, frisch und unversehrt. Das ist das retrotopische Objekt des Begehrens im allerletzten Abenddämmer der verfallenen Welt.

Aufgrund der Verspätung der Zeitdiagnose ist der retrotopische Populismus auch nicht bloß konservativ, wie es auf den ersten Blick scheinen mag. Es geht nicht um ein mehr oder weniger gemütliches Hegen und Pflegen des Bewährten. Sein Kampfplatz liegt dort, wo realistische Konservative längst loslassen. Der retrotopische Populist predigt auf Ruinen gegen den Verfall. Deshalb ist er dort, wo er sich der konservativen Sprache bedient, auch bloß der Form nach konservativ – und dem Wesen nach restaurativ und reaktionär. Es geht ihm nicht um das Festhalten eines Überkommenen, sondern um Wiederaufrichtung einer bereits obsoleten Welt, die ihm – in donquijotesker Verkennung – einfach wiederbelebbar erscheint. Das längst abgelaufene Verfallsdatum seiner Utopie macht ihn samt seinem Kostüm willentlicher Mediokrität zu einem Ritter von trauriger Gestalt – gefangen in einer Melancholie, die allerdings zu Wut- und Gewaltausbrüchen fähig ist. Die Orientierung an den Ruinen der vergangenen Welt, die er predigt, droht die neue Welt zu ruinieren.

Das Barbarossa-Projekt

Auch der Geschichtsmythologe Höcke erzählt eine Verfallsgeschichte. In seiner Dresdner Rede vom Januar 2017 liefert er die narratio des deutschen Gegenwartspopulismus mehr oder weniger in Reinform – eine schwarze Liste der Verfallsdiagnosen, die zusammen genommen das Bild eines zerfallenden Staates ergeben:

> „Die führenden Altparteien-Politiker sind zu erbärmlichen Apparatschiks geworden, die nur noch ihre Pfründe verteilen wollen. Weder ihr erstarrter Habitus noch ihre floskelhafte Phraseologie unterscheidet Angela Merkel von Erich Honecker. Ich sage es in aller Deutlichkeit: Diese Regierung ist keine Regierung mehr, diese Regierung ist zu einem Regime mutiert! Sie ist unfähig und unwillig, die von ihr aufgetürmten Problemhalden wieder abzutragen. […]
>
> Um das ganze Ausmaß der Katastrophe nochmal vor Augen zu führen, in der sich unser Staat befindet, müssen wir erkennen: Unser einst intakter Staat befindet sich in Auflösung, seine Außengrenzen werden nicht mehr geschützt, er kann die

innere Sicherheit nicht mehr garantieren, das Gewaltmonopol erodiert zusehends durch Inkaufnahme rechtsfreier Räume und der allgemeine Rechtsverfall schreitet voran. Unsere einst geachtete Armee ist von einem Instrument der Landesverteidigung zu einer durchgegenderten multikulturalisierten Eingreiftruppe im Dienste der USA verkommen.

Unsere einst hoch geschätzte Kultur [...] droht, nach einer umfassenden Amerikanisierung nun in einer multikulturellen Beliebigkeit unterzugehen. Unser einst bewährtes Bildungssystem wurde in den letzten Jahrzehnten, und ich sage das in aller Deutlichkeit, bewusst kaputtreformiert. Unsere einst stolzen Städte verwahrlosen immer mehr und sind Brutstätten von Kriminalität und Gewalt und leider oftmals Heimstätte von radikalen Islamisten. Unser einst fruchtbares Land verliert seine Bewohner, verödet aufgrund einer desaströsen und völlig falsch angelegten Strukturpolitik. Unsere einst schöne Heimat wird zusehends durch hässliche Bauten, Windräder und eine chaotische Besiedlung verunstaltet. Unsere einst kraftvolle Wirtschaft ist nur noch ein Wrack, neoliberal ausgezehrt. Unser einst [...] weltweit beneideter sozialer Friede ist durch den steigenden Missbrauch und die Aufgabe der national begrenzten Solidargemeinschaft sowie durch den Import fremder Völkerschaften und die zwangsläufigen Konflikte existenziell gefährdet.“[54]

Mit kindlicher Lust am Inferno zeichnet Höcke das fast schon Bosch-Breughelsche Bild einer diktatorisch beherrschten, politisch, rechtlich, militärisch, ökonomisch, sozial, kulturell und infrastrukturell zerfallenden und untergehenden Bundesrepublik. Diese failing-state-Diagnose ist auch deswegen skurril, weil sie das Bild, das internationale Vergleichsstudien von Deutschland zeichnen, auf so gut wie allen angesprochen Feldern um ziemlich genau 180 Grad dreht.[55] Die Flugbahnen, die die populistischen Redner weit über die Welt der Fakten hinaus tragen, erreichen offensichtlich dort einen Scheitelpunkt, wo sie die Verfallsbilder ihres Herzlandes zeichnen.

Auch in seiner Kyffhäuser-Rede erzählt Höcke vom Verfall. Auch hier schwebt eine große Gefahr über seinem Herzvolk –

möglicherweise eine Art zweites „Stalingrad“ der deutschen Volksgeschichte. Die Erstausgabe vom Winter 1942/43 markierte ja den Wendepunkt des NS-„Unternehmens Barbarossa“, des Feldzugs gegen die Sowjetunion, auf den Goebbels in seiner Sportpalastrede mit dem Aufruf zur Totalmobilmachung reagiert.

Auch am Kyffhäuserdenkmal signalisiert Höcke höchste Gefahr und orientiert auf einen „Kampf, der letztlich über die politische Zukunft, über die Existenz unseres Landes und unseres Volkes entscheiden wird.“[56] Auf genau dieser Höhe der Verantwortung verortet er den von ihm geführten rechten „Flügel“ der rechtspopulistischen AfD: „Der Flügel ist ein Garant dafür, dass diese Partei, unsere Partei immer weiß und eingedenk dessen auch lebt und handelt, dass sie die letzte evolutionäre Chance für unser geliebtes Vaterland ist“. Denn – so kann man frei nach der Barbarossa-Sage ergänzen – des Kaisers Bart hat sich schon zweimal um den Tisch gewickelt. Nach der dritten Runde heißt es: Entscheidungsschlacht – Hopp oder Topp!

Aber was die Alternative zur AfD-Alternative einer letzten „evolutionären Chance“ genau sein soll – Revolution? Bürgerkrieg? Stillstand der völkischen Evolution? Oder gar Tod und Ende des Deutschtums? –, das verbleibt in raunender Undeutlichkeit. Auch hier wird weit mehr evoziert als ausgesprochen. Das, was gesagt wird, klingt wie eine Abgrenzung gegen ein völkisch-*revolutionäres* Ansinnen – aber gerade die Unklarheit, mit der sie erfolgt, ist offenkundig ein versteckter Hinweis darauf, dass es genau um ein solches Ansinnen geht. In ähnlicher Weise versteht Höcke ja auch in seiner Dresdner Rede die AfD als „inhaltliche und nicht strukturelle Fundamentalopposition“, als die „einzige relevante Kraft des Bewahrenden, die gegen die kollektiven Kräfte der Auflösung, der One-World-Ideologen und ihrer Verbündeten“ steht[57] – also als die letzte „evolutionäre“ Chance, die letzte nur „inhaltlich“ kritisierende Kraft der Opposition bevor es kracht, bevor die nationale Revolution die Axt an die Strukturen des demokratischen Staates legt?

Auf jeden Fall muss etwas am Ende sein. Und auch eine Zeit der Kehre und des Umschlagens soll erreicht sein: „Wir leben ein Vierteljahrhundert nach dem Fall der Mauer zweifellos wieder in einer Wendezeit.“[58] Höcke illustriert den Übergang, der sich gerade vollziehen soll, mit Vokabeln aus der Psychologie des Trauerns. Danach sei nun ein „Schleusenstadium“[59] erreicht – ein Stadium, in dem sich Pegelstände verändern und der eingetretene Todesfall das Bewusstsein der Hinterbliebenen wirklich tief erfasst. Ende und Wende! Und der Beitrag, den es zu diesem großen Umschwung nun zu leisten gilt, soll die Neu- und Wiedermythisierung des geschichtlichen Bewusstseins sein: „Wir haben die Aufgabe uns unsere großartige Geschichte wieder neu anzueignen.“ Denn: „innere Kraft aus Mythen zu schöpfen, ist in Wendezeiten immer hilfreich gewesen.“[60]

Wie kann der Mythos die weitere notwendige Wende nach der deutschen Wiedervereinigung befeuern? Und wie kann gerade das Kyffhäuserdenkmal zu der gemeinschaftsstiftenden Mythenbildung beitragen, die nötig ist, um sie zu vollbringen? Eine aufhellende Parallele liegt darin, dass auch das ab 1890 erbaute und 1896 eingeweihte Kyffhäuserdenkmal ein doppelt zeitenwenderisches statement sein sollte. Die Bezüge auf die 1871 – also 25 Jahre vor der Einweihung – erreichte Reichseinigung sind im Bildprogramm des Denkmals überdeutlich. Über einem offensichtlich gerade aufwachenden und sich in den wüsten Bart fassenden Barbarossa thront ein Reiterstandbild des „Barbablanca“, des weißbärtigen Reichseinigers Wilhelm I. Als wieder gekehrter Barbarossa soll er die Einheit vollbracht und das „Reich wieder behauptet“ haben. Aber wie nun weiter nach dem langen Schlaf? Die Sage sieht vor, das jetzt „das Regiment [zu] bessern“ sei – mit anderen Worten: Aufrüstung und Stärkung der Kampfesmoral. Mit dieser geht wiederum eine militärische Außenorientierung einher, die „das gelobte Land mit dem heiligen Grabe den Türken abgewinnen“ soll. Nach Wiedererlangung der Einheit und militärischer Stärkung soll es also ungefähr dort weitergehen, wo für den als Kreuzfahrer im südlichen Anatolien ertrunkenen Barbarossa Schluss war. Übersetzt in die zeitgenössische Sprache des Kyffhäusermilieus der späten 1890er Jahre heißt das, sich 25 Jahre nach der Reichseinheit auf der Grundlage des nunmehr erreichten Großmachtstatus weiter zu wappnen – für den demnächst zu erkämpfenden Weltmachtstatus des Deutschen Reiches. Dieser Übergang von der Kontinental- zur imperialistischen Weltmachtpolitik stellte nach dem inneren „Einigungskrieg“ gegen die Sozialdemokratie in den 1890er Jahren das große außenpolitische Projekt der nationalistischen und militaristischen Rechten dar: „eine große Schlacht wird dann geschlagen werden, der Baum aber wird grünen und blühen", wie es die Kyffhäusersage nach Bechstein ja vorhersagte.[61]

Worin die von Höcke angemahnte, über die Volks- und Landesexistenz entscheidende Schlacht bestehen mag, bleibt unklar. Offenbar ist ihm aber bewusst, dass eine zu enge Anlehnung an Barbarossa ihn zu offenkundig an die aggressivsten Geschichtstraditionen des Kaiser- und NS-Reichs heranführen würde. Deswegen will er sich eher an Friedrich II. anlehnen, den Stauferkaiser, dem eine weniger kriegerische Haltung zugeschrieben wird und in dem auch Nietzsche als Kritiker der bornierten Deutschtümelei im wilhelminischen Reich einen „ersten Europäer nach meinem Geschmack"[62] erblickt. Höcke geht es vor allem um die „Universalreichsidee", die Friedrich II. vor 900 Jahren entwickelt haben soll und die „für die bevorstehende und so notwendige Neuordnung Europas noch sehr interessante Impulse bereithalten könnte." Es geht also um eine von der mittelalterlichen Reichsidee inspirierte Neuordnung Europas, eine Idee, die Höcke auch sonst auf Thüringer Marktplätzen entwickelt: „Thüringer, Deutsche, 3000 Jahre Europa, 1000 Jahre Deutschland, ich gebe Euch nicht her!"[63]

Mit einem neugeborenen Europa aus dem Geist des deutschkreuzzüglerischen Stauferkaisertums gerät Höcke in ein Dilemma des gegenwärtigen Populismus, das mit der Frage zu tun hat, wie völkischer Nationalismus auf der einen und Europa und Abendland auf der anderen Seite vereinbar sind. Denn das eine ist ja der Antipode des anderen. Der europäische Einigungsprozess hatte gerade den Abbau jener wechselseitigen Nationalressentiments zur Voraussetzung, die der Populismus heute wieder aufleben lassen will. Der Widerspruch, der sich hier abzeichnet, lässt sich an der Zerstrittenheit der verschiedenen rechtspopulistischen und rechtsextremen Gruppierungen im Europaparlament gut studieren. Das Projekt eines im Sinne der deutschen Reichsidee dominierten Europa wäre weiteres populistisches Öl ins Feuer der neu angefachten nationalen Gegensätze. Die populistischen Freund-Feinde in Europa rüsten auf, auch mit ihren gegeneinander gerichteten Größenfantasien: Freunde beim Zerschlagen Europas, damit endlich wieder richtig Feindschaft herrschen kann!

Andererseits wird im Kreuzzugsgedanken, der ja auch in der gegenwärtigen Islamophobie wieder in den Vordergrund rückt, ein gemeinsames Feindbild sichtbar, dass ein populistisches Europa bis zu einem gewissen Punkt zusammenführen und als ein gegen die islamische Welt gerichtetes Abendland bestimmen könnte. Wenn Populisten mit dem Abendlandeuropa einen vierten, über Volk, Familie und Jedermanns-Alltäglichkeit noch hinausreichenden Kreis der Eigenwelt konstruieren – wie das ja zum Beispiel die Pegida-„Europäer gegen die Islamisierung des Abendlandes" tun –, dann scheint vor allem ein solcher Antiislamismus als Klammer geeignet. Doch prinzipiell liegen natürlich noch andere historische Feindbilder bereit, wobei traditionelle Feindbilder wie „Amerika" und „Russland" aufgrund der populistischen Freundbilder Trump und Putin aktuell weniger nachgefragt sind.

In welche Richtung Höcke seine vage angedeuteten Deutschland- und Europafantasien auch immer ausgestalten mag, auf jeden Fall soll eine mythische Aufrüstung vonnöten sein, um die großen Aufgaben, die vor dem deutschen Volk liegen, anzugehen. Hier gilt es, nachdrücklich Geschichtspolitik zu betreiben, eine Art metapolitische Orientierungsarbeit zur Selbsteinwurzelung in der Positivität deutscher Geschichte, die auch eine „vollumfängliche" Öffnung für die Kraft der Gemeinschaftsmythen voraussetzt, die den Adepten unter der mystagogischen Führung der neuen populistischen Führer zuteilwird.

Konservative Revolution

Höcke versteht seine Anhängerschaft auch als „Rückversicherungsgemeinschaft" der AfD. Der Ausdruck, den der Redner hier wählt, könnte auf den retrotopischen Charakter seiner ganzen Unternehmung schließen lassen, etwa auf eine volksgemeinschaftlich erweiterte Ausprägung eines Familialismus, der einen status quo ante reaktionär und identisch wieder herstellen will.

Doch der Einsatz des Kyffhäuserredners ist nicht simpel reaktionär-retrotopisch, sondern an der konservativen Revolution orientiert, einer in sich relativ vielgestaltigen ideologischen NS-Vorläuferbewegung aus der Weimarer Republik. Dort hatte man erkannt, in welche Aporien ein bloß rückwärtsgewandtes Denken führt, das neue Entwicklungen nur als Zerstörung eines überlegenen Alten fasst, die ihrerseits zu zerstören sind.

Höckes Programm der Remythisierung soll dagegen kein reines und märchenhaftes Umkehrprogramm sein, mit „einem traurigen Blick zurück auf irgendeinen alten Kaiser im Kyffhäuser, auf dessen Auferstehung wir zu warten hätten, wenn wir wieder wer sein möchten in Europa als Deutsche."[64] Es geht um eine aus dem Mythos der völkischen Identität und Kontinuität neu zu schaffende und nicht bloß zu restaurierende Kultur. Der mythische Geist des Alten soll nicht zum Antipoden und strikten Verhinderer des Neuen werden, sondern sich ihm so anschmiegen, dass dieser sich darin erhält und unter Wahrung einer als grundlegend betrachteten Identität weiterentwickelt. Deshalb plädiert der Redner etwas umständlich für eine an der „immer noch wachsenden analogen wie noch viel mehr digitalen Mobilität orientierte Kultur des Austausches, des Verwebens von Ideen aus allen Kulturen hin zu wieder neuen Gebilden".[65] Mögliche kosmopolitische oder interkulturalistische Auslegungen dieser Forderung werden aber sogleich mit dem Nachsatz eingeschränkt, wonach eine solche Kultur „ja nicht zwangsläufig in der einer langweiligen Weltkultur enden müssen."[66] Aus dem gemäßigten CSU-Populismus eines Laptops mit Lederhose soll hier offenkundig ein verschärfter AfD-Populismus des Kaiserbarts mit Internet werden, eine kulturelle Remythisierung mit dem Zweck der Gestaltung einer Zukunft, in der alte Mythen mit ihren Identitätsformen und Antagonismen auch die neue Welt durchziehen – und das mit einer deutschtümelnden Hippness, die es vollumfänglich mit der „langweiligen Weltkultur" aufnehmen kann. Ob damit auch die „Lustigen Dorfmusikanten" gemeint sind, Höckes Begleitband bei der Kyffhäuser-Performance, ist nicht dokumentiert.

Während ein bloß reaktionärer Populismus also als Feind eines Neuen auftritt, das er in toto ablehnt, ist die an der konservativen Revolution orientierte Spielart an einer volksmythologisch inspirierten und informierten Zukunftsgestaltung interessiert, an einem neuen Mythos, der Mythengeschichte aufgreift und fortschreibt. Und der auch die identitätsverbürgende Bedingung dafür sein soll, die „Wendezeit" aktiv zu gestalten: „Dieser neue Mythos wird darüber entscheiden, ob diese neue Wendezeit von uns nur erlebt und erlitten wird, oder ob wir als AfD, und das ist mein Wille und mein Begehr, und ich weiß, es ist auch Eurer Wille und Eurer Begehr, ob wir diese Wendezeit nicht nur erleben und erleiden, sondern tatkräftig gestalten."[67]

5. Erschaffung der Welt als Drama

Mit der mythisch-fantastischen Doppelerzählung von einer Welt heiler Identität und ihrem historischen Niedergang ist eine perfekte Hintergrundfolie geschaffen für den Auftritt der großen und eigentlichen populistischen „These“: Schuld an allem Ungemach und am Niedergang des Herzlands trägt – der Feind. Und Schuld muss Sühne tragen! Hier, und nicht in der Zeichnung des Eigenweltidylls, der Früher-war-alles-besser-Erzählung oder in der Remythisierung des Geschichtsbilds liegt das Hauptinteresse und besondere Inzentiv populistischer Rede. Das große Anliegen, um das sie kreist und das sie in all ihren Haupt- und Nebenteilen bestimmt, ist die Feindbildausdeutung einer Rede ad personam.

Kolonisierung der Rede durch das Feindbild

Das Feindbild kolonisiert die gesamte populistische Rede und vor allem auch die Scharnierstellen, an denen die klassische Rede Fakten und Problemstände rekonstruiert, Thesen aufstellt, Lösungsvorschläge unterbreitet und Gegenargumente entkräftet. Unter Missachtung der normativ-rationalen Standards, denen die klassische politische Rede hier unterliegt, ist die populistische Rede vor allem eines: Erzählung und These *von* einem Feind, scheinbarer Beweis *für* dessen Feindlichkeit sowie rhetorische Bekämpfung *des* Feindes. Und entsprechendes gilt für die Nebenteile der Rede, für das anfängliche exordium als Anschmeichlung an ein Publikum, das im Weiteren dem Feind widerstehen soll, und für den Schluss, die peroratio, als handlungsmotivierende Anregung der Gefühle gegen diesen Feind. Das Feinddenken vereinheitlicht die populistische Rede zu einem unheilvollen Ganzen – als Vorbereitung und Durchführung eines Hassergusses wider den Feind.

Sie ist Feindbildkonstruktion auch im innersten Inneren ihrer Herzlandnarration, auch dort, wo von einem Feind noch gar nicht die Rede ist. Wenn Populismus die Konstruktion einer Eigenwelt betreibt, eine Mythisierung von besonderen Sozialfiguren und historischen Konstellationen und ihren vielfältigen Bedrohungen – einer normativ ausgezeichneten Alltäglichkeit, einer überkommenen Kleinfamilie, einer romantischen Volksorganik, eines aggressiven Nationalismus oder eines reichsideell oder christlich inspirierten Abendland-Europas –, dann ist das zwar eine wichtige, aber längst nicht die maßgebliche Seite der Unternehmung. Es ist nur das Bühnenbild für ein anderes inhaltliches Anliegen, das die Rede so sehr dominiert, dass auch die Frage danach, was eigentlich zuerst da war – die meist als altehrwürdig konstruierte Eigenwelt oder ihr Gegenteil, das harsche Feindbild, das sie sich gegenüber stellt –, nicht allzu schwer zu beantworten ist.

Diese Frage wird keineswegs zur Henne-oder-Ei-Frage. Die Suche nach einer Antwort verliert sich nicht in jenen mythischen Tiefen, in denen der Populismus so gerne schwelgt. Das redelogisch vorausgesetzte Idyll ist gerade keine in sich ruhende, solide Positivität, die dann als fester Maßstab für alle Negativität der Gegenwart dienen könnte. Das Gegenteil ist der Fall. Das Herzlandkonstrukt ist das Zweite und Abgeleitete, eine Rückspiegelung des Feindbildkonstrukts, ein Gegenbild zur feindlichen Gegenwelt. Was der populistischen Konstruktion an sozialen Problemen und kulturellen Verwerfungen auch sonst noch vorausliegen mag, am Anfang der Konstruktion steht das Feindbild; und spezifischer noch einzelne bildhafte Anmutungen, die den Motor der Feindbildungsrhetorik anwerfen – ein Kopftuch, ein Minarett, ein Halbmondzeichen! Und erst *davon abgeleitet* erscheint dann das Heimische auf der Bildfläche – Volk, Abendland, Reichsnation, Christentum und Familie.

Dass die populistische Eigenwelt ein sekundär Hinzutretendes ist, zeigt sich auch daran, dass die in altehrwürdige Namen verpackten politischen und sozialen Formen, die die Hassprediger von Pegida in ihrem Namenskürzel zusammenfassen, für viele aus der Zuhörerschaft ziemlich neu sein dürften – ebenso neu wie der Islam und seine Glaubensgebote für Jugendliche aus einer zweiten und dritten Migrantengeneration, die sich unter Anleitung von fundamentalmuslimischen Hasspredigern radikalisieren und sich mit tiefschürfenden Einführungsschriften wie „Islam für Dummies"[68] oder „Koran für Dummies"[69] auf ISIS-Kampfeinsätze vorbereiten. Pegidisten und Salafisten haben sich gesucht – und gefunden! Zwei rhetorische Dreiecksformationen mit je eigenen Rednern, Hörern und Feindbildthemen, vereint im Anliegen, eines Feindes Feind zu sein, bestärken sie sich wechselseitig und konstruieren in reziproker Weise die andere Formation als ihren Feind. So lassen sich über Kreuz und Halbmond oder Bikini und Burka trefflich Feind- und Eigenwelten bauen – immer wieder neu bestärkt durch die Gegengruppe, die spiegelverkehrt ebenso verfährt. Es handelt sich um Eigenwelten, die gerade nicht von einem Eigenen bestimmt sind, sondern von etwas, das sie dämonisieren und ausschließen, bestärkt durch die Gegenfeindschaft, die der Feindbildkonstruktivismus auf sich zieht, um sich zu einer selffulfilling prophecy zu machen.

Dort, wo der harsche Ausschluss der als feindlich definierten anderen Gruppe, Kultur oder Lebensform konstitutiv wird für die Selbstbestimmung, erhält das Andere im Übrigen eine viel weitergehende Bestimmungskraft für die Eigenwelt als etwa in einem liberalen Multi- und Interkulturalismus, der für den Populismus inzwischen ja das Zweitfeindbild abgibt, die fünfte Kolonne hinter den eigenen Reihen. Doch dieser Zweitfeind, der ob seiner Offenheit für Unterschiede vom Populismus mit dämonisiert wird, lässt sich von den Unterschieden, auf die er trifft, gerade nicht qua blinder Abwehr bestimmen, sondern tritt in einen Austausch ein, in dem das Eigene sich in Dialog und Horizonterweiterung mit dem Fremden neu erfahren und erweitern kann, statt das Selbstbild qua zwanghafter Abschließung und Ausschlussverstärkung zu prägen. Die Wahrheit der populistischen Feindbildkonstruktion ist die untergründige und unverstandene Selbstbestimmung der Eigenwelt durch jene Feindwelt, die eigentlich draußen bleiben soll. Hierher rührt auch das Modrige und Krampfhaft-Spießige an der Positivität der populistischen Eigenwelten. Denn ihr Positives hat kein eigenes Leben, sondern ist wesentlich nur eine Negativform, das tote Abbild dessen, was sie ablehnt.

Die populistische Eigenwelt vegetiert im Prokrustesbett ihres Ablehnungsdiskurses. Sie will eine eigenständige „Leitkultur" sein, die sich anderen aufzwingt. Letztlich ist sie zwanghafte

Selbstkujonierung, die zur Selbstvergewisserung einer zu unterwerfenden Zweitkultur bedarf. Dergestalt vom Kujonierungsbedürfnis gegenüber einer anderen Kultur abgeleitet, ist sie gerade nicht das Erste, sondern höchstens das Zweite und Sekundäre, das das Erste sein will – falls diese Prätention auf Platz eins sie nicht gar auf Platz drei abrutschen lässt. Denn auf Platz eins steht ja nicht sie selbst in der einfachen Identität mit sich – gemäß einer unmöglichen „Ich bin Ich"- oder „Wir sind Wir"-Definition –, sondern nur das chimärische Bild, das sie von sich hat, nämlich eine eigenständige, mit sich identische und von sich her überlegene Kultur zu sein. Auf Platz zwei steht die Chimäre der Feindkultur, von der her sie ihr chimärisches Selbstbild entwirft. Für sie selbst bleibt nur noch, ein Missverständnis eben jenes Spiels zu sein, das sie spielt. Sie will eine „erstrangige" und originäre Kultur darstellen und ist doch bloß eine drittklassige Kulturkampfkultur, ein sich selbst intransparentes Anhängsel ihrer Feindausdeutungen. In diesem Selbstmissverständnis liegt das tiefste Geheimnis der Ödnis und Leere aller populistischen Kulturverlautbarungen.

Das Feindbild ist der Fluchtpunkt des ganzen Tableaus. Von ihm her bestimmt sich das Welt- und Selbstbild wie auch der leitkulturelle Anspruch, mit dem die populistische Rede auftritt. Und entsprechend auch das mythisierte Herzland, das ja keine vorbestehende, sondern eine erst aus dem Negat des Feindlichen konstruierte Eigenwelt ist. Das Herzlandidyll ist eine Welt der Subtraktion: Alles was ist – minus Widersacher. Es ist eine kulturelle Inneneinrichtung, aus der der Feind hinaus expediert werden soll, eine Ansammlung, die sich erst durch die Negativspannung des Rauswurfanliegens integriert. Die Bewegung, die den Widersacher aus der „eigenen" Welt hinaustreiben soll, ist es, die die Eigenwelt zu einer eigenen zusammenbindet. Sie ist ein Konstrukt aus Rückständen der Entgegensetzung, eine ausgedünnte und sterile Welt, trotz des märchenhaften „Es war einmal", das auf etwas verweist, das in mythischer Ferne – oder vielleicht auch nur vor ungefähr 50 Jahren – heil gewesen sein soll und das nun wieder herzustellen ist.

Die retrotopische Eigenwelt ist genausowenig ein selbstgenügsam Erstes wie das Herzland des konservativ-revolutionären

Populismus, der qua Kraft des Mythos und unter pragmatischem Einschluss neuer Gegebenheiten einen schon tausend Jahre webenden Volksgeist wieder aus der Flasche lassen will. Auch diese Spielart des Populismus ist abgeleitete Mythisierung – auf der Grundlage der vorausliegenden, eigentlichen und grundlegenden Mythisierung des Feindes. Hier, in der Ausgrenzung des Feindes, und nicht in der heimeligen homestory, schlägt das wahre Herz des Populismus. Ein Herz, das nicht letztlich und in Konsequenz, sondern erstlich und als primäres Konstruktionsprinzip vom Blut des Feindes zehrt. Mit diesem will der Populist ein nur scheinhaft unvordenklich Erstes – seine Sozial- und Lebensformen – aus Tiefschlaf und Todesstarre erwecken.

Mystische Alltagsschau

Populistische Rede ist objektivierend. Sie macht aus menschlichen Subjekten Objekte des Hasses. Mit der existentiellen Objektivierung geht noch eine weitere einher. Populistische Rede ist in einem ganz grundsätzlichen Sinn auch Schöpfung eines Diskurses und seiner Objekte. Sie sucht nach festen Substanzen, und da sie diese nicht findet, erschafft sie sich Herzland und Feind als nachgeahmte Substantialitäten. Das Herzland wird zum ideologischen Überbau, der das Brüchige der Konstruktion mit dem Schein des Altehrwürdigen ausstaffieren soll. Der Feind steht an der Basis des Konstrukts. Sein Bild ist genauso ideologisch wie das des Herzlands, dabei aber ein ungleich stärkerer Antrieb für die populistische Rede. In der Konstruktionslogik ist der Feind das Erste, dasjenige, von dem her konstruiert wird. In der Erzähllogik der mythischen Geschichte des Herzlands ist er das Zweite, das, was später kommt, um die ursprüngliche schöne Einheit der Eigenwelt zu bedrohen. Beides, Feind und Herzland, sind Produkte der sozialen Konstruktion, denen der Populismus den Schein von Ursprünglichkeit umlegt – Chimären einer Kulturkampfinszenierung auf der Suche nach substantieller Legitimation.

Das Erste, die Erschaffung des Feinds, nimmt seinen Ausgang nicht selten von einem ursprünglichen Auffinden, einer Eingebung, einem Geistes- oder Bilderblitz anhand von sinnlichen Details, die dazu angetan sind, einen Feind zu exemplarisieren. Es handelt sich um Übergänge, in denen sinnliche Details des zukünftigen Feindbilds an einem konkreten „Feindexemplar" zusammenschießen und gleichzeitig den Blick auf „das Ganze" freigeben und die populistische Welt totalisieren. Hier findet der Populismus seine mystischen Momente – jene Einschläge und Evidenzen, an denen er seine Witterung aufnimmt und die bewirken, dass es den Adepten wie Schuppen von den Augen fällt – Momente einer „ursprünglichen" Schau, die auch der Rhetor in seinen Ansprachen gerne bildhaft evoziert.

Besonders wirksam ist das Verfahren dort, wo das Detail noch weiter diminuiert wird und sogar in einer verniedlichenden Form auftritt. Einer der erfolgreichsten Vorlagen der populistisch-mystischen Alltagsschau vom Detail aufs Ganze entstammt einer Invektive von Thilo Sarrazin: „Ich muss niemanden anerkennen, der vom Staat lebt, diesen Staat ablehnt, für die Ausbildung seiner Kinder nicht vernünftig sorgt und ständig neue kleine Kopftuchmädchen produziert."[70] Die „kleinen Kopftuchmädchen" sind das diminuierende Detail, das dieser Einlassung ihre besondere Durchschlagskraft verleiht. Das Verfahren, das Sarrazin anwendet, ist nicht neu. Es ist ein Verfahren der literarischen Personenbeschreibung, das schon Goethe meisterlich beherrschte – etwa wenn er die erste Begegnung mit Friederike Brion beschreibt: „Aus heiteren blauen Augen blickte sie sehr deutlich umher, und das artige Stumpfnäschen forschte so frei in die Luft, als wenn es in der Welt keine Sorge geben könnte."[71] Offensichtlich evozieren verniedlichende Details nicht nur Gefühle besonderer Zuneigung, sondern können auch Türöffner für Gefühle der Ablehnung und des Hasses sein. Der liebevoll-ironische Grundgestus der Verniedlichung verniedlicht im letzteren Fall auch den Sinn dessen mit, was eigentlich gesagt werden soll. Sarrazins „Kopftuchmädchen" sind die Blume, durch die er seinen Lesern faktisch mitteilt: Die Töchter von Migranten, die Kopftücher tragen, sind menschliche Serienprodukte verantwortungsloser, staatsfeindlicher und sozialschmarotzerischer Eltern, die keine Anerkennung verdienen!

Die Schau auf Kopftücher lüftet für Populisten regelmäßig den „Schleier der Maya“ – das Mittel der Verhüllung, dessen eine trügerische Weltenweberin sich bediente, als sie die Welt als Scheinwelt baute. Die Schau auf das prägnante Detail „enthüllt“, macht durchschaubar, was „eigentlich“ vor sich geht – im Fall, den Sarrazin und seine vielen ideologischen Gefolgsleuten aufdecken wollen, ein Deutschland, das seinen Feind nicht erkennt und ihm nicht widersteht. Sie schafft einen Ausgangspunkt für das weitere Erkennen und rhetorische Ausdeuten des Feinds, einen ersten semantischen Ort, der noch wüst, chaotisch und leer ist und auch von der Rede nur erst mit leeren und abstrakten Signifikanten angezeigt wird. Signifikanten, die sich erst im Weiteren mit Sinn auffüllen und konkretisieren. Nur die Grundtendenz dieser Bewegung ist schon klar – die moralische Disqualifikation der sonst noch weithin unbestimmten Objekte. Bereits die erste krude Signifikation des Populismus ist anthropomorph und enmifikatorisch – der Feind als ein Böses, auf das der rhetorische Weltsanierer seine Negativaffekte richten kann.

In einer solchen von Anfang an hoch spannungsreichen und antagonistischen Feindausdeutung findet der Populismus sein wichtigstes Produktionsmittel, seine Signifikationsmaschine. Die moralische Disqualifikation wird zum weltschaffenden und -ausdeutenden Prinzip. Und der Hass, der im Feind seinen Fluchtpunkt findet, wird zum Treibstoff der weiteren Bedeutungsproduktion. Er heftet seine Etiketten an alles, was ihm querkommt. Die Feindschaft zieht Kreise und signifiziert die ganze Welt mittels eines quasi-paranoiden Modells. Alles hat etwas zu bedeuten, alles spielt eine Rolle im großen Kampfgeschehen mit dem Bösen und der Feindeswelt. Alles kann von daher auch Waffe sein, Gefahr oder Chance im Kampf mit dem Feind. Eine Gefahr ist vor allem die Unkenntnis, der die populistische „Aufklärung“ entgegentritt – um das Wissen über ein Deutschland zu verbreiten, das sich unbemerkt abschafft, das Wissen über eine verschworene Elite, die die wahren Verhältnisse bewusst verschleiert und mit ihrer Lügenpresse Gehirnwäsche betreibt. Der Hass auf das Kopftuch wird zum Einstieg in den Ausstieg aus der Trugwelt von „Multikulti“ und zum ersten Mittel der Erkenntnis dessen, was „wirklich“ ist – nämlich eine manichäistisch-dualistische, als Kampffeld auszudeutende und zu dramatisierende Welt. Der Populist erschafft sich seine Welt als Drama.

Der Populist als Philosoph

Von hier aus verdeutlicht sich auch seine „philosophische" Position. Nach der eigentümlichen Verkehrung der frühheideggerischen Welt des Man zur originären Form populistischer Existenz, ließe sich die weltschaffende Perspektive des Populismus nun mit dem späten Heidegger rekonstruieren. Feindausdeutung wäre dabei Moment eines Lichtungsgeschehens, in dem Sein sich bestimmt, einer Horizontbildung und eines Prozesses der Signifikation, der Entstehung einer Welt und ihrer Objekte aus einer neuen Grundbedeutung. Die Welt lichtet sich – qua Feind und Kopftuchmädchen. Alles erhält Sinn und Bedeutung!

Doch eine solche Rekonstruktion – die Welt als ein Heraufziehen und Vergehen von Bedeutungshorizonten – wäre dem Populisten wohl nicht fest genug und zu relativistisch. Er will sich ja von seinem ursprünglichen Durchschauen des Trugs, der überall herrschen soll, nicht zu einem erkenntnistheoretischen Skeptizismus verführen lassen, dem zufolge *alles* nur Maya wäre. Einzig das „Geschickhafte" in Heideggers Konstruktion könnte etwas von der Festigkeit und Unumstößlichkeit liefern, nach der er sucht. Dabei wäre dann auch der Feind Teil des Seinsgeschicks, denn: Seine Feinde sucht man sich nicht aus! Fundamentalontologisches Lichtungsgeschehen wäre in einer solchen Deutung also mehr oder weniger deckungsgleich mit einer paranoiden Weltkonstruktion, in der sich der Feind und die Welt als eine von ihm durchdrungene und durchwirkte unabweisbar aufdrängt – ein sozusagen fundamentalontologisch nobilitierter Verfolgungswahn.

Doch der Populist will weder eine nur vorgegaukelte Welt des Seienden noch eine sich in hoch wandelbaren Bedeutungshorizonten schicksalhaft schickende oder auch nur paranoid konstruierte, sondern eine unhintergehbar wahre, echte und wirkliche Welt. Und wenn sie sich ihm nicht zeigen will, dann baut er sie sich eben selbst! Auf den Trümmern der von ihm durchschauten und dekonstruierten Trugwelt schafft er eine solche einzig echte Gegenwelt. Aus seinem Dekonstruktivismus, der den Trug der Scheinwelt durchschaute, wird radikaler Konstruktivismus – aber nicht nur das. Er will gerade auch den Konstruktionsvorgang, in dem er sich seine Welt baut, vergessen machen und sein Konstrukt als unabhängige und selbstständige Realität erscheinen lassen. Weder der Zusammenbruch der alten Scheinwirklichkeit unter seinem dekonstruktiven Blick noch sein konstruktivistischer Gegenentwurf können seinem philosophischen Realismus etwas anhaben. Er will an den großen objektivierenden und auch vergegenständlichenden Illusionen des Populismus festhalten, der glaubt und glauben machen will, die Freund-Feind-Elemente seien etwas substantiell *Vorausliegendes* und nicht vor allem das Ergebnis seiner Konstruktion, die diese Elemente erst konstruiert oder aus mentalitätsgeschichtlichen Tiefen eigens ausgräbt und neu belebt. Für ihn gilt vielmehr: Das, was er sagt – „man wird doch wohl noch sagen dürfen" –, ist eine Abbildung der Welt, so wie sie *wirklich* ist. Ende der Durchsage!

Doch der Populist als Philosoph ist nicht so sehr Erkenntnistheoretiker oder Ontologe, sondern eher praktischer Philosoph. Wenn er sich allerdings seine eigentliche konstruktive Praxis eingestehen würde, würde er sich der Ebenbildlichkeit seiner Praxis mit der schöpfergöttlichen bewusst. Denn auch populistisches Sprechen und Signifizieren ist Erschaffen des Objekts[72] – und wesentlich auch Bewerten. Entstehungsbefehle – es werde Licht! – sind für ihn wesentlich moralisch bestimmt: Es werde das Dunkle, Schlechte und Böse! Die moralische Wertung steht am Anfang und Ende des Werks. Sie ist der Quellcode, aus dem alles generiert wird. Doch im Weiteren geht es um das Vergessen des ersten Wortes und der alles hervorbringenden Sequenz. Der Schöpfer der populistischen Welt will die Arbeit der Feinderschaffung, die Genesis des Feindbildes vor sich selbst verhüllen und verschleiern. In Erinnerung bleiben soll nur das zweite Wort, das den Feind nicht schafft, sondern ihn bloß erkennt und benennt. So wird der Feind eine fest umrissene Größe, ein festes und vorbestehendes Objekt, jenseits seiner tatsächlichen Entstehungsgeschichte – ohne den rhetorischen Willen, der ihn als Feind erst schuf.

Hier endet dann auch der Vergleich mit der göttlichen Schöpfungspraxis. Der Populist will die Verantwortung für seine Schöpfung vollends abschieben. Feind und Freund und dramatisierte Welt sollen vorausliegende und nicht von ihm geschaffene Objekte sein. Und vor allem will er dabei nicht „sprunghaft“ sein. Bei der populistischen Welt soll es sich gerade nicht um eine, und schon gar nicht um *seine* creatio ex nihilo handeln. Aus Nichts wird Nichts! Er ist der radikale Konstruktivist, der als Realist in praktischer Perspektive auftreten will. Und in dieser praktischen Perspektive will er auch keine radikalen Sprünge der Gesellschaft und seiner Eigenwelt in ein ganz Neues. Er ist retrotopischer Reaktionär oder konservativer Revolutionär. Er will er bekämpfen und ausmerzen, was zur Zerrüttung seines Herzlandes führte, oder zumindest einen alten, autoritären Geist wiederbeleben, um mit ihm die neue Zeit zu beherrschen.

Für diese praktisch-geschichtliche Wirksamkeit benötigt er eine angemessene Geschichtsphilosophie, die er eben dadurch gewinnt, dass er den Feind – den eigentlichen Ausgangspunkt der Konstruktion – als das Zweite und Spätere auftreten lässt, als Grund und Ursache des Verfalls seiner alten Welt und ihrer Werte. Der Feind ist das weltkorrumpierende Element. Damit ist das historische Weltschema gewonnen. Denn die gegenwärtige Welt besteht aus einer falschen und ruinösen Vermischung der Elemente, die entmischt werden müssen. Populistische Geschichtsphilosophie ist eigentlich Geschichtsalchemie, die eine ätherische Reinheit wiedergewinnen will. Das Auftreten des Feindes steht für Verunreinigung und Vermischung. Der Feind ist das Schaden und Verunreinigung bringende Element. Das andere Element ist das Gute, zu Bewahrende und in seiner ursprünglichen Reinheit und Ungeschiedenheit wieder zu destillierende. Die populistische Benennung des feindlichen Elements markiert den Anfang vom Ende von falscher Vermischung und Desintegration und die Wende hin zu einer erneut homogenen Ordnung.

Einer solchen allgemeineren Geschichtsalchemie folgend will der Populist dann auch in praktisch-politischer Perspektive nicht eigentlich konstruktiv sein, sondern ebenfalls nur trennend und scheidend. Er nähert sich dem gegenwärtigen Weltzustand nicht als Baumeister, sondern als demolition man. Auch dafür benötigt er das rhetorisch gröbere Werkzeug, mit dem er unterwegs ist. Er ist der *rottomatore*, der politische Abrissunternehmer, zuständig für den elementareren und allenfalls produktionsvorbereitenden Teil der Gesamtarbeit. Die Grundstoffe, die zum Wiederaufbau der heilen Welt nötig sind, liegen bei ihm nicht wie auf einer Baustelle nebeneinander. Sie sind vielmehr noch in einem ruinösen Bauwerk ineinander verbaut und müssen erst voneinander geschieden werden – um die guten alten Mauern und Fundamente freizulegen.

Das Destruktive prägt auch seine Redekultur, mit der er das Projekt der Trennung und Auseinanderlegung skizziert. Populistische Rede als Abrissunternehmung dient nicht dem Dialog und der Suche nach Konsens in der Gesellschaft. Es geht ihr um Trennung und Scheidung in Wort und Sprachbild. Sie wendet sich mit roher Kraft gegen Kräfte des Negativen, will Aufruf sein zum realen Vollzug der Trennung dessen, was sie zunächst nur mit Worten aufspaltet und gegeneinander aufwiegelt.

Ein Paradebeispiel für diese Haltung liefert der britische Populist Nigel Farage – im Zivilberuf Rohstoffhändler. Über viele Jahre kämpfte er mit harten Bandagen für den Austritt Großbritanniens aus der EU. Wobei seine Beiträge zur Detailarbeit im EU-Parlament durchaus bescheidener Natur waren. Wenige Tage nach der Brexit-Entscheidung legte er den Vorsitz seiner UKIP-Partei nieder. Mit dem Herausbrechen aus der EU sieht er die Basis gelegt für eine neue Felix Britannia. Doch auch auf dem so eingeschlagenen Weg des Glücks wartet das mühsame Detail, das mit Farages Lebens- und Politikauffassung offenbar nicht vereinbar ist. Er hat geholfen, das alte Gebäude zum Einsturz zu bringen, das muss genügen. Mit den Worten „I have done my bit. Now I want my life back“ legte er den Parteivorsitz nieder.

6. Rede *ad Personam*

Das Feindbild durchzieht und bestimmt die ganze populistische Rede. Sie ist Rede ad personam – wider einen Feind. Die Feindbilder kolonisieren die Rede, sind ihr Alpha und Omega. An vielen Stellen zeigt sich das ganz direkt, vor allem natürlich in der Präsentation des Feinds. Aber es zeigt sich auch an besonderen Leerstellen, an dem, was fehlt. Diese Leerstellen liegen vor allem in den Teilen, für die die klassische politische Rede die Entwicklung der eigenen Thesen und Argumente und die Widerlegung der gegnerischen vorsieht. In der populistischen Rede zeigt sich hier stattdessen, dass sie ihre Kontrahenten nicht als Debattengegner betrachtet. Sie diskutiert nicht mit ihnen, sondern zeigt nur auf sie als Feind. Entsprechend entfällt auch der Kampf der Argumente und wird ersetzt durch Kulturkampf, durch die Aufreizung und Aufstachelung wider den Feind.

Dennoch hat die populistische Rede eine These. Sie lautet: „Der Feind ist an allem schuld". An dieser These findet auch ihre narratio, die meist sparsam, verschwommen und evokatorisch vorgetragenen Hintergrundannahmen, einen Ziel- und Haltepunkt. „Der Feind ist schuld" soll heißen: Das Herzland ist gefährdet und der Feind ist verantwortlich für Bedrohung und Niedergang. Diese These wird zumeist im Sinne einer Deixis eingeführt, einer Feindanzeige, die mit keiner ausführlichen Begründung unterlegt wird, sondern nur mit einer möglichst plastischen und emotionalisierenden Entfaltung des Feindbildkonstrukts und der dramatischen Weltkonstruktion, die von hier ihren Ausgang nimmt.

An die Stelle der Argumente treten scheinbare Evidenzen, meist stark entkontextualisierte Hinweise auf Einzelereignisse und Verhaltensweisen – auf übergriffige Migranten, die deutsche Frauen belästigen, auf lügnerische Journalisten, die darüber nicht ausreichend berichten, auf Fremdarbeiter, die deutschen Familienvätern die Arbeit wegnehmen oder auf eine grenzöffnende Kanzlerin, die den Terrortod nach Deutschland geholt haben soll. Derartige Feindanzeigen sollen Zünder für moralische Empörungsbomben sein, für den Skandalschrei der populistischen Hörerschaft. Und sie sollen als induktive Belege gelten, die verallgemeinernd auf die Hintergrundnarratio bezogen werden – als weitere aufwühlende und herzzerreißende Beweise für den Niedergang der Eigenwelt, für jene Verfallsgeschichte, die endlich gestoppt werden muss.

Während die funktionalen Hauptteile der klassischen Rede verkümmern, rückt nicht zufällig ein Randteil ins Zentrum – die peroratio, üblicherweise eine abschließende, gedrängte Zusammenfassung von These und Hauptargument, verbunden mit einer handlungsmotivierenden Anregung der Emotionen. Die populistische Rede ist nicht nur am Ende, sondern an fast jeder Stelle gedrängte Zusammenfassung ihrer These: „Der Feind ist schuld!" und zugleich hochemotionale Handlungsanweisung: „Er muss bekämpft, besiegt und überwunden werden!" Der Kolonisierung der Rede durch das Feindbild entspricht rhetorisch-funktional ihre Kolonisierung durch die peroratio, den Abspann, der nur noch thetisch zuspitzt und emotionalisiert. Populistische Rede, die die argumentativ-rationalen Funktionen verdrängt und sich auf das Schüren der Emotionen verlegt, kann entsprechend als Rede „vom Ende her" beschrieben werden, eine Rede, in der eigentlich immer schon alles gesagt ist und bloß noch verstärkt werden muss. In der populistischen Rede wird die peroratio zum funktional beherrschenden Teil. Populistische Rede ist Rede nach der Rede – totale Nachrede, die keiner Argumente mehr bedarf.

Der Populist sagt Du

Der Nachdruck, mit dem populistische Rede Feindausdeutung und Emotionalisierung betreibt, wird nicht nur an der Insistenz deutlich, mit der sie Feindbilder zeichnet, sondern auch an der schieren Menge der Feindbilder, die sie konstruiert – und manchmal auch virtuos untereinander austauscht. Von der Möglichkeit, hier wild zu konstruieren und zu changieren, macht nicht zuletzt die AfD Gebrauch, wenn sie fast jede Woche neue Feinde ausruft und damit große Aufmerksamkeit auf sich zieht. Eine

Liste der Feindbilder, die diese Partei innerhalb kurzer Zeit der Öffentlichkeit präsentierte, umfasst: Flüchtlinge, die unser Land überschwemmen, um uns Identität, Sicherheit und Wohlstand zu rauben, Flüchtlingshelfer, die als Gutmenschen diesem Anliegen auch noch Vorschub leisten, Muslime, die mit Moscheebauten und Kopftuch tragenden Frauen das Abendland islamisieren, farbige Fußballspieler, die man ungern als Nachbarn hat, Verkehrspolizisten als Knallchargen mit Blitzgerät, eine Selbstauflösung betreibende Erinnerungskultur, die ein Denkmal der Schande ins Herz der Hauptstadt pflanzt, Sprachpolizisten, die nicht mehr Mohrenkopf und Zigeunerschnitzel sagen wollen, genderwahnsinnige Emanzen und Alt-68er, die Familien zerstören und Kinder verschwulen, Bulgaren und Rumänen, die in unsere Sozialsysteme einwandern, arbeitsscheue und korrupte, den Euro zerrüttende Griechen, Brüsseler Eurokraten, die unsere nationale Souveränität untergraben, ein System von Altparteien, die das Volk ebenso hemmungs- wie unterschiedslos betrügen, und last but not least „Lügenmedien“, die mitunter kritisch und deshalb verlogen über die AfD berichten.

Diese Liste, so skurril sie auch anmuten mag, ist noch relativ harmlos gegen jene Beschimpfungen und Schmähungen, mit denen Donald Trump seine Kontrahentinnen und Kontrahenten im US-Präsidentschaftswahlkampf 2016 überzog, um sie zu persönlichen Feinden zu stilisieren, allen voran Hillary Clinton. Das von Trump ihr gegenüber meistgebrauchte Wort war „crooked“ – krumm, korrupt, verbogen. Der stark gekürzte Auszug aus einer Liste der von Trump via Twitter an viele Millionen follower verbreiteten Schmähungen, die in der New York Times abgedruckt war, bringt auch zahlreiche Kernaussagen seiner Reden:

> “FAILED ALL OVER THE WORLD”, “loves to lie”, “She’ll say anything and change NOTHING!”, “Crooked”, “a Wall Street PUPPET!”, “the most corrupt person to ever run for the presidency of the United States”, “If we let Crooked run the govt, history will remember 2017 as the year America lost its independence”, “Such a dishonest person”, “SO CORRUPT!”, “should be in jail”, “PAY TO PLAY POLITICS”, “disgraceful behavior”, “Hypocrite!”, “If I win-I am going to instruct my

> AG to get a special prosecutor to look into your situation", "there's never been anything like your lies", "a typical politician", "all talk, no action", "copying my airplane rallies", "SO INSULTING to my supporters", "very dumb", "totally confused", "brainpower is highly overrated, decision making is so bad", "only knows how to make a speech when it is a hit on me", "all talk and NO ACTION!", "pandering to the worst instincts in our society", "She should be ashamed of herself!", "fear-mongering!", Look up the word BRAINWASHED.", "Very dangerous!", "A PATHOLOGICAL LIAR!", "a formula for disaster!", "corruption and devastation follows her", "wants to flood our country with Syrian immigrants that we know little or nothing about", "bought and paid for by Wall Street, lobbyists and special interests", "a DISASTER on foreign policy", "Having ZERO impact", "lied to the FBI and to the people of our country", "sooooo guilty", "incompetent", "A total disgrace!", "selling out America", "Presidency would be catastrophic", "ill-fit", "All talk, no action!", "may be the most corrupt person ever to seek the presidency", "Crooked", "ISIS, China, Russia and all would love for her to be president", "Can't believe she would misrepresent the facts!", "pushing the false narrative that I want to raise taxes", "Constantly playing the women's card – it is sad!", "Who should star in a reboot of Liar Liar – Hillary Clinton or Ted Cruz? Let me know", "a major national security risk", "totally incompetent as a manager and leader", "100 % CONTROLLED", "Just can't read speeches!"[73]

Eine politische Sprache, die die Kontrahentin als korrupt, gekauft, fremdgesteuert, schuldig, lügnerisch, schändlich, beleidigend, inkompetent, dumm, konfus, gefährlich, katastrophal und zerstörerisch darstellt, sucht keinen Dialog und keine Debatte. Die Sprache der Feindausdeutung ist eine Sprache des Gesprächsabbruchs. Die eigene These und die Widerlegung des Gegners werden zusammengezogen und ersetzt durch Beschimpfung und Ausschlussforderung: Der Gegner ist ein Feind und muss weg! Das Wort wird zum Fausthieb, zu einer moralischen Übertretungshandlung, die die Grenzen der Achtung und des Respekts niederreißt und reinen Hass über die andere Person ausgießt.

Nimmt man noch Trumps Verunglimpfungen von Präsident Obama und weiteren politischen Persönlichkeiten hinzu, dann scheint es, als habe er sich in seinem Wahlkampf vorgenommen, alle bereits in der Antike bekannten Topoi der Invektive abzuarbeiten: die Verunglimpfung von Abkunft, Familie, körperlicher Erscheinung und Kleidung, der Vorwurf von Scheinheiligkeit, Habgier, Verschwendungssucht, Korrumpierbarkeit und Veruntreuung, von sexuellen Verfehlungen, Feigheit, Grausamkeit sowie Streben nach autoritärer Herrschaft und sogar noch die rednerische Unfähigkeit.[74]

Die Invektive soll nicht nur den Feind treffen. Sie soll auch den Redenden als das spiegelverkehrte Gegenteil des Feindes erscheinen lassen – im Fall der Trumpschen Anwürfe also etwa als unbestechlich und nicht korrupt, als selbst- und nicht fremdbestimmt, als kompetent, klug, organisiert, konstruktiv und ungefährlich. Im Kontext der Spiegelungen soll die Schmähung dabei als asymmetrischer Gegenbegriff fungieren, als sachlich-inhaltliche Gegensatzbestimmung mit stark normativen Implikationen. Die moralisch abwertende Feindbestimmung soll die positive Bestimmung des Selbst und der Eigenwelt mit transportieren. Das gilt auch und gerade dann, wenn Kritikpunkte, die dem Populisten selbst vorgehalten werden, zum Gegenstand seiner Spiegelung werden, frei nach dem Motto: Angriff ist die beste Verteidigung! Wenn der als Feind attackierte Gegner sagt, der Populist sei inkompetent oder ein schlechter Redner, dann muss der populistische Gegenangriff genau diese Schwächen beim Feind denunzieren, um im Rückspiegel des Angriffs selbst als weniger inkompetent und als weniger schlechter Redner zu erscheinen.

Bei vielen asymmetrischen Gegenbegriffen ist jeweils nur ein Begriff nötig, um die gewünschte Asymmetrie ins Spiel zu bringen. Wenn etwa symmetrisch aufeinander bezogene Ausdrücke wie Mutter und Sohn ersetzt werden durch Ausdrücke wie Lümmel oder Alte, dann reicht bereits einer dieser beiden Beziehungsbegriffe, um eine Verrückung in die vorbestehende Beziehung einzuführen, eine Abwertung der Gegenseite, die mit einem moralischen Überlegenheitsanspruch einhergeht.[75] Jede Schmähung ist hier gleichzeitig Selbsterhöhung. Es handelt sich um eine Verschiebung in einem System moralisch kommunizierender Röhren:

Je tiefer eine Seite fällt, desto höher steigt die andere. Doch bei den meisten Schmähausdrücken ist die intendierte Beziehungsebene weniger explizit. Freund und Feind in der politischen Arena sind nicht schon wie Mutter und Sohn mit tausend moralischen Fäden verbunden, einem Beziehungsgeflecht, das von abwertenden Bezeichnungen wie Alte und Lümmel immer mit tangiert wird. Die Beziehung in der politischen Entgegensetzung ist zunächst weiter gefasst und distanzierter. Was in der populistischen Feindausdeutung entsprechend als erstes verletzt wird, ist die abstraktere Achtung und jener minimale Respekt, den Personen im zivilen Umgang füreinander aufbringen sollten. Aber letztlich geht es auch hier um ein tieferes Eindringen in die Persönlichkeitssphäre. Die populistische Rede bedient sich der herunterputzenden Sprache der Boulevardmedien, der Superstar-Suchshows oder der Soap-Opera-Beziehungskräche. Es geht um eine Art der Indiskretion und eine Schärfe der mobilisierten Negativaffekte, die vor allem dann auftreten, wenn engere Beziehungen zerbrechen. Denn in solchen Beziehungen steht nicht nur die wechselseitige Achtung von Personen zur Disposition, sondern viel tiefer auch eine wechselseitige Wertschätzung, die eine intime und nichtöffentliche Eigensphäre betrifft und die Identität der hier Involvierten in einer umfassenden Weise trägt und verbürgt.

Der Unterschied, um den es hier geht, lässt sich im Deutschen an der Sie- und Du-Form der Anrede festmachen. Die populistische Invektive sagt nicht „Sie“. Sie geht nicht auf kritische Debattenbeiträge wie: „Sie haben die Situation falsch eingeschätzt.“ Oder: „Sie haben geltende Regeln nicht beachtet.“ Bereits solche, in unserer politischen Tradition eher als verhalten geltende Angriffe, würden in bestimmten Parlamentstraditionen als übergriffig gewertet, dort nämlich, wo gefordert wird, Reden nicht direkt an den politischen Gegner, sondern an die Sitzungsleitung zu adressieren, um direkte und beleidigende Angriffe weitgehend auszuschließen. Eine noch akzeptable Form des Angriffs würde dann lauten: „Frau Präsidentin, es entsteht der Eindruck, dass im vorliegenden Fall gegen geltendes Recht verstoßen wurde.“ Doch populistische Rede fühlt sich weder an enger noch an weiter gefasste Regeln der zivilen Debatte gebunden. Der Populist ist nicht der, der höflich debattiert, sondern der, der ungefragt „Du“

sagt. Seine Rede ad personam ist persönlich und übergriffig – und soll es auch sein. Ihn interessiert nicht, ob der andere in das Du einwilligt. Ein Nein ist ihm kein Nein, sondern nichtig. Denn er und niemand anders bestimmt, wo die Grenzen liegen und wer sie überschreiten darf. Er dringt in persönlichste Eigenheitssphären vor, um hier mit Worten wo nicht mit Taten zu wüten. Machismus und das Protzen mit der eigenen sexuellen Übergriffigkeit, wie man es von Trump oder auch von Berlusconi kennt, der als Phallus-in-Chief ja offensichtlich in Mussolinis Stiefelspuren wandeln wollte, sind Teil der populistischen Selbstdarstellung. Und auch den Feind des Populisten erwarten keine Argumente, sondern massive persönliche Angriffe – eine Vergewaltigung mit Worten, die ihn sprachlos machen soll.

Eskalation

Die populistische Rede bricht mit den argumentationslogischen und normativen Ansprüchen, die der klassischen politischen Rede eingeschrieben sind. Nicht selten gerät sie aber auch schon auf der sprechtechnischen und textlogischen Ebene in Widerspruch zu dem, was von Reden üblicherweise erwartet wird. Besonders augenfällige Beispiele hierfür finden sich in notorisch kryptischen Äußerungen von Trump, etwa einer Äußerung zur Nominierung von Richtern am Obersten Gerichtshof der USA durch eine mögliche Präsidentin Clinton, die das im Zweiten Verfassungszusatz garantierte Recht von US-Bürgern auf Waffenbesitz hätte aushebeln können. Trump steigert hier mit einer assoziativ-undeutlichen Sprachverwendung die invektive Rede bis an den Rand des Gewaltaufrufs: "If she gets to pick her judges, nothing you can do, folks," Mr. Trump said, as the crowd began to boo. He quickly added: "Although the Second Amendment people — maybe there is, I don't know."[76]

Die kurze Abfolge dieser mehr assoziativ als logisch miteinander verknüpften Sätze und Halbsätze eröffnet ein weites Feld der Auslegung. Zunächst ist jedoch die schier grenzenlose Personalisierung in der Feindbildkonstruktion auffällig, wobei ein Gedanke der unreglementierten Machtvollkommenheit evoziert wird, der einen weiteren freien Flug über die Welt der Fakten darstellt. Trumps Darstellung zufolge hätte eine US-Präsidentin Clinton nach Gutdünken Oberste Richter nominieren können, welche wiederum nach Gutdünken über die Auslegung der Verfassung hätten befinden können. Ganz abgesehen davon, dass Präsidenten und Präsidentinnen in den USA demokratisch gewählt werden und ebenso wie Richterinnen und Richter gemäß den Regeln der US-Verfassung handeln müssen, wirken hier noch weitere institutionelle Schranken und Regeln, die Trump in seiner Rede ebenfalls übergeht. So muss der US-Senat dem Vorschlag zustimmen – und macht von diesem Recht auch selbstbewussten Gebrauch, was sich immer wieder in langen Hängepartien bei Richtereinsetzungen zeigt. Die Mitglieder des Senats wiederum werden wie auch die des Repräsentantenhauses durch direkte Wahl bestimmt. Im krassen Widerspruch zu dem, was Trump insinuiert, geht es bei der Bestimmung der obersten Richter nicht einfach um eine Frage präsidentiellen Gutdünkens, sondern um ein System von checks und balances, das verschiedene Instanzen der demokratischen Legitimation kennt, an dem die Wahlbürgerinnen und -bürger durch die Wahl der beiden hier im Zusammenspiel entscheidenden Instanzen beteiligt sind. Es gibt also nicht nichts, sondern sehr viel, was man tun könnte, wenn man in einem demokratisch-institutionellen Rahmen über Waffenrecht mitentscheiden möchte.

Aber Trump geht es in seinem postfaktischen Sprechen weniger um Einwirkungsmöglichkeiten in einem demokratischen Rahmen, sondern um Feindbildkonstruktion und „targeting". Nachdem er festgestellt hat, dass seine Zuhörer nichts tun können, um gegen eine Präsidentin Clinton Einfluss geltend zu machen, ergänzt er seine Aussage angesichts einer Hörerschaft, die mit Buhrufen reagiert, mit einem kryptisch einschränkenden „although". Auf dieses einschränkende „Jedoch" bezogen sind die „Second Amendment people" – Menschen, die möglicherweise doch etwas tun können: „Maybe there is […]"! Wie genau soll man diesen Halbsatz ergänzen – als bezogen auf das vorausgehende „nothing you can do" der Anwesenden? Das „although" wäre dann der implizite Verweis auf ein das „nothing" relativierendes „something that can be done", und zwar von einer

Gruppe, die nicht direkt, sondern in der dritten Person Plural angesprochen wird, nämlich den „Second Amendment people". Es gibt also möglicherweise doch eine Möglichkeit, die bei den Leuten liegt, die großen Wert auf den privaten Waffenbesitz legen. Was sollen diese Leute tun? Was genau soll jene die Unmöglichkeit zur Möglichkeit hin öffnende Tat der Verteidiger des Rechts auf Waffenbesitz sein? Sollen sie aktiv werden im Rahmen von demokratischen Einwirkungsmöglichkeiten, die Trump ja gerade mit seinem „nothing you can do" ausgeblendet hat? Haben die Anhänger des Waffenbesitzes gegenüber den buhenden Zuhörern vor Ort nicht nur eine besondere Motivation, sondern vielleicht auch besondere demokratische Möglichkeiten, um gegen Einschränkungen des Waffenbesitzes vorzugehen? Oder geht es etwa darum, von dem besonderen Zugang zu Waffen Gebrauch zu machen, den die Second Amendment people ja so vehement verteidigen – um eine zu diskreditierende Gegenkandidatin mit Gewalt an dem zu hindern, was man von ihr nach der Wahl erwartet? Das wäre das, was umgangssprachlich „Second Amendment solution" genannt wird – eine Lösung unter Einsatz von Waffengewalt.

Trump verweigert die Antwort auf die sich aus der Kette seiner Insinuationen ergebenden Fragen: „I don't know". Nicht er soll es sein, der hier etwa zu einer Gewalttat aufruft, und auch sein in der zweiten Person Plural angesprochenes Publikum („folks") soll nicht das Subjekt einer solchen Tat sein. Das Problem soll vielmehr aus einer dritten Gruppe heraus, die als außerhalb der gegenwärtigen rhetorischen Situation angesprochen wird, gelöst werden. Auch wenn alles wieder mit der rhetorischen Ambivalenz eines „Ich weiß nicht" vernebelt wird, die Invektive folgt einer tief in ihr angelegten Logik. Wo ein Feind ist, da muss er auch entschieden bekämpft werden – notfalls mit Gewalt! Invektives Sprechen ist eskalierendes Sprechen. Es macht aus einem als gleichwertig zu achtenden Subjekt ein verachtetes Objekt der Schmähung, dem gegenüber untergründig oder offen – „I don't know" – Gewaltfantasien gehegt werden.

7. Populistische Ermächtigung

Der populistischen Rede wohnt eine Eskalationslogik inne. Ihre rhetorische Übergriffigkeit schürt Affekte, die aus beleidigenden und herabsetzenden Worten Handlungsfantasien machen und rhetorische auch als körperliche Übergriffigkeit imaginieren. Sie führt auf eine Dynamik, die mit Worten und mit – nicht immer nur imaginierten – Taten moralische Alltagsstandards der wechselseitigen Achtung und Schonung sprengt. Gleichwohl präsentiert sich der Populismus als hochmoralische Unternehmung, als das einzige moralisch richtige und aufrichtige, ehrliche, faire, authentische und nicht korrupte politische Angebot. Hate speech und Moralanspruch bilden dabei eine sehr theatralische Symbiose.[77]

Moraltheater

Der als Aufschrei des alltäglichen „Jedermann" inszenierte Populismus zehrt in besonderer Weise von den Präsuppositionen einer Alltagsmoral, die geneigt ist, dem Sprecher einigen Kredit einzuräumen. Denn im Alltagsleben wird zumeist positiv unterstellt, dass das, was gesagt wird, auch ehrlich gemeint ist und der Sprechende selbst daran glaubt, dass am Gesagten auch faktisch etwas dran ist und die Aussage einen Wahrheitsgehalt hat, und dass schließlich die moralische Richtigkeit dessen, was gesagt oder gefordert wird, zumindest zu erwägen ist. Diese alltagssprachlich-lebensweltlichen Präsuppositionen der Aufrichtigkeit, Wahrheit und normativen Richtigkeit sind es, die nach Jürgen Habermas von verständigungsorientiertem Handeln vorausgesetzt werden, dem es darum geht, einen fairen Aushandlungsprozess zu gestalten.[78] Auch ein Redner, der in einem entsprechenden Rahmen argumentiert, sollte zu dem, was er sagt, subjektiv stehen, es sollte „objektiv" wahr sein und der Faktenlage entsprechen und sich als normativ richtig rechtfertigen lassen.

Eine paradoxe und für die moralischen Infrastrukturen einer Gesellschaft problematische Konsequenz populistischer Rede besteht darin, dass sie all das, was in diesen Präsuppositionen impliziert ist, für ihre Rede heftigst beansprucht, um gegen diesen Anspruch sogleich auf das Massivste zu verstoßen. Jedes Wort, das der Populist sagt, soll wahr, aufrichtig und moralisch angemessen sein. Er will ja der Rächer der Welt des Man sein, der Fürsprecher jener lebensweltlichen Durchschnittlichkeit und Alltäglichkeit, in der die „ganz normalen" und „einfachen" Menschen leben, die für eine einfache und gute Alltagsmoral des Aufrichtigen, Wahren und Richtigen stehen. Genau diese Moral sieht der Populist dem Verfall ausgesetzt und will ihr – scheinbar – wieder Geltung verschaffen. Deswegen führt er seinen populistischen Kampf auch als moralische „Aufklärung". Die „einfachen" Menschen, die unterstellen, dass alle anderen ebenfalls die einfachen Regeln der Alltagsmoral befolgen, hätten das Trug- und Ränkespiel der Eliten viel zu lange nicht durchschaut, das hinter einer gespielten Biederkeit und Wohlanständigkeit verschleiert blieb. Der Populist inszeniert sich als derjenige, der dem Volk die Lügen, die Unaufrichtigkeit und moralische Korruptheit der Eliten – und aller anderen Feinde, die er sonst noch ausdeutet – drastisch vor Augen führt. Und das bevorzugte Mittel dieser Aufklärung soll seine Rede sein.

Doch im scheinbaren Kampf für Aufrichtigkeit, Wahrheit und Richtigkeit wird gerade der Widerspruch zwischen Anspruch und Wirklichkeit der populistischen Rede drastisch sichtbar. Eine Rede, die so postfaktisch ist, wie keine andere, soll für „die Wahrheit" einstehen. Sie soll ein Beispiel für politische „Aufrichtigkeit" sein – auf der Grundlage eben jener postfaktischen „Wahrheit", deren Unstimmigkeiten und freie Setzungen ihrem Erfinder und Konstrukteur, dem populistischen Redner, in seiner Aufrichtigkeit sich selbst gegenüber doch nicht ganz verborgen geblieben sein dürften. Und sie soll das moralisch „Richtige" bezwecken, mit Forderungen, die nicht nur die Grenzen des moralisch Richtigen, sondern oft auch die des verfassungsmäßig und menschenrechtlich Legitimen weit überschreiten. Gemessen an den Kriterien eines an fairen und demokratischen Prozeduren orientierten, verständigungsorientierten Handelns ist populistische Rede ein Musterfall für ein an Wahrheit nicht interessiertes, unaufrichtiges und normativ unrichtiges kommunikatives Handeln. Denkwürdig ist daran nicht zuletzt die Dreistigkeit, mit der der hasspredigende Postfaktizist als einer der unaufrichtigsten und verlogensten Akteure in der offenen und pluralen Gesellschaft als Rächer und Retter der Moral auftritt. Mehr performativer Selbstwiderspruch war nie!

Doch populistische Rede will nicht nur den üblichen Alltagskredit der Glaubwürdigkeit einstreichen. Sie will nicht nur als wahr, richtig und aufrichtig erscheinen. Sie will auch nicht nur darüber aufklären, warum alle anderen diesen Kredit verspielt haben. Sie pokert höher und geht einen großen Schritt weiter. Als hate speech, als besondere Performation von Hass, will sie ihr Publikum zum Objekt einer rhetorischen Geiselnahme machen. Die Heftigkeit ihrer Aussagen und der Emotionen, die sie schürt, sollen Beihilfe leisten, um einen ganz besonderen Aufrichtigkeits-, Wahrheits- und Richtigkeitskredit zu erpressen. Gerade die Heftigkeit soll bezeugen, dass der Populist Gründe oder vielmehr Ursachen hat, so sehr zu hassen. Denn wo ein Redner so sehr dasjenige bricht, was das Gebot der Zurückhaltung im Umgang miteinander eigentlich fordert, wenn er sich so echauffiert und von Hass regelrecht zerfressen wird, dann muss es ja etwas geben, das dies rechtfertigt – etwas Unmäßiges, das den Redner aus den alltäglichen Formen des zivilen Umgangs so sehr ausbrechen lässt. Wer so hasst wie der populistische Redner, dem muss wirklich etwas Hassenswertes widerfahren sein, etwas Traumatisches, das ihn nun beherrscht.

Die Performance des Hassredners legt nahe, dass er die Façon verliert, weil eigentlich nicht er spricht, sondern ein ihn mit großer Heftigkeit übermächtigendes Objekt, ein Gefühl oder ein Affekt, das oder der von ihm Besitz ergriffen hat. Ja, er ist ein „Besessener"! Alles Widerwärtige in seinem Vortrag, alle abstoßenden Gesten, alles Hassen und Drohen – das ist eigentlich nicht er selbst, das ist der Feind in Ihm! So wie der intrigante Franz Moor seinen Bruder, den guten Karl, um sein Erbe betrog und ihn zum Räuber machte. Der Hassredner spricht in Stimmen, als Sprechanhängsel jenes „objektiven" Hasses, der über ihn gekommen ist und sich in ihm verfestigt hat – so soll es zumindest scheinen. Die Ursache für diesen eigentlich bemitleidenswerten Zustand der Rage soll in jenem äußeren, hassenswerten Subjekt liegen, das mit schändlichen Worten und Taten jenes innere, den Redner nun beherrschende Hassobjekt erzeugte, ein Objekt, das in der Hasssprache sich machtvoll wieder einen Weg nach außen bahnt – als Antwort auf das Trauma und nicht etwa als freie Setzung des Redners. Hate speech soll als Antwort erscheinen, die mit der Macht des Objektiven durch den Sprechenden hindurchgeht. Sie soll ein ruchloses Subjekt, das am Anfang aller Übel steht und an allem schuld ist, als Feindobjekt konstituieren – als ein ursprüngliches Feindsubjekt, das nun zum Objekt eines Gegenhasses und einer Übermächtigung werden muss –, als Antwort auf die Übermächtigung, die der Hassredner ursprünglich selbst von diesem Anderen erfahren hat und die es nun heimzuzahlen gilt.

Mit dieser Volte schließt sich der Kreis des populistischen Wahrheits- und Aufrichtigkeitstheaters. Der Feind ist hassenswert, weil die Affekte, die den Redner übermächtigen, dies in einer selffulfilling prophecy bezeugen. Denn sie sollen kein Theater sein, sondern ein objektiver Spiegel ruchloser Taten, sichtbare Narben jener Wunden, die der Feind geschlagen hat, ein Phantomschmerz, der den Redner schüttelt. Der Populist ist der prophetisch Besessene, der die Aufrichtigkeit und Wahrheit des Gesagten – und natürlich auch die moralische Richtigkeit des Geforderten – von jenem Erregungszustand verbürgen lässt, den er zur Aufführung bringt. Hate speech wird in dieser Weise zum Verifikationsmodus postfaktischen Sprechens. Der Hass auf den Feind, der die ganze Rede durchzieht, soll jede noch so abstruse Unterstellung und jeden an den Haaren herbeigezogenen Verdacht verbürgen und bestätigen.

Mit seinem Moraltheater zehrt der Populismus an den moralischen Infrastrukturen der Gesellschaft, die zu retten er vorgibt – indirekt dadurch, dass er für seine Rede den Vertrauensvorschuss einstreicht, mit dem Rede rechnen kann; direkt dadurch, dass er Hass auf den Feind als das Wahre, Richtige und aufrichtig zu Empfindende predigt. Damit wird der Populist zum Abbruchunternehmer auch für jene alltagsmoralischen Fundamente, die den Zusammenhalt von Gesellschaft mit ermöglichen. Denn der Hass, den er predigt, zieht Kreise. Er selbst ist ja ein showcase für sein Produkt und macht sich zum role model für seine Anhänger. Er gibt das Beispiel für moralische Entgrenzung in unzähligen kleinen Alltagskommunikationen, in denen Sexismus, Fremdenfeindlichkeit und Rassismus plötzlich wieder offen ausgelebt werden. Auf einer mittleren Eskalationsstufe inspiriert er Täter, die Zeichen setzen wollen, etwa in Angriffen auf Flüchtlingsheime. Und er inspiriert die „einsamen Wölfe", die Breiviks dieser Welt, die sich aus den Hasskommunikationen und Verlautbarungen der Populisten Copy-and-Paste-Legitimationen für Terror und extreme Gewalttaten basteln, um als Avantgarde und Vorkämpfer für eine völkische Eigenwelt die höchste Eskalationsstufe des Hasses zu erklimmen.

Das wiederauferstandene Subjekt

Das sich der „Objektivität" seiner Hassgefühle versichernde Moraltheater des Populisten ist auch Subjekttheater. Denn das Stück, das sich direkt anschließt, heißt: „Das wiederauferstandene Subjekt". Es ist ein Stück von Leben, Tod und erneuertem Leben – letztlich das populistische Weltendrama, zurechtgelegt für den einzelpsychischen Nachvollzug. Es geht darum, wer die Subjektrolle in einem Kampf um Dominanz und Kontrolle innehat.

Einen wichtigen Schlüssel, um derartige Konfliktkonstellationen genauer nachvollziehen zu können, liefert Jean-Paul Sartre, der in seinem ersten großen Hauptwerk „Das Sein und das Nichts" einen Kampf von Bewusstseinsindividuen als Grundfigur seines Intersubjektivitätsdenkens beschreibt.[79] Der größere theoretische Horizont, vor dem er das tut, ist das Solipsismusproblem, in das die phänomenologische Philosophie sich in der ersten Hälfte des 20. Jahrhunderts hinein manövriert hatte und dessen prekäre Inwändigkeit sich heute mit einem sprach- und zeichenphilosophischen Idealismus wiederholt, der Gefahr läuft, die Faktenwelt „da draußen" ganz in ein innersprachliches Spiel der Bedeutungen aufzulösen. Die Frage nach der Existenz anderer Subjekte, um die es Sartre geht, wird als Frage danach formuliert, warum andere Subjekte mehr sein sollen als einfach nur Objekte der phänomenologischen Beschreibung – in einer Welt, die aus der Beschreibungslogik heraus letztlich nur ein einziges Subjekt kennen kann: den phänomenologisch Beschreibenden selbst. Wenn Phänomenologie das Soziale als Welt beschreiben will, in der es viele Subjekte gibt und nicht nur eines, kann sie dieses Problem nicht einfach ausklammern.

Sartre sieht, dass es nicht viel bringt, aus der phänomenologischen Subjektperspektive heraus weiter nach Evidenzen für die Existenz von Subjekten da draußen zu suchen – dafür, dass es noch anderes menschliches Leben auf der Erde gibt. Er versucht einen Ausbruch aus dem selbstgestrickten Bewusstseinskasten der Phänomenologie, indem er die Frage radikal umkehrt: Wie kommt das andere Subjekt eigentlich in meinen Kopf hinein? Und damit meint er gerade nicht den Umweg über das objektivierende Forschen und Fragen nach äußeren Evidenzen, das prinzipiell nur auf *Objekte* der Nachforschung treffen kann, sondern den durchaus verblüffenden Versuch, einen existentiellen „Einbruch" in den Bewusstseinskasten „von außen" aufzuweisen: Ein Subjekt kann eine andere Subjektivität als solche dann erfahren, wenn es selbst zu deren Objekt wird.

Der Vorgang, an dem Sartre eine solche Fundamentalerfahrung des Anderen festmacht, ist das Erblicktwerden. Gemeint ist ein Blick des Anderen, der wie ein Blitz einschlägt in den Bewusstseinsstrom, etwa als Schamgefühl ob einer anzüglichen Situation, in der ego erblickt wird. Erblicktwerden heißt hier Erstarren unter der Bewertung eines Anderen, die ein Abwerten ist. Das andere Subjekt ist eines, das ego zum Objekt machen kann – zu einem Bewusstsein davon, Objekt für einen Anderen zu sein, eine Anwesenheit von alter, die ego nicht umstandslos seinem Subjekthorizont einverleiben kann, indem es diesen Anderen etwa zum Objekt unbeteiligter und distanzierter Beschreibungen macht. Als Blickender ist alter gerade nicht nur „draußen", in der Objektwelt des Erblickten, sondern mitten drin in dessen Bewusstseinsstrom – Teil eines Selbst, das nun nicht mehr einfache Anwesenheit bei sich und seiner Welt ist, sondern dessen Selbst und Welt in gewisser Weise geraubt, von einem Anderen besetzt und belegt wurde.

Sartre führt die Beschreibung des Erblicktwerdens weit über die bewusstseinsontologische Aufweis- und Begründungsfunktion in „Das Sein und das Nichts“ hinaus, hin zu einer Sozialphänomenologie, die versteckte und offene Formen von Rassismus und Diskriminierung mit neuen Mitteln beschreibbar macht.[80] Zeitweise führte sie ihn jedoch auch in einen intersubjektivitätstheoretischen Negativismus, der das Verständnis des Sozialen wiederum deutlich verengt, vor allem dort, wo eine Art Krieg aller gegen alle anklingt, ähnlich wie Hobbes ihn als vorgesellschaftlichen Zustand beschreibt. Bei Sartre kehrt er in sublimierter Form wieder, auf der Ebene der phänomenologischen Bewusstseinstheorie. Die intersubjektive Welt erscheint als Arena eines unhintergehbaren und ewigen Kampfes der Bewusstseinsindividuen um die Subjektrolle, in dem der einzelne diese Rolle entweder behauptet oder als Objekt an den Rand gedrängt wird. Das ist der Form nach nicht weit entfernt von einer sozialdarwinistischen Welt des Fressens oder Gefressenwerdens, in der auch der Populismus den Kampf um die Subjektstelle, den er propagiert, ansiedelt.

In der populistischen Variante dieses Kampfes wird das Weltdrama vom Herzland und seinem drohenden Untergang nicht zuletzt als Kampf übergreifender völkischer, nationaler oder kultureller Subjekte gegeneinander aufgeführt. Er wird aber auch auf die Subjekt- und Objektinstanzen des Einzelpsychischen heruntergebrochen, die mit dem völkisch-nationalen oder kulturellen Großsubjekt imaginativ verschmelzen.[81] Das Herzland korreliert dann mit jenem Status der psychischen Eigenwelt, in dem das Individuum „Subjekt“ ist und eine hinreichende Kontrolle über sich und die Welt seiner Objekte hat. Es wird bedroht durch die als Feinde ausgedeuteten anderen Subjekte, die die Eigenwelt usurpieren wollen – ganze Heerscharen von Flüchtlingen, Migranten, Muslimen, Gutmenschen Lesben, Schwulen, Latinos, Emanzen und alten Eliten. Der „kleine Mann“ ist hier nicht mehr Herr im Bewusstseinskasten seiner Welt. Er ist nicht mehr Subjekt, sondern Objekt für Usurpatoren. Wieder Subjekt sein, wieder Herr sein in der Eigenwelt qua Kontrolle und Verdrängung der Feindobjekte, das ist das Angebot des Populismus und eigentlicher Kern und Hauptbotschaft der populistischen Rede – das Versprechen an die Hörerschaft, wieder die Subjektrolle einnehmen zu können. Und nicht zufällig war dies auch die Kernbotschaft des siegreichen Trumpwahlkampfes. Amerika soll wieder groß sein: Great again! Was letztlich heißt: Der „kleine Mann“ und „sein“ Amerika sollen wieder groß sein! Die Rachegelüste, der Kontrollwahn und der Autoritarismus, die der Populismus darstellt und aufstachelt, bedienen vor allem den Wunsch nach Macht und Stärke, nach einem Sieg über den Feind und der Erlangung einer überlegenen Subjektrolle im Sozialen.

Hier liegt auch der Moment einer eigentümlichen Katharsis in der populistischen Aufführung. Es ist der Wendepunkt im populistischen Theater, die Wiederauferstehung des Subjekts im Weltendrama von Leben, Tod und erneuertem Leben – der Punkt an dem die Hassrede umschlägt in Ermächtigung. Denn die Hassrede war ja zunächst Schrei eines halb betäubten, besessenen und durch den traumatischen Einbruch des Feinds in die Eigenwelt verminderten, zum Objekt herabgedrückten Subjekts – ausgeschlossen aus seiner eigenen Welt von einem blickenden Anderen, einem anderen Selbst, das sich in der eigenen Welt breit gemacht hatte und sie von sich her bewertete und signifizierte. Hassrede sollte als ein unwillkürliches Aufbäumen und sich Stemmen gegen diese Fesselung durch den anderen erscheinen – bis das wieder auflebende Subjekt seine Ketten sprengt und zu neuer Stärke erwacht und ersteht! An diesem Umschlagpunkt liegt die Klimax der populistischen Rede als Hetzrede, konstruiert als vernichtende Schlagfolge wider den Feind, die große Wende, die den Beginn der Umkehr und Wiederaneignung der eigenen Welt markiert – die auch Neusignifizierung ist, oder vielmehr eine Resignifizierung, die die Dinge wieder bei ihren alten und eigentlichen Namen nennt.

Björn Höcke, der sich ja als Metapolitiker versteht und den Populismus mit den ihm gemäßen Mythen und Bewusstseinsformen ausstatten will, geht es in diesem Wendegeschehen vor allem um eine Aufstachelung der „thymotischen“ Fakultäten, einer Wut und Zorn umfassenden dritten Seelenkraft, die schon Platon neben Logos und Eros stellte. In seiner Kyffhäuserrede plädiert er für eine „Anhebung der thymotischen Spannung“, die „unser gesenktes Haupt heben“ und uns aus einer gedrückten Situation herausführen soll, in der Kinder „in Multi-Kulti-Klassen gemobbt“, Frauen von Ausländern „unsittlich berührt“

und „junge Männer im eigenen Land geschlagen" werden. Das Eindringen von Ausländern ins Herzland Deutschland habe für dessen angestammte Bewohner zu einer Situation der universellen Demütigung geführt, aus der sie sich – angetrieben von Wut und Zorn – befreien müssen: „Dieses Volk muss seine verlorene Männlichkeit zurückfinden!"[82]

Die hier geäußerten Gedanken sind angeregt von Marc Jongen, einem Schüler und ehemaligen Assistenten von Peter Sloterdijk, der sich – einige thymotische Spekulationen seines Meisters übernehmend – als AfD-Chefideologe versucht und dabei vor allem gegen eine Lethargie der Deutschen kämpft. Bei Höcke wird letztere vom „Schlafmichel" personifiziert, der mit seiner „deutschen Langmut" offensichtlich gemeinsam mit Barbarossa in der Höhle sitzt und sich lange und geduldig in die Dinge fügt, bevor er endlich reagiert. Den Weg des Schlafmichel-Erwachens erschwere zusätzlich, dass die deutsche Friedfertigkeit im Verbund mit einer „jahrzehntelangen Umerziehung" zu westlichen „Gehirnwäscheergebnissen" geführt habe, durch die Langmut zur Lethargie gesteigert wurde. Demgegenüber gelte es nun mit einer Aufstachelungspolitik „das Rebellische in uns Deutschen" wieder hervor zu kitzeln, jenen „furor teutonicus", vor dem sich bereits die alten Römer fürchteten und der auch heute die ersehnte Wende bringen soll: „Wir lassen uns nicht abschaffen! Wir werden diese Wende schaffen!"[83]

Die Hassrede soll zum Lebensatem werden – zu einem Atem, den der Populist seinem Publikum einhaucht, um es aus seiner Lethargie zu wecken. Er will seine Hörer nach seinem Ebenbild wieder zum Subjektsein erwecken. An den entsprechenden Stellen der Erweckungsrhetorik kommt es nicht selten zu einer inszenierten Kommunikation mit dem Publikum, einem Frage- und Antwortspiel, in dem das Publikum die richtige Antwort geben und sie als eigene Wahl und Entscheidung darstellen soll – als Annahme und Bekräftigung des in der Rede geschenkten Subjektatems, der nun auch sein eigener geworden ist und den es dem Redner zurück gibt, indem es ihn nun seinerseits zur Bekämpfung des ausgedeuteten Feinds aufruft und autorisiert. Aus Feind-Subjekt soll Feind-Objekt werden, und aus dem fremdobjektivierten Selbst ein wieder aufgerichtetes Subjekt. Die empfundene Ohnmacht des Selbst soll sich in die des Feindes verkehren – das ist das Angebot des Populisten an die Ohnmächtigen seiner Welt. Er schaltet das Triebwerk auf Umkehrschub. Er stachelt den Hass als eine Möglichkeit auf, wieder selbst Subjekt zu werden und den erlittenen Kontrollverlust durch die totale Kontrolle eines Anderen zu überwinden. Hier liegt das eigentliche Höher, Schneller, Weiter der populistischen Rede. Sie reagiert auf Ängste vor Übermächtigung, schürt sie und kocht sie hoch – um sie in Wutlust umzuwandeln, die Souveränität rauschhaft auslebt, indem sie andere demütigt und diskriminiert. Das innere Objekt, das Gefühl übermächtigt zu sein, schwindet und geht über in souveräne Subjektivität, die die Blickrichtung umkehrt, um das äußere, sie „erblickende" Subjekt zum Objekt ihres Blickes zu machen.

Genau dieser Umschlag wird auch in der berühmtesten Hetzrede überhaupt, in Goebbels' Sportpalastrede inszeniert. Die Frage „Wollt Ihr den totalen Krieg?" ist nichts anderes als das Versprechen, NS-Deutschland nach der Stalingradniederlage wieder aus der Defensive zu führen – durch eine äußerste und totale, alle Kraft wider den Feind mobilisierende Anstrengung eines Willens, der das Heft des Handelns wieder in die eigene Hand nimmt. Der Wille, dem Feind mit allen Mitteln entgegenzutreten, soll das deutsche Volk wieder zu jenem von den NS-Herrschern geführten Hypersubjekt machen, das den Feind in die Rolle eines Objekts zurückdrängt, das diese Handlungen defensiv ertragen muss. Klar ist, dass die totale Mobilisierung des Volksganzen für den einzelnen gleichzeitig die totale Unterwerfung unter das NS-Herrschaftssystem impliziert. Du bist nichts, Dein Volk ist alles! Das Goebbelssche Versprechen von Stärke erfordert starke masochistische Anteile bei der Gefolgschaft. Die Wahrheit des Ermächtigungsschreis zum totalen Krieg, der vermeintlich für die Rückgewinnung der Subjektrolle steht, ist tatsächlich Selbstobjektivierung, eine teuer erkaufte Subjektillusion, der sich die Hörerschaft hingibt. In der rauschhaften Selbstaufplusterung, zu der der Redner sie antreibt, macht sie sich zur Verfügungsmasse für das von den Machthabern definierte – und dabei bereits dem Untergang geweihte – nationalsozialistische Reichshypersubjekt.

Auch kleinere Lichter der rhetorischen Aufwiegelung sind mit solchen Mitteln des Subjekttheaters gut vertraut. Geert Wilders, der ja eine Art postmodernen Populismus vertreten und sich vom Nationalsozialismus dadurch absetzen will, dass er den Antisemitismus durch das Feindbild Islam ersetzte, inszeniert für seine Version des Weltdramas einen totalen Krieg der Kulturen, dem er mit einer eigenen Version der Ermächtigungsfrage Nachdruck verleiht. Nicht wenige Niederländer, die Wilders' Populismus mit scheinbar liberalem Antlitz zuneigten, waren überrascht, als er im Europawahlkampf März 2014 sein Publikum mit dem an Goebbels erinnernden Frage- und Antwortspiel konfrontierte: „Wollt ihr mehr Marokkaner oder weniger?"[84] Die Delle im Wählerzuspruch, die ihm das einbrachte, ist längst ausgebeult. Und die Verurteilung wegen Volksverhetzung, die ihm das eintrug, dient ihm inzwischen als Beleg, wie sehr die niederländischen Eliten ihn am Aussprechen der Wahrheit hindern wollen.

Das Versprechen einer Teilhabe am Subjektsein qua Objektivierung eines Anderen spielt auch in vielen weiteren Zusammenhängen der Massenkommunikation eine wichtige Rolle – etwa in Sport, Kultur und Alltagsleben. Es wird sichtbar und hörbar in den frenetischen Aufforderungen aus dem Boxpublikum nach dem entscheidenden K. o.-Schlag: „Hau ihn um!" Wunsch und Aufforderung gelten jenen Schlägen und Schlagsalven, die einen als befreiend erlebte „Kick" bringen sollen, indem sie dem Gegner die Kontrolle über den eigenen Körper rauben und ihn „auf die Bretter" schicken. Der Knockout ist Präsentation des Objektwerdens eines Subjekts vor Publikum, das den Aufstieg des Siegers in ein momentan siegreiches und unangefochtenes Subjektsein für ein Publikum rauschhaft mitvollziehbar machen soll. Es steht für den Wunsch, den Anderen als Grenze des eigenen Tuns zu überwinden, um ihn und seine Welt als unterworfenes Objekt zu setzen.

Auch Krimi- und Westernfilme greifen immer wieder auf eine „Hau-ihn-um"-Ästhetik zurück, wobei Höhepunkte und Umschläge mit vielfach variierten Sequenzen des Verfolgens, Schlagens, Stechens oder Schießens inszeniert werden. Es handelt sich um Einwirkungen auf die Körper der Feinde, die diese entweder in größerer Zahl seriell-schlagartig überwinden oder aber den Vorgang sadistisch lustvoll ausdehnen, um etwa den Hauptübeltäter exemplarisch auf die Rolle eines die siegreiche Subjektivität nicht länger gefährdenden Objekts herabzudrücken.

Auffällig ist die oft fast fraktale Bauweise, in der das gewaltsame Fällen des Feindes wie eine kleine, durch Nahaufnahme, Streckung oder Zeitlupe unendlich vergrößerte Kopie einer Standarderzählung erscheint, mit deren Hilfe die Abläufe des Fällens und Abschlachtens pauschal gerahmt und legitimiert werden sollen. Manche Westernfilme funktionieren wie eine populistische Rede – oder umgekehrt. Die in jeden Schuss und Schlag hinein projizierte Großgeschichte ist die von einem Herzland, wie sie auch von Populisten erzählt wird, ein Ort, an dem ehrliche Menschen von ihrer eigenen Hände Arbeit leben, bis Schurken – manchmal auch Indianer – von außen hinzutreten, um sie zu demütigen und zu bedrohen. Das geht so lange, bis die Ehrlichen die Wende einleiten, indem sie sich wiedersetzen und zurückschießen oder sich – im Zuge voranschreitender Arbeitsteilung – auf dem Markt für Gewalttaten nach Spezialisten des Zurückschlagens und -schießens umsehen. Diese Spezialisten gleichen den Schurken, die das Herzland bedrohen, manchmal wie ein Haar dem anderen. Im Kontakt mit den ehrlichen Menschen erfahren sie jedoch eine überraschende Läuterung und werden zur Kampfpartei der „Glorreichen Sieben". Sie machen die Nöte der „kleinen" Leute zu ihrer Sache, indem sie die ihnen zu Gebote stehenden Gewaltmittel uneigennützig und unter höchster Gefahr für ihr eigenes Leben gegen jene Schurken richten, die immer noch so sind, wie sie selbst einst waren. Durch die Hilfe und den Kampf der Partei der geläuterten Schurken erhalten die kleinen Leute ihre Souveränität zurück.

Im Rahmen einer solchen Standardgeschichte wiederholt und exemplifiziert jeder fallende Feind, jeder Schuss, der seinen Körper durchschlägt, jede Axt, die seinen Schädel spaltet, die große Geschichte in der kleinen. Jeder gefällte Feind ist ein Stück zurückgewonnener Souveränität! Auch der Genuss am Hassen, Schießen, Demütigen, Töten, den der Zuschauer empfinden soll, wird dergestalt moralisch legitimiert. Denn es soll keine sadistische Freude sein, die hier empfunden wird, sondern eine hochlegitime. Sie gilt einem notwendigen Reinigen der korrumpierten

Welt und ist gerechte Strafe für eine Demütigung, die von den gefällten und nun auf der Hauptstraße ausblutenden Feinden ausging. Nach getaner Arbeit des Rächens und Reinigens verlassen die glorreichen Schnitter die kleine Stadt, die nun wieder den friedlichen und ehrlichen Leuten alleine gehört. Oder aber sie beenden ihr vor- und außergesellschaftliches Herumtreiberleben und finden Liebe und Kleinbürgerfrieden im neu erblühenden Herzland.

Selten werden in den Rahmengeschichten solcher Epen auch die großen sozialen Konflikte der Zeit fassbar, zum Beispiel jener zwischen den Farmern der Großen Ebene und den US-Eisenbahngesellschaften, die ihre Monopolstellung beim Transport landwirtschaftlicher Produkte rücksichtslos ausnutzten und ihre Zwangskunden mit völlig überhöhten Monopolpreisen ruinierten. Dieser Konflikt bildet auch den handfesten und sehr verständlichen Hintergrund eines US-amerikanischen „Populismus" zum Ende des 19. und zu Beginn des 20. Jahrhunderts, dessen Name deutlich mehr mit der Vertretung von sozialen Interessen der Bevölkerung zu tun hatte als ein heutiger, der seine Rhetorik am Vorbild eines schießwütigen Westernstils formt. Im heutigen Populismus bleiben Interessengegensätze meist hinter Pulverrauch verborgen, zwar nicht hinter dem, der einem Konfliktaustrag qua Colt und Winchester entspringt, aber hinter dem rhetorischen, mit dem das Epos nachinszeniert wird. Statt Name und Anschrift erreichen meist nur nebulöse und weit entfernt beheimatete Interessen die Western- und Populismusbühne – Interessen, die dann von irgendeinem Fiesling personifiziert werden, der die Herz- und Eigenwelten terrorisiert.

Der rhetorische Populismus kommt bei der Darstellung realer Konfliktlinien auch nicht viel weiter als der von Clint Eastwood verkörperte Polizist „Dirty Harry", der mit seinen schießwütig-unkonventionellen Methoden der Verbrechensbekämpfung den Western in die Großstadt holt. Harrys Gegner, der „Zodiac"-Killer, ein Psychopath, ist das unmittelbar Böse, das gefällt werden muss – auch wenn der Rechtsstaat ein durchaus anderes Prozedere vorsieht. Dessen Regeln werden als irrationale Fesseln präsentiert, die nach Dirty-Harry-Manier von jener Deregulierung gesprengt werden müssen, die auch der

Populismus propagiert, damit schießwütige Gute die anderen Guten vor den Bösen schützen können. Dirty Harry führt deshalb einen Zweifrontenkrieg. Im Unterschied zum Wilden Westen, der den Vorteil hatte, dass der Rächer sich qua Abwesenheit des Rechtsstaats noch ganz auf den eigentlichen Feind konzentrieren konnte, hat er es in den Straßen von San Francisco auch noch mit einer Heimatfront zu tun, die gegen ihn kämpft – eben mit den Gutmenschen des Rechtsstaats, den skrupulösen Vorgesetzten, die Dirty Harry nicht so lassen, wie er will. Es ist ein doppelter Kampf, in dem Harry sich schließlich selbst verzehrt. Mit einem Notrettungsschuss killt er zwar den Killer, schmeißt dann aber seiner Leiche, die in einen See fällt, die eigene Polizeimarke hinterher. Harry ist ein tragischer Held, der das populistische Subjekttheater der Ermächtigung nicht zum Happy End führen kann. Im Felde unbesiegt, doch hinterrücks gefällt wie Siegfried vom Speerwurf des grimmigen Hagen, dessen Rolle nun ein dolchstoßender Rechtsstaat übernimmt, in dem kein Platz ist für die wirklich Guten.

Das gordische Syndrom

Der Gegenstand der populistischen Rhetorik ist ein Konstruierter. Er trifft auf eine Empfänglichkeit für die Konstruktion, die eine gewisse Eigenlogik hat – eine Nachfrageseite, die vom Angebot zwar mit aufgestachelt und formiert wird, ohne jedoch vollständig auf dieses reduzierbar zu sein. Populistische Rhetorik setzt an bei einer vorgängig schon als bedrängend empfundenen, opaken Wirklichkeit und beim Wunsch, diese durchsichtig und beherrschbar zu machen. Eine solche Aufklärung zu leisten, ist eines der Versprechen des Populismus an sein Publikum. Bis zu einem bestimmten Punkt kann er dabei als Fehlversuch jener Entmythisierung verstanden werden, die auch klassische Ideologiekritik leisten will. Denn beim Versuch der Einlösung der Kritik nimmt die populistische Rhetorik an einer entscheidenden Stelle einen anderen Weg. Sie wird zu einer Scheinaufklärung, die in ihrem Scheitern das eigentlich Aufzuklärende erst recht mystifiziert und verblendet.

Der klassischen Ideologiekritik geht es um ein Durchsichtigmachen „fetischisierter“ Zusammenhänge. Das, was Menschen als eine von ihnen unabhängige, sie beherrschende und bedrängende Macht empfinden – Schicksal, Götter oder auch Marktbewegungen –, soll als Produkt und Folge menschlicher Handlungen kenntlich werden, als eine in den Produkten und Verkettungen des menschlichen Tuns verselbständigte und mystifizierte und in ihren Rückwirkungen die Urheber beherrschende Instanz. Der ideologiekritischen Aufklärung geht es um den Nachvollzug eines ganzen Zyklus von Hervorbringung und Verselbständigung in sozialen Handlungsketten, und vor allem auch um die undurchschaute und unkontrollierte Rückwirkung des Hervorgebrachten auf die Hervorbringenden selbst. Ziel ist es, das Fetischisierte und Verselbständigte wieder menschlicher Kontrolle zu unterwerfen.

Auch der Populismus bezieht sich auf etwas Undurchsichtiges und Bedrängendes und verspricht die Rückgewinnung von Kontrolle. Genau hier liegt das, was seinen Willen antreibt beziehungsweise seinen Darbietungen eine besondere Durchschlagskraft und auch einen scheinbaren Halt in der Wirklichkeit verleiht. Populismus gibt scheinbar schlüssige Antworten auf ein diffuses Unwohlsein. Hier liegt ein Rohstoff, aus dem er seine Welt formen und seine Dramen bauen kann.

Auch ein zweites Motiv, der Versuch nämlich, das diffus Bedrängende als Ergebnis menschlichen Handelns zu fassen, verbindet ihn mit der klassischen Ideologiekritik. Gesellschaft besteht aus Menschen und ihrem Bezogen-Sein aufeinander über kommunikative und produktive Handlungen. Also muss bei diesen Menschen und den Verknüpfungen ihrer Handlungen und Produkte auch die Lösung des Problems zu suchen sein – so wie in Feuerbachs Religionskritik die Götter als fantastisch gegen und über den Menschen verselbständigte Kulturprodukte erscheinen, oder in Marx' „Warenfetischismus“ die im Marktzusammenhang mit einem gespenstischen Eigenleben ausgestatteten Produkte menschlichen Tuns, oder in Sartres „Gegenfinalität“ die Rückwirkungen einer von menschlichen Eingriffen veränderten Natur auf die Gesellschaft.

Der große Unterschied liegt darin, dass der Populismus das nicht nur nachträgliche, sondern basale Faktum der Vermittlung und den Zyklus der Verselbständigung überspringen will, um die Handlungsfäden zu entwirren. Er überspringt damit die alles entscheidende Ebene – auch und gerade durch sein postfaktisches Sprechen, das den Weg der rationalen Rekonstruktion weitestgehend ausschlägt. Statt eine geduldige und ausführliche Analyse der Sachlage zu liefern, ersetzt er die narratio durch den Mythos und zielt auf die identitäre Selbsteinwurzelung in mythisierte Geschichte. Im Ergebnis dieser rhetorischen Grundanlage verfügt er über keine irgendwie zureichende Analyse, auf die rational aufzubauen wäre. Ob aus Unwissen, Faulheit, Wut, Frust, Verzweiflung oder Berechnung – er kann oder will den gordischen Knoten der sozialen Vermittlung nicht mühsam lösen.

Das Unvermögen, das sich in der populistischen narratio ankündigt, wirkt sich vor allem im thetischen Teil aus. Hier setzt die populistische Rede ja auf die „thymotischen" Fähigkeiten, das heißt vor allem auf den vollumfänglichen Willen zum Hass auf einen Feind. Populistische Rede ist nicht Argumentation, sondern Kampfansage. Sie wählt das Schwert. Und dieser Schwerthieb gegen den Feind ist nichts anderes als ein Hieb durch die undurchschauten Fäden der Faktizität, durch den Knoten der gesellschaftlichen Vermittlung. Blind für alle Vermittlung entlässt der Populismus Wut und Hass aus sich und richtet ihn in kruder Unmittelbarkeit gegen den Feindfetisch, jenes Bild eines Dämons, der hinter allem unverstandenen und bedrängenden gesellschaftlichen Ungemach stecken soll. Das Unintendierte in der Verkettung von Handlungen und auch dessen Kontrafinalitäten – die feindlichem Handeln ja durchaus ähnelnden Rückwirkungen der ineinander verschränkten Wirkungsketten des Handelns auf die Handelnden selbst – werden als etwas Intendiertes gedeutet und damit personalisiert. Das mehr oder weniger gemeinsame Produkt der komplex verschränkten Handlungen in einer Gesellschaft wird zum Produkt der Intrige eines einsamen Geistes oder einer einzelnen Gruppe oder Kultur. Es wird kurzschlüssig bezogen auf jemanden, der unmittelbar dahinter stecken soll.

Der krude personalisierenden entspricht eine moralisierende Kurzschlüssigkeit: Wo das Resultat als ein Intendiertes verstanden wird oder zumindest als ein billigend in Kauf genommenes, da muss auch moralische Zurechenbarkeit zu finden sein. Die Rückführung auf eine Intention oder eine Duldung ist an sich schon Moralisierung: Jemand muss schuld sein an allem Ungemach – jemand, der den Sündenbock abgeben und „umgehauen" werden kann. Der Kampf gegen diese Instanz soll als die probate Gegenhandlung erscheinen, die die entglittene Kontrolle über den gemeinsamen Zusammenhang wieder zurückbringt. Doch in einem solchen Versuch, Handlungsmacht zurückzugewinnen, entgleitet sie vollends – zumindest für die, die dem Moral- und Subjekttheater des Populismus auf den Leim gehen. Populistisches „empowerment" bedeutet mehr Macht für das unverstandene Bedrohliche, das auf den Feind projiziert wird, und vor allem nicht mehr, sondern weniger Souveränität für jene, die da jubeln – für eine Hörerschaft, die der populistische Redner mit seinen Feindbildprojektionen blendet.

8. Im „Stahlgewitter“ der Rede

Populistische Rede als Performance will überhöhen und übermächtigen – auch dort, wo sie auf understatement setzt. Ihren weltdramatischen Anspruch inszeniert sie nicht als elitäre Überbietungskultur. Sie ist eher ein Genre der Unterhaltungskunst. Sie orientiert sich an der Revenge Story, wie man sie aus Kriminalfilm und Western kennt, mit einer Dramaturgie, die von heiler Eigenwelt über den Einbruch eines Feinds hin zu dessen siegreicher Überwindung führt. In der theatralischen Ausgestaltung einer solchen Dramaturgie wird die populistische Rede zu einem Spektakel, das zwischen Volksfest und Schmierenbühne, zwischen Boxring und Richtstätte liegt. Hier ist Gaudi, hier wird was geboten. Und es wird eckig, dreckig und rumpelig: „Are You ready to rumble?!“ Beim Derben, Vulgären und Krawalligen ist die populistische Rede in ihrem Element.

Zwischen Theater, Jahrmarkt und Richtplatz

Die populistische Rede soll wie der Blitz hinein fahren in die verdunkelte Welt ihres Publikums, um diese mit Akten der Abwertung und Ausgrenzung zu erhellen, mit rhetorischen Einschlägen in die Köpfe der Hörer, wie eine moralische Elektroschocktherapie, die Hemmungen und Bedenken löst und die Hörerschaft auf das bezeichnete Feindobjekt als ein aufzuopferndes ausrichtet. Von dieser imaginierten Aufopferung her schreibt die Schmährede an ihrer weiteren Partitur der Erhellung und Erleuchtung – an der sich aus der Feindbildung ergebenden dualisierenden Weltenbildung. Doch populistische Rede ist eine Performance, die ihr Weltendrama nicht bloß als Repräsentation und rhetorische Darstellung eines großen und wahren Zusammenhangs zur Aufführung bringen will. Sie will selbst dessen Teil sein – ohne Abstand und ästhetische Distanz, stärker involviert und involvierend als jedes Einfühlungstheater. Sie performiert mit Echtheitsanspruch – als eigener Aufzug im Welttheater.

Der Redner als handlungstragende Figur macht hierzu zahlreiche Anleihen bei Figuren des öffentlichen Spektakels, beim Starken Max, dem Preisboxer vom Jahrmarkt, oder beim Scharf- und Halsgericht, beim Richter, der den Stab bricht, oder beim Henker, der vollstreckt. In der populistischen Rede wird stets jemand umgehauen oder einen Kopf kürzer gemacht – zumindest symbolisch. Populistische Rede gehört zu einer performativen Familie, zu der einstmals auch öffentliche Hinrichtungen zählten. Darbietungen, die regelmäßig die Form von Volksbelustigungen annahmen – mit zehntausenden Zuschauern, Jahrmarktsbuden und dem Ausschank des Richttranks, der nach vollzogener Handlung unter Schafott und Galgen genossen wurde. Auch das populistische Bierzelt reiht sich ein in eine jahrhundertelange Geschichte der öffentlichen Spektakel. Für den Populisten steht es irgendwo zwischen Theater, Jahrmarkt und Richtplatz.

Die Verwandtschaft der populistischen Rede zum Halsgericht liegt nicht so sehr im Verfahren – Verfahren sind dem Populismus ja zuwider –, sondern in dessen Abschluss, in Richtspruch und Vollstreckung. Die populistische Rede verurteilt die Vergehen ihres Feindes als die eines bereits überführten Delinquenten. Sie ist Urteilsverkündung und verspricht baldigen Vollzug. Auch die notorische Forderung von Populisten nach Wiedereinführung der Todesstrafe – oder auch einer „license to kill" für Grenzpolizisten bei der Flüchtlingsabwehr – ist eine Erinnerung an das Echtheitstheater des öffentlichen Bestrafens, Richtens oder Lynchens. Populistische Rede hat ein deutliches Gespür für ihre Nähe und Verwandtschaft zu derartigen Macht- und Gewaltperformances, die selbst nur wenige Eskalationsstufen von ihr entfernt sind – Darbietungen, die sie symbolisch nachahmt und auf die nicht nur ihre Zuspitzungslogik verweist. Denn die Retrotopie des Populismus umfasst auch die rückwärtsgewandte Sehnsucht nach dem archaischen Gewalttheater, nach einem Darstellungshandeln, das es nicht beim enmifikatorischen Reden belässt, sondern ernst macht und vollstreckt. Populistische Rede will nicht nur rhetorisches Fallbeil sein.

Die moralische Gegensatzbildung zum Feind ist zugleich räumliche Signifikation, Deixis als Anzeigen des Punktes, der von einer gemeinsamen moralischen Linie abweicht. Der Feind, das dritte Moment des rhetorischen Dreiecks, muss draußen bleiben. Feindbildkonstruktion als Zuweisung des moralischen Mangels wird Anweisung des Ortes zum Prangerstehen, des Gefängnisses, des Richtplatzes, der Grenze, hinter die der Andere zu verbringen ist. Die Ausschließung ist moralisch und räumlich zugleich. Keine populistische Rede ohne Verweis auf einen Ort, an dem der moralisch minderwertige Feind machtvoll seiner Wirkmöglichkeiten beraubt werden soll. Doch die populistische Rede träumt erst nur von totaler Übermächtigung und hat selbst noch nicht die Macht dazu. Die autoritäre Elite, die der populistische Redner an die Macht bringen will, hat die alte Elite noch nicht verdrängt. Deswegen hält er sich an die Gewaltfantasie, in der er seinem Feind erst nur mit Worten nachstellt – am Ort einer Performance, von dem dieser Feind in aller Regel ausgeschlossen bleibt. Als der dritte Eckpunkt des rhetorischen Dreiecks – als das beredete Thema – ist der Feind ein verbanntes und zum Schweigen verurteiltes Objekt, über das geredet wird, das aber nicht selbst reden darf.

Die Grundstruktur populistischer Kommunikation entspricht der des Alltagsklatschs, der über Abwesende herzieht. Denn auch hier haben Kommunikationsteilnehmer – analog zur Grundbestimmung des populistischen Rededreiecks – zumeist einen Dritten zum Thema. Nicht umsonst macht der rhetorische Populismus sich gerne zum Sprachrohr und politischen Arm einer präpopulistischen Alltagskommunikation in jener nivellierenden Welt des Man, die sich mit Tratsch, Klatsch und Gossip auf ihre Mittel- und Durchschnittswerte einstellt. Populismus überträgt die Strukturen und nicht selten auch die Inhalte solcher Alltagskommunikationen ins Politische. Auch diese Art von Anschlussfähigkeit ist gemeint, wenn der Populist dem Volk „auf's Maul" schaut – oder ihm Inhalte in selbiges legt, die angetan sind, gängige Münze in den Alltagskommunikationen seines Publikums zu werden.

Auf welch tief verankerte Mechanismen er dabei zurückgreifen kann, zeigt in besonders anschaulicher Weise eine Schlüsselszene aus „Der letzte Mann", einem der wichtigsten deutschen Filme aus der Zeit der Weimarer Republik. Der Portier eines Grand Hotel, eine stattliche Erscheinung in goldbetresster Livree, macht hier den Gästen seine Aufwartung. Er ist ein Aushängeschild des Unternehmens, charmiert vor der Hoteltür und hilft bei Ankunft und Abreise. Etwas vom Glanz der großen Welt, mit der er im täglichen Austausch steht, fällt so auch auf ihn. Und auch auf die Menschen eines traurigen Hinterhofs, in dem seine Wohnung liegt. Nach getaner Arbeit und immer noch in seine Fantasieuniform gekleidet schreitet er stolz nach Hause. Er ist offensichtlich ganz eins mit seiner Rolle. Auch die Mitbewohner genießen den Statusgewinn, die Nähe zur großen Welt, die sie in seiner Gegenwart verspüren. Noch mehr genießen sie allerdings seinen Statusverlust, als er im Grand Hotel zum Toilettenmann degradiert wird. Die Neuigkeit verbreitet sich wie ein Lauffeuer im Hinterhof, von Friedrich Wilhelm Murnau, dem Regisseur des Films, mit den seinerzeit neuen Mitteln einer filmischen Objektästhetik inszeniert. Von Mund zu Mund geht die Nachricht und zaubert glückliche, fast verklärte Züge in die Gesichter. Der tiefe Fall des Portiers stellt für seine Mitbewohner offenkundig einen Zugewinn dar. Zwar können sie nun nicht mehr von der fantastischen Erhöhung profitieren, an der sie durch ihn teilhatten, aber dafür müssen sie ihm auch nicht mehr mit jener besonderen Achtung und Wertschätzung begegnen, die ihn, der zu ihrer Erhöhung beitrug, gleichzeitig über sie erhöhte. Der Gewinn, den der Fall des Portiers aus vermeintlicher Überlegenheit darstellt, entschädigt sein Lebensumfeld für den Verlust der Teilhabe an seinem Glanz. Gleichzeitig wiederholt dieses Umfeld mit seinem Klatsch und Tratsch den Statusverlust des Portiers in der großen Welt und lässt ihn erst eigentlich ins Bodenlose fallen. Und diese Doppelung des Falls macht ihn für seine Mitbewohner zum zweiten Mal auch zum Objekt der Selbsterhöhung – nun nicht qua Identifikation mit ihm als goldglitzerndem Führer in höhere Gefilde, sondern qua Abstoßung von ihm als Gefallenen und Gefällten. Sie haben aufgeholt, denn er, der so viel mehr zu sein schien als sie, hat ihnen nun nichts mehr voraus. Ja, er ist nun weniger als sie, weil der Verlust seiner Überlegenheit ihn nicht einfach zu einem Gleichen macht, sondern zu einem Objekt für die Gleichen, die mit dem Finger auf ihn zeigen, um sich hinter seinem Rücken an seinem Niedergang zu ergötzen.

Die Klatsch-und Tratsch-Szene aus „Der letzte Mann" fördert ressentimentgeladene Tiefenschichten zutage, die Siegfried Kracauer vor allem im deutschen Kleinbürgertum der Zwischenkriegszeit ausmacht und deren filmästhetische Spuren er eindringlich untersucht.[85] Tatsächlich wird an der angegebenen Stelle eine Lust zur Nachrede sichtbar, die derart bösartig ist, dass sie eigentlich nur noch auf einen professionellen Nachredner zu warten scheint, der mundgerecht darbietet, was in der präpopulistischen Alltagskommunikation schon angelegt ist, um ihr eine politische Stoßrichtung zu verleihen. Der Populismus bedient sich nicht nur bei einer fertig ausgeprägten Welt des Man, um diese in seiner Hintergrundnarratio rhetorisch zu fixieren und zu verklären, sondern vor allem auch bei den Kommunikationsmodi dieser Welt, die sich mit dem Mittel der Nachrede beständig ihre Dritten schafft.

Auf welch tief verankerte Kommunikationserwartungen das politpopulistische Herziehen über abwesende respektive auszuschließende Dritte trifft, zeigt in subversiver Weise auch Peter Handkes „Publikumsbeschimpfung".[86] Während der Portier in Murnaus „Der letzte Mann" in seinem sozialen Fall von der ersten und Anführerposition auf die dritte, von seinem Publikum abgewertete Stelle rückt, unternimmt Handke in seinem Sprechstück ein Gedanken- oder Sprechexperiment zur Frage, was geschieht, wenn ein solcher Dritter – bei Handke sind es vier Sprecher, die sich diese Rolle teilen – am Ort des Geschehens auftaucht und dort auch noch darstellt, was die populistische Kommunikation ihm unterstellt – nämlich ein Feind und Beschimpfer des Publikums zu sein. Mitte der 1960er Jahre, zur Zeit der Uraufführung des Stücks, war ein solches Unterfangen kein bloß abstraktes Theaterexperiment, sondern hinterfragte eine Situation, in der den verbrecherischen Ausgrenzungspraktiken der NS-Zeit ein nachhaltiges Verdrängen gefolgt war. Das Stück spricht genau in dieses Vakuum hinein und bringt das Verdrängte zur Sprache.

Der Publikumsbeschimpfer ist der subversive Redner, der durch den Bruch der Publikumserwartungen das Performanceschema des Populismus dekonstruiert. Ein erster Bruch ist noch allgemeinerer Natur. Er betrifft das, was auch die herkömmliche Rede für das exordium vorsieht, die Herstellung einer positiven Beziehung zum Publikum. Das Publikum wird vom Beschimpfer nicht in der vorgesehenen und erwarteten Weise geachtet und wertgeschätzt – und schon gar nicht wird es in der für eine populistische Rede charakteristischen Weise beschmeichelt. Stattdessen wird es beschimpft und kritisiert. Für ein populistisches Publikum liegt darin natürlich noch eine zusätzliche und speziellere Herausforderung. Denn es wird ja als eines beschimpft, das vom Redner nicht nur erwartet, dass er ihm schmeichelt, sondern auch, dass er heftig über einen Dritten herzieht. Doch dieser Redner schimpft nun gerade nicht über einen Dritten, sondern in erster Person über eine zweite Person Plural – er beschimpft sein Publikum! Damit bringt er alle Verhältnisbestimmungen im Dreieck der populistischen Rede zum Tanzen.

Er hat die dreipolige, über den äußeren Feind vermittelte populistische Rede in die direkte Interaktion zwischen Beschimpfer und Publikum hineingezogen. Gleichzeitig weist er seinem Publikum eine Doppelrolle zu. Als beschimpfte Hörerschaft ist es nun auch das Dritte, der Redegegenstand. In dieser Doppelrolle komplettiert es das Dreieck der Rede – Hörer und Gegenstand des Schimpfredners zugleich –, objektiviert zum hörenden Gegenstand einer gegen es gerichteten Rede. Objektivierung meint hier auch die Vertreibung aus der Co-Subjektrolle, die es in der populistischen Rede innehat. Dort spricht der Redner sein Publikum ja als eine dem Feindobjekt werthaft überlegene Subjekt-Gruppe an. Nun ist es ein seinerseits abgewertetes und angefeindetes Objekt der Beschimpfung. In seiner Doppelrolle bildet es gleichzeitig ein Innen und Außen der Rede, hörend und anwesend, dabei aber auch abgewertet, objektiviert, ausgegrenzt und ausgeschlossen.

Der Publikumsbeschimpfer wird eigentlich erst dort möglich, wo die Kritik, die einer solchen Rede innewohnt, auf die reflexive Distanz eines Publikums trifft, das Ironie, Sarkasmus und die Dekonstruktion der populistischen Rede, die hier vollzogen wird, zulässt. Schon der Titel von Handkes Stück, der eine „Publikumsbeschimpfung“ ja direkt ankündigt, zeigt, dass es sich um eine Subversion der Redesituation handelt, die als reflexives Spiel in einem explizit theatralischen Kontext angelegt ist – für ein Publikum, das sich für dieses Spiel und die Einsichten, die es ermöglicht, interessiert oder das Spiel zumindest akzeptiert und die Akteure gewähren lässt. Im wirklichen populistischen Leben hätte der Publikumsbeschimpfer wohl weniger zu lachen. Im Echtheitstheater der populistischen Rede gibt es die Figur des Beschimpfers allenfalls als Zwischenrufer, der meist umgehend auf Gegenrufer trifft – oder auf die Gegenreaktion des eigentlichen Redners, der dem Beschimpfer in den Arm fällt, um sich selbst und seinem Publikum die imaginierte oder erwünschte Rolle eines übermächtigen Subjekts nicht madig machen zu lassen: „Wollen wir uns das länger bieten lassen …?!“ Zumal der Beschimpfer sich mit seiner Rede als besonderes Objekt einer populistischen Feindkonstruktion ja geradezu anbietet. Mit dem negativen Bezug zur populistischen Performance, den er aufmacht, als jemand, der das populistische Publikum beschimpft und kritisiert, ist er prädestiniert für die Rolle des Dritten, der beschimpft werden muss. Populistische Rede wird zur Publikumsbeschmeichlung qua Beschimpfung eines Publikumsbeschimpfers.

Obwohl oder gerade weil der Kritiker der populistischen Performance am Ort ihrer Darbietung wenig zu lachen hat, ist er dort ein mitunter gern gesehener Besucher. Denn Widerspruch gegen die populistische Rede von „feindlicher“ Seite stellt eine wohl gelittene Unterbrechung und Auflockerung dar – solange das Einspruch erhebende Subjekt rasch in die Rolle des beredeten Objekts zurückgedrängt werden kann. Eine solche gern gesehene Störung findet Alltagsparallelen in jenen traurigen Kollusionen zwischen Querulanten und ihrem Publikum. Denn auch der notorische Nörgler und Krittler ist ja eigentlich beliebt – weil man ihn umstandslos hassen und in die Rolle des ausgeschlossenen Dritten abdrängen kann. Die oft völlig überzogenen Aversionen, die ihm entgegenschlagen, gründen in der Tatsache, dass ein Alltagspopulismus sich darin als Wir-Instanz spiegeln und eine gehörige Erleichterung vom Alltagsdruck wechselseitiger Erwartungen und Bewertungen verschaffen kann. Zunächst einmal erlebt der Kritiker einen Fall und Statusverlust, ähnlich wie der Portier aus „Der letzte Mann". Er ist ob seiner nörgelnden und nervigen Kritik irgendwie „weniger wert" als sein Publikum. Zusätzlich wird er noch für seinen Angriff auf dessen „heile Alltagswelt" abgestraft. Dabei ist die Kritik des Publikums an der nörgelnden Kritik um der Kritik willen nicht etwa *Wieder*herstellung, sondern eigentlich erst *Herstellung* dieser heilen Welt, eines Zustands, in dem alles seine Ordnung zu haben scheint und alle sich verstehen – mit einer glücklich bemerkten Ausnahme, dem „Störenfried", der sich aber umstandslos in Abzug bringen lässt. Der Querulant ermöglicht seinem Publikum ein momentanes Gefühl der Sicherheit und Rechtfertigung, die es vorher nicht hatte. Erst die Störung durch den Nörgler lässt die vorbestehende diffuse Spannung in der Welt einer wechselseitigen Man-haften Kontrolle abfallen und schafft in der Kritik am Nörgel-Objekt ein glücklich vereintes Wir-Subjekt. Gleichzeitig sonnt aber auch der Querulant sich in den empörten Reaktionen, die ihm entgegenschlagen. Denn die Ablehnung, die er erfährt, bestätigt ja scheinbar seine Übelfantasien von einer heillosen Unordnung, die um ihn herum herrschen und sich gerade in der Ablehnung seiner Kritik manifestieren soll. Umso mehr Ablehnung er erfährt, umso heilloser die Weltläufe – und umso berechtigter und heroischer die Kritik, die er übt.

Bei populistischen Veranstaltungen sind Kritiker willkommen, solange sie sich in die Rolle von Nörglern und Querulanten abdrängen, vor Publikum rhetorisch hinrichten und von Ordnern dann zum Ausgang schleifen lassen. Das ursprüngliche Dreieck des Populismus wird gestärkt und stabilisiert, wenn es sich im „Kampf" gegen solchen Widerspruch siegreich behauptet. Wie man sich einen solchen Vorgang näher vorzustellen hat, zeigt der Journalist Jared Yates Sexton, der eine Trump-Kundgebung im Juni 2016 in Greensboro, North Carolina besuchte. Eine Folge von Twitter-Nachrichten, die er im Verlauf des Abends absetzte, dokumentiert, wie auf einer solchen Kundgebung Übermacht dargestellt wird und wie Bilder des äußeren und des anwesenden Feindes dabei ineinander spielen:

> „Trump event like a security state. Just watched a girl get denied for being ‚too alternative.' – There's an ungodly amount of extremely drunk people here. – Big seller is a shirt that says Trump That Bitch. Everyone wearing one is being asked to pose for pictures. Big thumbs up. Big grins. – Just got told I don't ‚look right.' – Crowd chanting BUILD THAT WALL BUILD THAT WALL over operatic music. – First protestor taken out for chanting We Bleed Red – There's a protestor next to me and he's scared to death – Lots of people yelling bitch at Clinton's mention – Crowd member just shouted, ‚gays had it coming' (Schwule verdienen es nicht anders) – Trump says ‚take care of our protestor, don't huuuurt him, take him home to mommy' – Trump comparing immigrants to snakes – Trump says not to hurt protestor, several chant HURT HIM HURT HIM – Rally ends. Crowd on way mumbling about immigrants. Vendors yelling HILLARY SUCKS BUT NOT LIKE MONICA. America. 2016. – People breaking beer bottles in parking lot, throwing them on ground and at passing cars – Article tomorrow: there are members of Trump's coalition who've been waiting for years for an excuse to let their hate out."[87]

Auch eine nur schweigende Anwesenheit des Feindes im Raum der Rede gilt bereits als Herausforderung, als Gefahr des „Erblicktwerdens", die die Illusion überlegener Souveränität zerstören und in Frage stellen kann. Deshalb muss der anwesende „Feind" eigens verängstigt, eingeschüchtert, übermächtigt und nach draußen verbracht werden – wobei ernstere körperliche Übergriffe erst einmal besser unterbleiben, die Demütigung muss ausreichen: „don't huuuurt him, take him home to mommy". Die Notwendigkeit, populistisch angestachelte Wut wieder bändigen und einfangen zu müssen, wird hier nicht ungeschickt in eine weitere Demütigung des auszuschließenden Dritten verpackt, die den Macht- und Überlegenheitsfantasien noch zusätzliche Nahrung gibt. Der Protestierende soll heim zu „mommy" verbracht werden. Er ist offensichtlich ein Muttersöhnchen, das selbst nicht satisfaktionsfähig ist, sondern des Schutzes seiner Mutter bedarf. Er soll so mickrig und unterlegen wirken, dass es unter der Würde eines starken und übermächtigen Trump-Volkes wäre, ihm etwas anzutun. Die populistische Eskalationslogik, die vom Wort zur Tat voranschreitet, wird durch einen Redner ausgebremst, der den Verzicht seiner Anhänger auf körperliche Gewalt gegen den an Ort und Stelle identifizierten Feind dadurch vergütet, dass es ihnen eine zusätzliche rhetorische Demütigung dieses Feindes zueignet.

Der Feind als ein im Außen imaginiertes – oder auch nach draußen zu verbringendes – Objekt, das als Bedingung der Gesamtkonstruktion die populistische Rede bestimmt, ist zeichentheoretisch betrachtet ein Signifikant, dessen Signifikate grundsätzlich in keinem dekonstruktiven Kontakt zum Performanzraum stehen dürfen. Der Feind ist das Signifikat, das von einem nachhaltigen Eingreifen in den Vorgang des Signifizierens, den der populistische Redner betreibt und weitertreibt, abgehalten werden muss. Jeder wirksame Einspruch, der die Beziehung zwischen Redner und der mit ihm einverständigen Hörerschaft wirksam unterlaufen könnte, ist auszuschließen. Als ausgedeuteter Feind soll er das vermeintlich vorbestehende Fixum sein, das außerhalb der Redesituation bleiben muss – auch deshalb, weil es seinerseits als das bestimmt wird, das „ist, was es ist". Das heißt, es soll das sein, als was der Redner es definiert – ohne Differenz und Möglichkeit zum Widerspruch. Und es soll als ein Voraus und Außerhalb der es konstruierenden Rede konstruiert werden. Es soll gerade nicht Konstrukt und Diskursprodukt sein, sondern vorbestehende Substanz, nicht human und vielgestaltig, nicht Fleisch und Blut, sondern letzter Grund und Ursache all der unabänderlichen Feindschaft, die ihm gegenüber rhetorisch mobilisiert wird.

Hoch problematisch für die populistische Performance ist es dagegen, wenn Signifikate die populistische Signifikation in einer Weise konterkarieren und dekonstruieren, die das Hassbild ganz offensichtlich nicht mit dem Objekt, dem es angeheftet werden soll, konvergieren lassen. Der Populismus will Schusswaffengebrauch zur Flüchtlingsabwehr, aber keine Bilder von toten Flüchtlingskindern, die an Mittelmeerstränden angespült werden. Und er wird kleinlaut, wo die „Renitenz" überhandnimmt und sich als machtvolle Gegendemonstration darbietet – als „Gegenvolk", das den Anspruch der populistischen Performance, das eine und homogene Volk zu repräsentieren, sinnfällig konterkariert. Populistische Rede hat ihre Krisis dort, wo das dritte Element, das Signifikat, der als Feind gesetzte Redegegenstand, sich nicht mehr umstandslos seiner Bezeichnung fügt. Entsprechend kann auch die Rolle einer Zivilgesellschaft, die widerspricht, indem sie sich dem Populismus entgegenstellt und Solidarität mit dessen Opfern übt, als Faktor im Kampf gegen den Populismus gar nicht überschätzt werden.

Feigheit vor dem Gegner

Populistische Rede bedient eine heroische Dramaturgie des Kampfes. Sie ist aber beileibe kein Kampf „Mann gegen Mann". Und gerade auch keiner mit Argumenten, da Gegenrede und Gegenredner ja ausgeschlossen sein sollen. Sie ist ein performatives Geschehen, in dem ein populistischer Redner sich mit seinen Hörern über das Feindesthema zusammenschließt – und gerade kein Geschehen, in dem er mit einem Kontrahenten auf Augenhöhe argumentiert. So heftig die symbolische Konfrontation in der populistischen Rede ist, so sehr hält sie die Argumente des zum Feind erklärten Gegners von sich ab. Sie kennt den Gegner nur als Feind, als Verurteilten und zu Richtenden, und nicht als Debattengegner. Hier liegt auch ihre eigentümliche Feigheit vor dem Gegner. Der Populismus will sein Mütchen kühlen an einem abwesenden oder umstandslos zu übermächtigenden Feind. Hier performiert er unendlichen Hass und schwört Mut im Kampf. Wovor er tatsächlich Angst hat, ist eine nachhaltige Anwesenheit dieses Feinds als Gegner, als jemand, mit dem es gemäß den Standards eines zivilisierten Gesprächs zu streiten gilt. Wahlkampfduelle mit populistischer Beteiligung unterlaufen beständig die entsprechenden Debattenstandards. Populisten reden nicht über die Sache, sondern setzen auf den persönlichen Angriff. Sie fliehen vor dem Gegner und suchen hartnäckig den Feind. Im direkten Zusammentreffen mit dem Feind-Gegner versuchen sie zu wiederholen, was ihre Rede vor eigenem Publikum darstellen soll – die Verständigung mit einer Anhängerschaft darüber, dass eine Verständigung mit diesem Gegenüber grundsätzlich nicht möglich ist.

Weil die Rede des Populisten Rede *über* einen Feind und nicht *mit* einem Gegner ist, soll sie nach Möglichkeit auch nicht Teil einer offenen Marktplatzsituation sein. Der populistische Redner ist nicht der klassische Demagoge auf der Agora, der mit sophistischen Tricks eine wankelmütige und schwankende Zuhörerschaft anspricht. Die offene und plurale Situation des Marktplatzes und der hier stets mögliche Widerspruch sind ihm zutiefst zuwider. Zwar geht die Rede des Populisten wie auch die des Demagogen *ad populum* – als Rede, die alle möglichen Vorurteile, Gefühlslagen, Ressentiments und Verstimmtheiten im Publikum aufgreift, doch im Populismus soll es von vornherein ein relativ homogenes Publikum sein, eine nähere und weitere Anhängerschaft, um deren Zustimmung nicht gerungen werden muss, sondern deren Affekte der Populist ohne Widerspruch aufstacheln kann – unter räumlichem Ausschluss von Gegnern und Feinden. Der Populist redet in schärfster Weise ad personam, doch die angegriffene Person soll eben nicht wirksam widersprechen können.

Auch Gerichte oder Parlamente mit ihren formalisierten Kulturen von Rede und Gegenrede sind keine Hauptorte populistischer Rhetorik. Denn es sind Orte, an denen die gewünschte Verbindung von Redner und Zuhörerschaft sich nicht so einfach herstellen lässt und an denen auch der dritte Pol, der enmifizierte Redegegenstand, sich nicht einfach ausschließen lässt. In Parlament und Gericht soll die andere Sicht auf den Redegegenstand – auch im Sinne einer advokatorischen Gegenrede – gerade nicht ausgeschlossen werden. Mit diesen Redeorten verbindet sich vielmehr der Anspruch, dass Sichtweisen und Argumente nicht abgewiegelt, sondern abgewogen werden.

Der Ausschluss der Gegenrede in der populistischen Rhetorik entspricht dem sozialen und kulturellen Ausschluss der Andersheit, auf den der Populismus prinzipiell abzielt. Seine Angst vor dem Gegner ist dabei auch Selbstimmunisierung. Die Schließung und der Nicht-Dialog, den die populistische Rede als gewollte Störung der Beziehung zum abgewerteten und ausgeschlossenen Gegenüber organisiert, entspringen auch und nicht zuletzt ihrer Angst vor dem zwanglosen Zwang des besseren Arguments. Das bessere Argument darf nicht zur Geltung kommen – auch deshalb so viel Randale, Lärm und Kampfgeschrei. Und schon gar nicht darf das Risiko eingegangen werden, dass ein redendes Feindobjekt qua Rede vor den Augen der populistischen Hörerschaft zum Subjekt wird – oder auch nur das Recht auf angemessene Stellvertretung erhält. Der Populismus ist monologisch. Die Stimme des abgewerteten Anderen soll nicht vernehmbar sein – nur so lässt sich dessen rhetorische Entmenschlichung ungestört betreiben.

Das rhetorische Dreieck des Populismus erweist sich gerade mit Blick auf die besondere abwesende Anwesenheit ihres dritten Pols als Konstruktion von besonderer Härte und Steifigkeit. Es braucht den dritten Pol, wenn populistische Rede mehr sein soll als eine sich bloß selbst verzehrende Gefühlserregung, ein erregtes Stammeln ohne Gegenstand. Sie benötigt den Feind als einen Gegenstand, der „da draußen" ist, damit überhaupt etwas „drin" ist in ihrer Rede, ein „Realobjekt" und Dawider für ihr Bestimmungsspiel – vor allem auch mit Blick auf die Herzland-Eigenwelt, die sie ja abgrenzt gegen diesen Feind. Sie benötigt den Feind, der als Gegenredner schließlich auch deshalb draußen bleiben muss, damit das angestrebte homogene Herzland-Wir nicht etwa durch neue und wechselnde Zusammenschlüsse rund um die jeweils besseren Argumente einer Debatte verflüssigt und infrage gestellt wird. An die Stelle des zwanglosen Zwangs des besseren Arguments tritt der zwanghafte Zwang der Saalordner, einer Security, die den Diskurs nicht qua Geistes-, sondern qua Muskelkraft homogen hält und mögliche Gegenredner auf den Weg „heim zu Mutti" verbringt.

Der rhetorische Schützengraben

Der Ort der populistischen Rede ist ein Ort der wechselseitigen emotionalen Aufladung. Sie propagiert innige Feindschaft – in Räumen der Abschließung vom Feind, deren Zugänge sie kontrollieren will. Umgekehrt sollen diese Räume einen Zusammenschluss der Hörerschaft befördern. Es soll sich um Örtlichkeiten handeln, die dem Projekt der Emotionalisierung und internen Entgrenzung zuträglich sind. Bierzelte und Schankräume sind geradezu natürliche Biotope des Populismus, die eine asymmetrische Kontrastierung gegenüber einer dritten Partei sowie die Schaffung von moralischer Symmetrie und inhaltlichem Einverständnis zwischen Anhängern und Redner in besonderer Weise tragen und den Raum der populistischen Binnenentgrenzung mit einer deutlich gezogenen Außengrenze einhegen. Hier soll eine wahre Herzlandatmosphäre entstehen, eine Innenwelt, in der sich die populistischen Herzen füreinander öffnen, ein Ort, an dem der Gegensatz *zu* in besonderer Weise zu einem Bindeglied für das *Mit* werden kann.

Am Ort der Rede macht das Publikum sich immer wieder zum Koautor, indem es sich selbst und den Redner anfeuert, wie etwa mit der ostinat vorgetragenen Exklamation „Wir sind das Volk" durch die Pegida-Völkischen. Der Ausruf ist zunächst eine Hingabe der darin aufscheinenden kollektiven Kraft an den Redner und insofern Verstärkung, Zustimmung und Legitimation für dessen Forderungen – und auch eine Forderung nach mehr – und auch eine Exklamation des seinsmäßig-normativen Maßstabs: *Wir* sind das Volk! So signifiziert die Hörerschaft sich und den ganzen Raum der Kundgebung als den einer sich im Dialog zwischen Redner und ihr herstellenden und intensivierenden Einheit von Sein und Sollen. Der Redner markiert zwar gerade eine Differenz von Sein und Sollen – populistische Rede ist wesentlich Empörungsrede, sie prangert ein Sein an, das dem eigenen Sollensideal in eminenter Weise nicht genügt –, doch die Differenz wird ja gerade als eine zum Ort der Rede in Widerspruch stehende konstruiert. Am Redeort erscheint sie als aufgehoben und überwunden. Denn hier wird das Geforderte qua völkischer Zuhörerschaft als Seiendes verkörpert und verstärkt, als die von Pegida-Volk und Redner gelebte Einheit von Sein und Sollen. Je stärker diese Einheit im Binnenraum der Performance aufscheint, umso stärker kontrastiert sie mit der Differenz von Sein und Sollen in der Außenwelt.

Die lärmende Bekundung ist unmittelbar Selbstvergewisserung, das Medium einer sich selbst bewegenden und völkisch vereinheitlichen Masse, die im Wechselspiel mit dem Redner die totale Herrschaft am Ort der Versammlung darstellen will. Doch tatsächlich soll sie auch nach draußen wirken, wohin sie ja ihre

Feinde verwiesen hat – auch wenn es faktisch nur um eine als Außenwirkung vorgestellte Innenwirkung geht. Die Feinde „da draußen“ sollen sich fürchten. Und die Unentschiedenen sollen beeindruckt sein von den besonderen Qualitäten der Darbietung. Das dabei wirksame Droh- und Imponierpotenzial wird ganz überwiegend akustisch dargestellt und transportiert. Die Exklamation soll die verbal-inhaltlichen Geschosse, die der Redner zündet, markieren und verstärken – so, wie ein Tusch während einer Büttenrede. Doch bei der Anfeuerung des populistischen Redners soll es sich natürlich nicht um eine närrische Verstärkung des Absurden handeln, Volk und Redner sollen vielmehr zusammengehören wie Kanonenrohr und Granate. In ihrem Zusammenwirken wollen sie entsprechend auch massive Bedeutungseinschläge in der Außenwelt hervorbringen oder diese zumindest imaginieren. Dafür sollen die eigenen Forderungen *laut* nach draußen getragen werden. Alle im Außenraum, die nicht so sind, wie sie eigentlich sein müssten, sollen sich fürchten. Das ohrenbetäubende Pfeifen, Johlen, Buhen, Schreien soll Bombeneinschlag sein in der Außenwelt – ein prophetischer Lärm, ein Donnergrollen verärgerter Gottheiten und Heroen, Zeichen der kommenden Strafe für Differenz und Abweichung.

Überhaupt ist man bei der kämpfenden Truppe. Es geht nicht um eine kultivierte Debatte, sondern um die Hauptkampflinie an einer Kriegsfront. Es herrscht Kampf und Krieg der Kulturen und nicht friedlicher Wettstreit der Argumente. Worte und Sätze sollen nicht die rationale Wirkkraft von Argumenten entfalten, sondern vor allem der Aufstachelung von Wut und Kampfbereitschaft dienen. Schon die hooliganmäßige Lautstärke zeigt an, dass es um die symbolische Zerstörung eines Feinds geht und eben nicht um Gespräch, Konsens und Kompromiss. Der Lärm steht für den Abschuss wie auch für den gewünschten Einschlag der populistischen Wortgeschosse. Die Macht und Potenz, die sie sich selbst darin darstellt, nimmt die Realisierung dieser Potenz vorweg, ist Vor- und Darstellung von Macht über eine feindliche Außenwelt – eine mit großem Aplomb und mit großer Sprengkraft abgefeuerte rhetorisch-granatenhafte Verbindung von populistischem Redner und Publikum, die beim ausgeschlossenen Dritten einschlagen soll.

Die Pegida-Völkischen wollen Affekte auch mit Blick auf die eigene Sinnlichkeit ausleben – als körperlich ergriffen von eben dem Lärm, den sie hervorbringen. Es geht um eine Selbstübermächtigungsperformance, darum, die eigene Stärke als Übermacht autosuggestiv zu verkörpern. Denn großer Lärm steht für die Bewegung großer und erschreckend übermächtiger Körper und Massen. Als eine derartige Übermacht will auch das Pegida-Volk – oder zumindest ein Teil von ihm – sich erfahren. Es will für sich ein Trump-Jet sein! Der Lärm, der dabei gemacht wird, fällt durchaus unter die Rubrik des Sadomasochismus. Er ist Fetisch und Medium einer lustvoll imaginierten Angst der Anderen. Er soll Höllenlärm sein – der Lärm jener Hölle, die den anderen droht und bereitet werden soll. Doch der markerschütternde Lärm der Pegida-Hooligans droht die Übermächtigungsperformer selbst und vor allem auch den weniger radikalisierten Teil des Publikums zu übermächtigen. Denn die in der Exklamation dargestellte und als Volkseinheit inszenierte Übermacht kann doch nie so ganz gebändigt werden. Es bleibt ein Überschüssiges in der Übermachtsfantasie, auch am Ort der Performance, ein Unbehagen, dass die Konstruktion vielleicht doch brüchiger ist als gedacht. Und dass sie womöglich in einem negativen Erfasstsein von Blitz und Donner, die hier gesendet werden sollen, endet. So wie ja auch manches Geschoss als Rohrkrepierer endet, das nicht den Feind, sondern die Kanoniere trifft, die es abfeuern wollten. Doch im gegebenen Kontext lassen sich derartige Anklänge – anders als im wirklichen Schützengraben – in wohliges Erschauern wenden. Denn bei aller wütend dargestellten Entschlossenheit bleibt doch klar, dass es bloß erst um rhetorisch-symbolisches Darstellungshandeln geht. Das Bedrohliche an der eigenen Übermachtperformance, so überbordend diese auch dargeboten wird, kann im theatralischen Als-ob eingefangen und damit in ästhetisch noch intensivierter Form genossen werden – in jener kleinen Dosis, in der einige „Gifte“ ja das Wohlbefinden steigern.

Allerdings zeigt sich hier auch, dass die Hörerschaft dann doch nicht so völkisch-einheitlich ist wie proklamiert. Zwischen einem heimatlosen konservativen oder auch offen reaktionären Pegida-Bürgertum und veritablen Neonazis bleiben Unterschiede – nicht zuletzt auch in Sachen Übermächtigungsästhetik. Was die einen auf der Wagnerschen Opernbühne einhegen wollen, dem geben die anderen einen deutlich stärkeren Wirklichkeitsakzent. Das neonazistische Segment will ernst machen mit seinen Drohungen. Gerade im Durchbrechen gutbürgerlicher Umgangsformen, im Ungezügelten, im schockhaft Überlauten oder provokant Überzackigen zeigen sich die Unterschiede zwischen Anhängern von subproletarischen oder brutal-elitistischen Traditionen und einem konservativen Protestbürgertum, dass nicht so recht weiß, wo es hingehört. Doch Übergänge und Konversionen bleiben davon unbenommen.

Auf die Bruchstellen respektive die Übergangs- und Radikalisierungsbereiche verweisen nicht zuletzt auch die Einhegungs- und Vermittlungsoperationen der Pegida-Organisatoren gegenüber ihrer heterogenen Anhängerschaft – wenn zum Beispiel ein Lutz Bachmann den rechtsextremistischen Teil der Anhängerschaft zur Mäßigung aufruft, um das bürgerliche Publikum nicht zu verschrecken und das weitere Einsickern der rechtsextremen Ideologie in diese gesellschaftliche Mitte nicht zu gefährden.

Und hier zeigt sich auch schon einmal die Not eines Redners angesichts seines Publikums. Zum Beispiel bei einem Geert Wilders, dessen Pegida-Auftritt in Dresden[88] von den Veranstaltern – und unter tätiger Mithilfe zahlreicher Medien – als eine Art europapopulistischer Ritterschlag für Pegida gehypt wurde. Tatsächlich dürfte Wilders mit den zahlreichen ins Rechtsextreme tendierenden „Wir sind das Volk"-Rufen zumindest politikdarstellerische Probleme gehabt haben. Denn er versucht sich ja an einer „neuen" Ressentimentpolitik, die sich damit brüstet, einige klassische rechtspopulistische und rechtsextreme Feindbildstereotype hinter sich gelassen zu haben. Vor einem scheinbar liberalen und pluralistischen Hintergrund will er dann umso heftiger den Islam oder die europäische Integration als neues populistisches Feindbild konstruieren.

In Dresden sprach er vor einem Publikum, dessen rechtsextreme und neonazistische Anteile nicht gering gewesen sein dürften und das mit lauten Volkszornbekundungen eine aggressive Zustimmung zu Wilders' islamophoben Thesen signalisierte – und damit fast wie ein antiker Tragödienchor die Handlung rahmte, akzentuierte und zusammenfasste. Diese aggressive Akzentuierung stellte die liberale Drapierung des rechtspopulistischen Redners immer wieder in Frage. Sie erwies die Brüchigkeit der willentlich begrenzten Feindbildproduktion. Denn die Trennwände zu den klassischen Feindbildern der Rechtsextremen sind denkbar dünn. Wer wie Wilders im Sinne eines populistischen „enemy-picking" nur gegen Muslime, Marokkaner oder Sinti und Roma mobilisieren will, wird schnell von der Eskalationslogik des Populismus, die er selbst lostritt, eingeholt und überholt. Er mobilisiert eine Wut, die weitertreibt – und die auch Wilders bei einigen denkwürdigen Wahlkampfauftritten schon zu einem offen hetzerischen Populismus getrieben hat. Die populistische Wut ist eine Wut, die sich nicht einhegen lässt in liberal kaschierte Statements. Sie will Hass ausleben und sich nicht wirklich einlassen auf die mühsamen Anforderungen der politischen Problembearbeitung im liberal-demokratischen Institutionensystem.

9. Schnittmuster durch den sozialen Raum

Der populistischen Rede geht es nicht um Sachen, sondern um Personen. Als Rede ad personam will sie Feinde ausdeuten, Menschen und Menschengruppen die Anerkennung entziehen, um sie aus gemeinsamen moralischen, rechtlichen, politischen, wirtschaftlichen, kulturellen oder sonstigen sozialen Zusammenhängen auszugrenzen und zu verdrängen. Sie ist eine im wörtlichen Sinne menschenfeindliche Kommunikationspraxis. Wer populistische Verlautbarungen untersucht, kann nicht nur mühelos lange Listen von Personen und Gruppen exzerpieren, die gehasst und geschasst werden sollen. Auch der Kontrast zwischen Heftigkeit des Affekts, der schieren Anzahl und der Vielgestaltigkeit der Feinde wird offenkundig – Hass allerorten und in alle Richtungen. Hier ist ein radikaler Feindbild-Konstruktivismus am Werk, der fast jedes Merkmal, das Individuen und Gruppen unterscheidbar macht, zum Schibboleth, zum verräterischen Erkennungszeichen erklären kann. Populismus lässt sich deshalb auch nicht mit Blick auf einige wenige Feinde und Hassinhalte bestimmen. Viel wichtiger ist der Blick auf das Verfahren der Enmifikation. Die konkreten Feinde können sehr unterschiedlich sein, doch das Konstruktionsverfahren, mit dem der Populismus Unterschiede in seine Signifikationsmaschine einspannt, bleibt weitgehend gleich. Darin liegt auch ein Grund, warum das Gespräch mit Populisten über ihre Feindbilder so unergiebig ist – was nicht zuletzt Dutzende misslungene Talkshows beweisen. Solche Versuche gehen dem Populismus regelmäßig auf den Leim. Oft auch dann, wenn sie kritisch bemüht nach Fakten und Argumenten fragen. Denn statt Antworten zu bekommen, liefern sie vor allem eine Bühne für die populistische Feindbildkommunikation. Sie werden Teil des populistischen Resonanzraums und schaffen zusätzliche Möglichkeiten der Feindbildpräsentation. Der Streit über einzelne, austauschbare Feindbilder wertet Populisten auf und stärkt nur ihren Feindbilddiskurs, statt den Mechanismus der Feindbildproduktion offen zu legen.

Doch obwohl die Feindbilder des Populismus äußerst vielfältig und untereinander häufig austauschbar sind, lassen sich Schnittmuster des populistischen Feinddenkens ausmachen, populistische Einzeldiskurse, die von besonderen Feindbildern befördert und im öffentlichen Bewusstsein verankert werden. Oft orientieren sie sich an besonders wirksamen Enmifikationen, an Lieblingsfeinden und Feindbildmodellen aus Geschichte und Gegenwart, die immer wieder neu hervorgebracht werden – in unzähligen Varianten und Reformulierungen.[89] Manchmal sind Vordenker am Werk, die Hasskommunikationen minutiös planen. Zumeist dürfte aber noch ein einfaches Feindbild-trial-and-error bestimmend sein.

Ob nun wiedergefunden, neu erfunden oder pragmatisch aufgelesen – die unterschiedlichen Feindbilder verbinden sich und schießen zu ganzen Diskursen zusammen. Jeder Einzelfeind, der abserviert wird, verstärkt eine oder gleich mehrere populistische Trennlinien. Die vielen Schwerthiebe, die vielen Wutausbrüche und Tiraden zu den unterschiedlichsten Anlässen schlagen Schneisen der sozialen Signifikation, durch die Populisten die öffentliche Debatte dann immer wieder treiben. Vom Hass-Stakkato zur maximalen öffentlichen Aufmerksamkeit zur diskursbeherrschenden Kraft – das ist die populistische Hegemonialstrategie.

Populistische Rede als Versuchslaboratorium folgt der induktiven Methode – wildes Draufhauen und Schauen, was passiert. Das erfolgreich vollbrachte Werk wird Inspiration für weiteres Tun. Die Schneisen des Diskurses, die von den Kampfthesen der populistischen Rede und ihren speziellen und konkreten Feindausdeutungen geschaffen werden, werden zu strategischen Schnittmustern der weiteren sozialen Ausgrenzung. Die Versuchsmethode wird dabei zunehmend von der Deduktion ergänzt, von jener subtileren Strategie Carl Schmitts, die den Feind vorab und passend zum jeweiligen politischen Zweck auswählt. Erwartbar ist ein zukünftig deutlich feiner abgestimmtes Zusammenspiel der Herangehensweisen von strategischer und versuchsweiser Feindausdeutung.

Doch ob nun spontan entstanden oder strategisch konstruiert – der heutige Populismus hat bereits Muster herausgebildet, die er in seiner Kommunikation immer wieder bedienen kann – als Antielitenpopulismus, als National- und Antieuropapopulismus, als Homo- und Islamophobie, als Rassismus, Sexismus, Sozial-, Fiskal-, Familial- oder Kriminalpopulismus. Die Themen und Diskurse, die dabei bedient werden, bilden das Kernrepertoire im Großen Songbuch des Gegenwartspopulismus. Sie sind das Ergebnis eines komplexen Prozesses der Verallgemeinerung und auf dem besten Weg, die Evergreens zu werden, mit denen er sein Feindbilddenken und seine Klagelieder über den Niedergang von Herzland tief verankert.

Der horizontale Schnitt – Antielitenpopulismus

Das Feindbilddenken des gegenwärtigen Populismus greift zahlreiche historische und teilweise schon überwunden geglaubte Formen der Abwertung und Ausgrenzung auf und gibt ihnen eine aktualisierte Gestalt – vor allem mit der gegenwärtigen Islamophobie und einem wiedererstarkten, nun insbesondere gegen die europäische Einigung gerichteten Nationalismus. Gleichzeitig entwickeln sich neue Kriegsschauplätze des Hasses, die – wie in der Flüchtlingsfrage geschehen – monatelang die öffentliche Debatte populistisch prägen. Dennoch lässt sich in den vielen Schlachten und Scharmützeln, die die populistischen Redner austragen, ein Diskurs auf besonders hohem Verallgemeinerungsniveau ausmachen, der auch die weniger umfassenden Feinddiskurse politisch bündelt und in sich einbegreift. Es handelt sich um die vom Populismus propagierte Antielitenkoalition gegen „die da oben“, die eben nicht nur „von unten“, von verzweifelten und sozial abgehängten Menschen, sondern auch von alten und neuen Rassisten und Chauvinisten, von einer geistig-monetären Mitte und von Reichen und Superreichen getragen wird – ein denkwürdiges soziales Crossover, in dem die Sprache des Hasses eine ihren Werten, Wünschen und sozialen Interessen nach sehr heterogene Anhängerschaft zusammenführt.

Alle bekannten Vertreter des Populismus pflegen eine solche Anti-Eliten-Rhetorik, auch jene, die seit vielen Jahren selbst fest in den politischen Systemen ihrer Länder verankert sind. Selbst Politiker wie Trump und Berlusconi, die schon vor ihrer Karriere in der Politik zu den Geld- und Einflusseliten ihrer Länder gehörten, inszenieren sich als Vorkämpfer der „einfachen Menschen" gegen „das Establishment". Besonders engagiert ist hier Heinz-Christian Strache, der Parteiobmann der FPÖ, der die Nachfolge von Jörg Haider als bekanntestes Gesicht des österreichischen Populismus angetreten hat. Als einer der aggressivsten Redner des heutigen Populismus bringt er den ad-personam-Aspekt der populistischen Rede gegenüber Vertretern anderer Parteien, die im Unterschied zu ihm und seinen Parteigängern *der* Elite angehören sollen, in besonderer Weise zur Geltung.

Zwar hat Strache begriffen, dass Hassbotschaften alleine das populistische Potenzial nicht vollständig mobilisieren können. Deswegen flicht er in seine Reden immer wieder Angebote eines Populismus der Herzen mit ein. Doch der Tonfall der Herzlichkeit, mit dem er die eigene Partei und ihre Vertreter anpreist, geht schnell über in Hassbekundungen gegenüber den sogenannten Altparteien und ihrer Vertreter. In seiner Aschermittwochsrede 2016[90] zieht er eine Stunde lang im Jargon des Menschenfeinds über die angebliche Menschenfeindlichkeit gut eines Dutzend österreichischer und ausländischer Politiker her. So seien etwa Andreas Kohl von der ÖVP „die Leute von Herzen zuwider." Denn: „Er mag Menschen nicht!" Der SPÖ-Präsidentschaftskandidat Rudolf Hundstorfer wolle die „Hofburg zu einem Asylanten-Luxushotel" umfunktionieren. Der Versagensvorwurf gegenüber der ÖVP-Politikerin Johanna Mikl-Leitner wird damit untermalt, dass sie auch „keine Schönheitskönigin" sei. Und Außenminister Sebastian Kurz wird schlicht zur „minderjährigen Plaudertasche". Auch das Vulgäre darf in Straches in Trachtenjoppe vorgetragener Rede nicht fehlen. Politiker der anderen Parteien hätten keine „cojones", also Eier, da sie seiner Forderung nach einem Grenzzaun zur Abwehr von Flüchtlingen nicht umgehend zugestimmt hätten.

Die Hauptgrenze, die Strache zieht, ist eine prinzipielle, durch die er sich von allen anderen Parteien und ihren Vertretern gleichermaßen absetzen will. Es ist der Unterschied zwischen einer als authentisch und volksverbunden angepriesenen FPÖ und einem unterschiedslos abgehobenen Establishment. Auch ein Fairnessabkommen im Wahlkampf zwischen den Parteien lehnt Strache ab, weil die FPÖ immer fair sei – „vor allem zur eigenen Bevölkerung". Die anderen, so Strache, stehen dagegen für „das System, das uns verhindern" will. Auch der Hass der FPÖ-Vertreter gegenüber Mitbewerbern wird so zum Ausdruck der Fairness gegenüber dem eigenen Volk.

Der Anti-Establishment-Populismus ist äußerst erfolgreich. Die unterschiedslose Agitation gegen „die da oben" verändert in vielen anderen Ländern die politische Topographie. Auch Donald Trump hat mit dieser Haltung eine sehr heterogene Wählerschaft hinter sich vereint und unter anderem damit seinen Wahlsieg ermöglicht. Wie weit diese Verschiebung politisch tatsächlich tragen wird, ist offen. Doch klar ist, dass darin eine Auflösung des bekannten und für lange Zeit bestimmenden Ideenhorizonts angelegt ist, jenes mehr oder weniger verbindlichen Ordnungsschemas, in dem Politik über 200 Jahre gedacht, gemacht und kommuniziert wurde. Der Populismus konfrontiert das politische Denken und die demokratischen Gesellschaften mit der Auflösung der Links-/Rechts-Topographie, an der sich politische Debatten bisher weitgehend orientierten.

Uben, Onten, Lechts und Rinks

Das entsprechende Schema ist ein Kind der französischen Revolution und geht auf die Sitzordnung der Französischen Nationalversammlung nach 1789 zurück. In der traditionellen Sitzordnung der französischen Generalstände saß der Klerus rechts und der Adel links vom erhöht thronenden König, während die Vertreter des Dritten Standes dem König gegenüber saßen. Diese Sitzordnung löste sich im Zuge der Revolution auf. Die auf Seiten der Monarchie verbleibenden Vertreter des Klerus und des Adels platzierten sich nun gemeinsam rechts vom König, und die Vertreter des Dritten Standes zusammen mit Unterstützern der Revolution aus Klerus und Adel links von ihm.

Diese neue, von der Haltung zur Revolution und zum König geprägte Sitzordnung wurde zum Modell für das politische Koordinatensystem der Moderne. Die links oder rechts sitzenden Mitglieder der Nationalversammlung wurden dann auch als politisch-inhaltlich „links" oder „rechts" stehend bezeichnet. Und eine Substantivierung der adverbialen Bestimmung machte sie auch jenseits des Versammlungssaals zu „Linken" oder „Rechten". Und auch zu Angehörigen *der* Linken oder *der* Rechten – Bezeichnungen, die zu Sammelbegriffen für die beiden großen politischen Lager wurden. Wobei diesen Begriffen im Lauf der Zeit dann durchaus unterschiedliche Haltungen und Positionen zugeordnet wurden. Aus Vertretern des Ancien Régime und der Revolution wurden Konservative und Progressive, Elitäre und Egalitäre, Autoritäre und Liberale, Nationalisten und Internationalisten, Vertreter der Bourgeoisie und des Proletariats. Auf beiden Seiten des Spektrums reproduzierte sich das Schema zudem als interne Unterscheidung zwischen gemäßigten, radikalen und extremen Kräften.

Das Links-/Rechtsschema ist einfach und einprägsam, obwohl es eigentlich abstrakter ist als andere, etwa farbliche Symboliken oder Embleme, mit deren Hilfe politische Gruppierungen sich ebenfalls unterscheiden. Als Ordnungsschema für ein relationales Bestimmungsspiel, in dem historisch und sozial wandelbare Inhalte unterschiedlichen Kräften zugeordnet werden, liefert die Links-/Rechts-Unterscheidung auch keine absolute, sondern nur eine relative Topographie. Es ist ein lineares Modell, das Zuordnungen aufgrund eines Punkts auf einer Geraden ermöglicht, wobei der politische Ort der einzelnen Vertreter und Kräfte doppelt relativ beschrieben wird – als bestimmter Rechts- beziehungsweise Linksabstand dieser Vertreter und Kräfte voneinander, wie auch als Abstand von einem die Hauptlager trennenden Mittelpunkt. Wobei auch das, was als Mittelpunkt angesehen wird, mobil und veränderlich ist. So dürfte mancher gemäßigte europäische Sozialdemokrat in einigen Gegenden der USA als linksradikal gelten, während ein maoistischer „Rechtsabweichler" bei uns als veritabler Linksextremist wahrgenommen wird.

Die Relativität des Schemas betrifft auch das Phänomen des Populismus – und zwar in mehrfacher Hinsicht. Während Populismus in Europa überwiegend, wenn auch nicht ausschließlich, als Phänomen der politischen Rechten betrachtet wird, meint er in Nord- und Südamerika auch ein linkes, sich gegen die Macht von Oligarchen und Oligopole richtendes Engagement, das die Interessen armer und benachteiligter Bevölkerungsklassen und -schichten vertritt. Da die Inhalte im Populismus aber wesentlich an der Feindbildung hängen, sind diese mindestens ebenso wandelbar wie die Feindbilder selbst. Der Populismus hat kaum Probleme damit, in schneller Abfolge oder sogar gleichzeitig Inhalte zu vertreten, die am Maßstab des jeweils gültigen Links-/Rechtsschemas gemessen denkbar weit auseinanderliegen und auch als sachlich unvereinbar und direkt gegensätzlich gelten. So etwa der Populismus der amerikanischen Farmerbewegung, der gegen Ende des 19. Jahrhunderts gegen die Monopolpreise der großen Eisenbahngesellschaften und das Finanzgebaren der Wall Street protestierte, aber auch rassistische und antisemitische Züge annahm.

Viele populistische Parteien bestimmen die Inhalte, die sie propagieren, nach Tagesopportunität. Die FPÖ bedient sich – wie viele andere populistische Parteien auch – eines politischen Synkretismus, wenn sie sich gegenüber Anhängern, die sich sozial abgehängt fühlen, als Sozialstaatspartei anpreist, während sie gleichzeitig einen Hayekschen Neoliberalismus propagiert, der Sozialstaatsabbau und die weitere soziale Marginalisierung eben dieser Schichten vorsieht. Ebenso hat Trump sich im US-Wahlkampf als Kämpfer für eine vergessene Arbeiterklasse präsentiert und gleichzeitig extreme Steuersenkungen für Reiche versprochen. Ein geradezu programmatischer Synkretismus findet sich in den Bestrebungen einer „Querfront“, die links- und rechtsextreme Positionen bewusst miteinander verbindet – bis hin zum Phänomen eines „Nationalbolschewismus“, der nationalistische und kommunistische Globalisierungskritik miteinander kompiliert. Das Urbild einer solchen Strategie findet sich unschwer in der NSDAP, die ja eine Verbindung der politischen „Markenkerne“ von Nationalismus und Sozialismus versprach und dabei direkt als „Arbeiterpartei“ firmierte.

Aufgrund solch hoch divergierender und auch gegensätzlicher Ausrichtungen und Inhalte ist der Populismus immer wieder als chamäleonartiges Phänomen beschrieben worden, das prinzipiell nicht an seinen Inhalten, sondern nur an seinem politischen Stil festgemacht werden kann.[91] Und auch im vorliegenden Text ist die Bestimmung des Populismus als politischer Stil, nämlich im Sinne einer besonderen politischen Rhetorik, ja zentral. Doch das Unterlaufen des Links-/Rechtsschemas im Populismus geschieht nicht nur durch den chamäleonartigen Wechsel politischer Inhalte oder eine eklektische oder synkretistische Zusammenstellung von Inhalten, sondern vor allem auch dadurch, dass er vorgibt, einer in den Links-/Rechtsunterscheidungen befangenen politischen Klasse als solcher gegenüber zu stehen. Seine Hauptwirksamkeit entfaltet der Populismus in der rhetorischen Fundamentalopposition zum vorfindlichen politischen Diskurs als solchem – als elitenkritische Antipolitik. Hier liegt eine wichtige Klammer, die es ihm immer wieder erlaubt, seine inneren Widersprüche zu überspielen und einander ausschließende Inhalte zu propagieren.

Die Differenzen zwischen rechts und links und die sozusagen vertikalen Trennungslinien zwischen den politischen Parteien und Gruppierungen, die diese Differenzen anzeigen, sollen gegenüber jener großen horizontalen Trennungslinie, die der Populismus in den politischen Diskurs einzeichnen will, als marginal erscheinen. Die Politik, so wie sie sich in Parteien und parlamentarisch-repräsentativen Abläufen organisiert, erscheint darin nur noch als Geschäft eines homogenen und in sich ungeschiedenen Blocks von Altparteien. Diese hätten sich mit einem ganzen System von Eliten, zu dem auch Medien und große Interessensverbände gehören, verbunden, um das Volk gemeinsam zu belügen und zu betrügen. Zur entscheidenden politischen Demarkationslinie wird damit eben jene zwischen „oben" und „unten", zwischen Volk und Eliten. Es ist die horizontale Trennungslinie eines Radikalpopulismus, der auf der Grundlage einer von ihm beanspruchten besonderen Verwurzelung im Volk gegen „die da oben" rebelliert und eine volksfeindliche und verräterische Elite ausdeutet, von der er sich und sein Volk radikal abgrenzt. Die Elite wird zum Hyperfeind, neben und über allen anderen Feinden, die der Populismus sonst noch kennt. Und mit diesem Feind entsteht auch der neue Hypergegensatz des Politischen, angesichts dessen alle inneren Gegensätze und Widersprüche des Populismus selbst wie auch jene zwischen den „Altparteien" verblassen.

Wenn der Populismus sich vom Links-/Rechtsschema mit einem horizontalen Trennstrich absetzt und sich als Partei entwirft, die als einzige authentisch den Volkswillen vertritt, schafft er aber nicht mehr Klarheit, sondern stößt mit dieser neuen und nur scheinbar eindeutigen Lagerkonstruktion seine Anhängerschaft in eine babylonische Verwirrung darüber, was in der politischen Auseinandersetzung tatsächlich verhandelt wird. Er trägt damit das Seine zu einer breiten Entpolitisierung der Gesellschaft bei – neben und zusätzlich zu den nicht unerheblichen Beiträgen, die Teile der „etablierten" Politik hier tatsächlich leisten und auf die noch ausführlicher einzugehen ist. Doch der Populismus wirft die Nebelkerze, die Politik für viele vollends undurchschaubar macht.

Denn wie abstrakt, begrenzt, relativ und wandelbar das Links-/Rechtsschema auch sein mag – Kritik hieran ist wohlfeil zu haben –, es dürfte schwerlich ein einfacheres und prägnanteres Mittel zu finden sein, um in der politischen Debatte inhaltliche Unterschiede und Gegensätze zu konturieren und zu kommunizieren. Bei aller Wandelbarkeit im einzelnen liefert es eine Topographie, in die sich die politische Diskursgeschichte mit vielen ihrer Details einschreibt und die den sachlich-inhaltlichen Unterschieden einen wiedererkennbaren Ort im Kontinuum der politischen Debatten gibt. Diese Topographie verdeutlicht inhaltliche Zuspitzungen – die Linke will dieses, die Rechte jenes. Sie liefert einen Maßstab in der Suche nach Konsens und Kompromiss – dafür, dass die unterschiedlichen Positionen noch sehr weit oder gar nicht mehr weit auseinanderliegen – oder führt auf den Punkt, an dem entschieden werden muss: entweder – oder. Indem sie eine Vielzahl relevanter Informationen in ein vertrautes und bekanntes Schema einschreibt, sorgt sie für eine Groborientierung in der demokratischen Debatte. Vor allem auch für jene, die nicht alle Details verfolgen. Sie finden hier ein Orientierungsmittel, um Standpunkte zu unterscheiden und einzuordnen, und auch Hinweise auf eine mehr oder weniger starke innere Konsistenz – ob es sich um Positionen im weiteren Horizont einer konservativen Rechten oder sozialistischen Linken handelt und nicht etwa um synkretistisches Blendwerk.

Doch vor allem gilt, dass der große Trennungsstrich, den Populisten gegenüber dieser bekannten politischen Topographie ziehen, für sie genau das bedeutet, was Trennlinien für sie in aller Regel bedeuten – das Ende der Debatte! Die Abgrenzung, die sie vornehmen, steht in einer Tradition der Verächtlichmachung der Demokratie und des Parlaments, das lediglich eine „Quatschbude" sein soll. Das Wort „Quatschbude" ist dann auch eines jener Lehnwörter aus dem völkischen und NS-Vokabular, das man bei FPÖ und AfD wieder salonfähig machen will.[92]

Die Diffamierung des Parlaments als „Quatschbude" setzt voraus, dass die Gegensätze, die dort ihren Austrag finden, negiert, ignoriert oder entwertet werden können. Wenn das möglich ist, dann können die Verhandlungen tatsächlich als „Gequatsche" erscheinen, als selbstgenügsames Reden, bei dem es mehr nur ums Reden geht und nicht mehr um die Sache. Oder auch um einen Vorhang aus vielen schönen Worten, hinter dem „die Eliten" die „eigentliche" Wahrheit verstecken. Ähnlich wie „die Lügenmedien", die nicht mehr als Mittel der öffentlichen und pluralen Meinungsbildung erscheinen, sondern unterschiedslos als Transmissionsriemen elitärer Manipulation.

Antielitenpopulismus meint ganz wesentlich die Desartikulation der pluralen politischen Debatte im Gewande ihres Gegenteils, nämlich in einer Stellungnahme, die sich als einzig unabhängige und nicht in den Mainstream eingenordete Position präsentiert. Der Ausgangspunkt dieser Entgegensetzung ist ein Bild der „Unterschiedslosigkeit" von Politik, das für viele weniger stark an Politik Interessierte tatsächlich oft das Alltagsbild ist. Ein Bild, das von „etablierten" Parteien selbst verstärkt wird, wenn sie inhaltlich stark konvergieren oder mit großkoalitionären Regierungen die Bedeutung und Sichtbarkeit der politischen Opposition und des Gegenarguments desavouieren oder wenn im Zuge der Globalisierung der Einfluss weltweit tätiger Unternehmen auf die Politik der Nationalstaaten größer wird als derjenige der eigenen Bevölkerungen – und nicht zuletzt auch in neoliberalen Regimes, die eine solche Einflussnahme als alternativlos darstellen.[93] Ein solches unscharfes und politisch zusätzlich verunschärftes Bild von Politik ist es, das der Populismus zur prinzipiellen Unterschiedslosigkeit radikalisieren kann. Das Feld dieser Unterschiedslosigkeit gilt fortan als „die" Politik, die einem einzigen bestimmten Artikel subsummiert und dabei unter Generalverdacht gestellt wird. Und aus dem verdächtigen wird das prinzipiell feindliche Objekt, gegen das als solches mobilisiert werden muss: „Wir“ gegen „die“ Politik – so lautet das politische Grunddual, das der Populismus hier entwirft.

Alle „Etablierten“ – und auch alle nichtpopulistisch gegen sie Opponierenden – sind gleich und fallen unter eine einzige Kategorie. Sie agieren in einem dunklen, verschwommenen und der Wahrnehmung entzogenen Raum – während die Populisten unmittelbar vor ihrem Publikum stehen, deutlich sichtbar, im vertrauten Modus durchschnittlicher Alltäglichkeit oder auch im Überbietungsmodus, der einen sinnlichen Unterschied machen soll zur „Langeweile“ der Etablierten. Der Populismus übernimmt vordergründig die Rolle, die im demokratischen Spiel der Meinungsbildung eigentlich einer inhaltlich starken und selbstbewussten Opposition zufallen sollte, die inhaltliche Kritik übt, statt auf eine undifferenzierte und sachlich-inhaltlich weitgehend absente populistische Affektaufladung zu setzen. Doch eine schwache und marginalisierte demokratische Opposition ist nicht selten auch ein Spiegel einer ansonsten stark konvergierenden oder zu Großen Koalitionen neigenden Parteienlandschaft. Und der Populismus ist wiederum der Spiegel eines solchen konturlosen politischen Gesamtprozesses, ein Spiegel, der sich an dem schlechten Spiegelspiel der „Etablierten“ beteiligt und alles noch viel undurchsichtiger macht, indem er eben nicht mit inhaltlichen Alternativen, sondern mit kruden Feindbildern opponiert.

Populismus geriert sich als Gegenentwurf zur Politik einer generalverdächtigen „Quatschbude“, die nur um sich selbst kreist. Das ist das Gewand, in dem er auch für eine direktere und unmittelbarere Einbeziehung des Publikums in das politische Geschehen trommelt – während er es faktisch nur noch stärker marginalisiert. Denn der Populismus trägt seinem Publikum letztlich einen „Kundenstandpunkt“ an, auf dem politische Bedürfnisse direkt und unmittelbar befriedigt werden sollen – und sei es im Krawall und Spektakel der populistischen Kundgebungen. Das Publikum als Kundschaft soll sich nicht mehr als Mitproduzent von Politik in öffentlichen Debatten betrachten, sondern Politik als eine Art Lieferservice verstehen – und die Politiker des Establishments als solche, die eben nicht „liefern“. Ein solches Szenario beinhaltet eine fundamentale Verschiebung im Bild von Politik. Politik erscheint nunmehr als Konsumware, die ohne weitere Debatte, jenseits von politischer Beratung und demokratischer Entscheidungsfindung vom Populisten geliefert wird. Denn er weiß, was seine Kunden lieben. Der Populist an der Macht wird zum dealmaker, der Geschäfte aushandelt, und sein populus wird ihm zum Kundenstamm und Abonnenten.

Tatsächlich bietet der Populismus, der besondere Volksnähe als sein Wesensmerkmal reklamiert, zumeist eine One-Man-Show – das ist sein politisches Hauptformat. So wie Geert Wilders, dessen Freiheitspartei sogar formaljuristisch eine Ein-Mann-Partei mit angeschlossenem Freundeskreis ist. Oder Silvio Berlusconi, der seine Partei – und auch den italienischen Staat – wie ein Unternehmen in Privatbesitz führte. Im One-Man-Populismus kümmert der Chef sich „persönlich" um seine Kunden – am zünftigen Versammlungsort, auf Twitter oder im eigenen Fernsehkanal. Hier muss dann nicht mehr lange und oder gar kontrovers diskutiert werden, sondern man kann die Performance genießen, ein Unterhaltungsformat, das als Spektakel Quote macht. Denn der Chef kennt die Bedürfnisse der Rezipienten – so wie der Seifenfabrikant die Lieblingsschäume seiner Kundschaft.

Politik als One-Man-Show und Spektakel ist das populistische Gegenangebot zum Modell eines Konfliktaustrags in demokratischer Wechselrede, die im Links-/Rechts-Schema ja mit repräsentiert und schematisiert wird. Der Austausch von Argumenten und Gegenargumenten zwischen den Rednern der sich gegenüber stehenden Lager und die Abstimmungsprozeduren werden ersetzt durch die Akklamation zu dem einen und einzigen Standpunkt, der zur Darstellung kommt – und der zumeist auch in der Klimax der Rede akzentuiert wird, in der der Redner seine allfälligen Rauswurfs- oder Wegsperrforderungen ansteuert. Populistische Legitimation erfolgt im Modus der Unmittelbarkeit – in der Darbietung eines Redners, der die Publikumszustimmung als Ermächtigung nimmt. Publikumsakklamation zur Feindbildpräsentation – das ist der Kern der populistischen Demokratievorstellung.

Der Populismus konstruiert seine politische Hauptkampflinie im Konflikt mit „denen da oben“. Es ist eine horizontale Trennungslinie gegen „die“ Politik und „das“ Establishment, gegen Medien, Parteien, Verbände und sonstige Repräsentanten des pluralen demokratischen Systems. Die Ausdeutung des Hyperfeinds Establishment lässt die vertikalen Trennlinien zwischen „den Etablierten“ im demokratischen System weiter verblassen. Doch in seinem Verfahren der schlechten Spiegelung lässt der Populismus auch zahlreiche vertikale Trennlinien neu entstehen, und zwar weniger auf der Ebene der Politik, sondern vielmehr auf der der Lebenswelt und der Zivilgesellschaft. Doch wie schon bei seinen politischen Konfrontationen geht es ihm auch auf dieser Ebene nicht um einen von Achtung und Respekt geprägten Austausch – das wäre für ihn Gutmenschentum oder Multikultiwahn –, sondern um feindliche Entgegensetzung. Er will mit den vielen von ihm ausgedeuteten Feinden nicht diskutieren, sondern sie aus seiner Lebenswelt verdrängen – paradoxerweise auch dann, wenn sie dort so wenig anzutreffen sind wie Muslime in Sachsen oder Flüchtlinge in der Slowakei. So wie es nur eine Partei geben soll, die die Interessen des Volkes authentisch vertritt, nämlich die populistische, so soll es auch nur einen in sich homogenen populus geben, eine Gemeinschaft, an deren Bild die Gesellschaft zu formen ist – als heile Welt des Man, des Volks, der Familie, die Bewohner einer Landschaft des Herzens. Sie soll wiedererstehen, wenn alle Widersacher verdrängt sind – all jene, die in einer falschen und korrumpierten Gegenwart glauben, sich auf Augenhöhe mit dem Populisten bewegen zu dürfen. Dem Populismus geht es um Grenzen und vor allem auch um schnittige Gesten der Grenzziehung und Grenzbewehrung, die von der Erzählung des zu gewinnenden, zu sichernden und zu verteidigenden Herzlandes legitimiert werden. Welche Schnitte auf dem Weg der Purifikation qua Abwertung, Ausgrenzung und Ausscheidung des Fremden und Feindlichen sollen hier genauer gezogen werden? Um welche Anfeindungen geht es im Einzelnen? Welche Detaildiskurse lassen sich unterscheiden? Und welchen Schnittmustern folgt der populistische „rottomatore“ und Abrissunternehmer bei der Zerlegung des sozialen Raums?

In einer Zeit der Globalisierung und Denationalisierung, mit offenen Grenzen, einer gemeinsamen Währung und offenen Arbeitsmärkten in Europa befeindet ein neuer *Nationalpopulismus* derartige Veränderungen als falsche Entgrenzung. Die retrotopischen Forderungen lauten: zurück in den alten Nationalstaat, Entmischung der Kulturen, raus mit den Fremdarbeitern, Sicherung der völkischen Identität, Wiederherstellung der nationalen Währungen! Die historische Tendenz zur Ausweitung und Beschleunigung des Waren-, Wissens- und Arbeitskräftetransfers, die auch mit grundlegenden technischen Entwicklungen und den Revolutionen in Produktion und Kommunikation zu tun hat, soll durch eine neue Maschinenstürmerei zurückgedreht oder – in einer konservativ-revolutionären Perspektive – autoritär-nationalistischen Prämissen unterworfen werden. Statt auf der neu erreichten Ebene des Austauschs auch nach neuen und angemessenen Formen des kulturellen Dialogs und der politischen und ökonomischen Regulierung zu suchen – zum Beispiel mit einer entwickelten und selbstbewussten europäischen Demokratie und einem nicht bloß wirtschaftsliberal, sondern sozial ausgestalteten Europa –, gilt die Losung: weg von der „langweiligen Weltkultur“. Der Populismus will kein politisch besser integriertes, demokratischeres und sozialeres Europa, er will vielmehr raus aus Europa und hinein in die Renationalisierung.

Doch der Weg zurück in die Nationalstaaten wäre alles andere als die Erfüllung eines retrotopischen Traums. Er wäre keine Wiederherstellung einer alten, vorgeblich heilen Welt, sondern nur ein weiterer unbedachter Schritt im Kontext der Globalisierung – ein Schritt, dessen Konsequenz sich am Post-Brexit-Großbritannien wird ablesen lassen. Denn die Bedingungen für die Nationalstaatlichkeit haben sich grundlegend geändert. Die mittleren und größeren europäischen Nationalstaaten sind in der heutigen globalisierten Welt längst keine beherrschenden Mächte mehr wie noch vor hundert Jahren, sondern allenfalls Mächte kleinen und mittleren Zuschnitts – auch wenn das mit dem überkommenden Eurozentrismus und dem Selbstbild des suprematieverwöhnten „weißen Mannes“ nur schwer vereinbar ist. Und sogar Amerika soll ja erst wieder groß gemacht werden – von einem Großsprecher auf dem US-Präsidentenstuhl.

Der Brexit war der bisher spektakulärste Erfolg des *Antieuropapopulismus*. Er hat auch den Populisten in anderen europäischen Ländern Lust auf mehr gemacht. Doch auch unterhalb der Ebene von Austrittsforderungen wird gegen Europa populistisch Stimmung geschürt. Immer wieder auch gegen ein angebliches europäisches „Bürokratiemonster", das mit einer Mitarbeiterzahl, die in etwa der Stadtverwaltung einer Millionenstadt entspricht, personell nicht gerade monströs daherkommt. Tatsächlich ist Europa zur Watschenfrau auch für Politiker aus eher europafreundlichen Parteien geworden, weil dies ein bequemer Weg ist, Unannehmlichkeiten nationaler Politik als Ergebnis europäischer Interventionen hinzustellen – solange die immer noch bestimmende Rolle der Nationalstaaten und ihrer Regierungen auf die europäische Politik verschwiegen werden kann.

Doch nicht nur nationale Gegensätze, sondern auch der Versuch, südliche, nördliche, östliche oder westliche Regionen und Nationengruppen in der EU gegeneinander auszuspielen, hat Konjunktur – nicht zuletzt in einer Bankenkrise, die sich in Europa als Staatsschulden- und Eurokrise fortsetzte. Im Zuge dieser Krise kamen alte Ressentiments gegenüber einem angeblich faulen und betrügerischen europäischen Süden ebenso wieder hoch wie der vor allem auf Deutschland gemünzte, der Form nach manchmal vielleicht überzogene, dem Inhalt nach aber nicht einfach abwegige Vorwurf, der Norden diktiere dem Süden eine unsoziale Austeritäts- und Privatisierungspolitik. Hier liegt tatsächlich eine große Hypothek der Europapolitik von Kanzlerin Merkel und Finanzminister Schäuble, die die Gefahr des Auseinanderbrechens von Europa vergrößert hat. Im Zuge der Arbeitnehmerfreizügigkeit werden zudem Vorurteile gegen Arbeitnehmer aus den östlichen EU-Mitgliedsstaaten geschürt, unter anderem mit dem pauschalen Vorwurf, es gehe ihnen bloß um eine Einwanderung in die Sozialsysteme. Ein D-Mark-Nationalismus, der die Rückkehr zur D-Mark propagiert und andere EU-Länder mit populistischen Mitteln abwertet, verbindet schließlich einen National- und Anti-Europa-Populismus in Deutschland.

Ein weiteres Schnittmuster des Populismus kapriziert sich auf *wirtschafts- und fiskalpolitische* Fragen, um hier Feindbilder zu konstruieren. So fingen einige der heutigen populistischen Strömungen und Parteien aus dem nördlichen Europa als Bewegungen von Steuerrebellen an, die Steuersenkungen und den Abbau des Sozialstaats forderten. In den USA stehen solche Bestrebungen in der Tradition eines Kampfes gegen den „Big State", gegen den Einfluss der Zentralregierung und für radikale Privatisierungspolitiken, die den Staat zugunsten eines freien Spiels des Marktes aus der Verantwortung für die Gesellschaft entlassen wollen. Die Anfeindungen, die dabei eine Rolle spielen, betreffen nicht zuletzt Staatsbedienstete und Beamte, denen Faulheit und Ineffektivität vorgeworfen wird. Sie verbinden sich mit dem Antielitenpopulismus und betrachten den Staat als System, dessen vorrangiger Zweck es sei, dessen Vertreter zu bereichern – zu Lasten der Steuerzahler.

Wichtige Übergänge gibt es hier auch zu einem *Sozialpopulismus*, der sich gegen ärmere Bevölkerungsschichten und die Bezieher von sozialen Transferleistungen richtet und dabei nicht zuletzt auf eine Kulturalisierung sozialer Probleme setzt. Bezeichnend ist der Aufbau neuer Distinktionsgrenzen zu Angehörigen der Unterschicht. So klagt der ehemalige Bundesverfassungsrichter Udo di Fabio – zwischenzeitlich auch Grenzsicherungsrechtsexperte der CSU-Landesregierung – in seinem Buch „Die Kultur der Freiheit" die Freiheit ein, nicht nur Staatsgrenzen, sondern endlich auch wieder Distinktionsgrenzen klar ziehen zu dürfen, um mit Menschen aus ärmeren Schichten nicht länger auf Augenhöhe verkehren zu müssen, sondern um endlich wieder von oben herab herzhaft über sie lachen und ästhetische Kritik an ihnen üben zu können, denn: „Menschen, die bei der Wahl ihrer Kleidung, in der Art wie sie speisen oder wie sie reden, inzwischen wieder dem Niveau vorkultureller Zeit zuzustreben scheinen, Menschen, die schon morgens mit einer Alkoholfahne in öffentlichen Verkehrsmitteln reisen oder solche, die überzogen aggressiv ihre Freizeitneigungen austoben, dürfen in unserer Kultur der selektiven Toleranz gegenüber dem individuellen Sosein weder verlacht noch öffentlich auch unter ästhetischen Gesichtspunkten kritisiert werden."[94] Bezeichnend ist, dass auch Politiker wie Thilo

Sarrazin, die lange in Regierungsverantwortung standen und mit einer restriktiven Spar- und Umverteilungspolitik einiges zur Entsolidarisierung und sozialen Spaltung der Gesellschaft beigetragen haben, einen kopftuchzentrierten Rassismus propagieren, um die Verantwortung für die sozialen Folgen ihrer Politik auf deren Opfer abzuschieben.

Die neben dem Antielitenpopulismus gegenwärtig wohl wichtigste Form des Populismus ist dann auch jene Mischung aus *Kultur- und Religionspopulismus*, die sich als *Islamophobie* mit einem vorwiegend kulturalistisch geprägten *Rassismus* verbindet. Die Islamophobie hat dabei das Erbe des Antijudaismus und Antisemitismus angetreten, der zwar nicht verschwunden ist, aber oft nur noch verdeckt propagiert wird. Auch Kreuzzugsreminiszenzen spielen in die Islamophobie hinein, nicht zuletzt in das Herzlandkonstrukt eines christlichen Abendlandes, das der antiislamischen Feindbildmatrix tief eingeschrieben ist und dessen Prägekraft im Kampf gegen den Islam nun ebenfalls mit auferstehen soll – wenn auch in gewissen Grenzen, denn viele Islamophobe wissen mit christlichem Leben und abendländischer Kultur, die zu verteidigen sie vorgeben, eher wenig anzufangen. Das hält sie allerdings nicht davon ab, auch die inzwischen zahlreichen populismuskritischen Kirchenvertreter anzufeinden, um dasjenige, was als Freundbild im Rückspiegel des Antiislamismus erblickt wird, als „wahre" und das heißt islamfeindliche christliche Kultur zu predigen. Dabei darf ein solches Anliegen auch auf christlich-fundamentalistische Entwicklungshilfe von Seiten der Evangelikalen rechnen, die in der Islamophobie eine Gelegenheit zur Neuevangelisierung einer vom Glauben abfallenden westlichen Christenheit erblicken.

Das populistische Herzlandkonstrukt des *Familialismus* verbindet sich insbesondere mit *Homophobie* und *Frauenfeindlichkeit.* Die These vom Niedergang und Verfall der Familie wird zur Folie, vor der Hass und Feindschaft gegen „Gender-Ideologie" und Antidiskriminierungspolitik gepredigt wird. Denn die sollen laut Sven von Storch das „hübsche Kleid" sein, „in dem sich die Feinde der Familie als menschenfreundliche Weltverbesserer ausgeben. Sie lehnen alle Bedingtheiten des Menschen ab, vor allem seine Abhängigkeit von den biologischen Tatsachen des Lebens. Sie werfen über Bord, was diese Bedingtheit einzig und allein lebbar und annehmbar macht: Ehe und Familie."[95] Der Verfall der Familie soll genau besehen Folge eines von Alt-68ern, genderwahnsinnigen Emanzen und antiautoritären Pädagogen gemeinsam ausgeführten Zerstörungswerks sein, das die Familien zerrüttet und die Gesellschaft „verschwult" und hypersexualisiert. Und das Eintreten für das Recht auf Abtreibung soll einem Verbrechen Vorschub leisten, das noch größer sei als der Holocaust. Das weiß jedenfalls die fundamentalistisch-katholische Internetplattform kath.net in einem Beitrag über den „christlichen Lebensrechtler" Klaus Günter Annen zu berichten, dem sie den Ehrentitel „Schrecken der Abtreibungsärzte" verleiht und der sich vor Gericht das Recht erstritten hat, Abtreibungen als „Babycaust" bezeichnen zu dürfen.[96]

Auf den ersten Blick überraschend ist es, wie wenig Probleme Anhänger des Familialismus damit haben, sich fallweise mit *Sexisten* zu verbünden, zumal nicht nur eingefleischte Sexisten und Chauvinisten für Trump gestimmt haben und auch nicht nur viele verarmte und sozial abgehängte Menschen aus den deindustrialisierten Zonen des sogenannten „rust belt" der USA, sondern auch viele Anhänger der „family values" aus dem „bible belt". Auch die durchaus unterschiedlichen Keuschheitsvorstellungen haben die Familialisten nicht abgehalten. Trumpsche „locker room talks" sind offensichtlich auch für sie lässliche, der Umkleidekabinenatmosphäre geschuldete Formen der sprachlichen Enthemmung. Und auch Bunga-Bunga-Parties scheinen mit dem Familialismus vereinbar zu sein, solange ein Garant für ein „freies" Italien und ein christliches Abendland dazu einlädt. Noch viel deutlicher werden die Konvergenzen in der sexistischen und familialistischen Homophobie. Wo Homosexuelle entweder als „verfluchte Schwuchteln und Tunten" oder als „erbsündige Sodomiten" bezeichnet werden, mag es Differenzen in der Detailzeichnung geben, aber eine sehr große Übereinstimmung darin, wo der größte Feind in Sachen sexueller Identität steht.

Eine weitere soziale Trennlinie konstruiert schließlich der *Kriminalpopulismus*, der lautstark auf Recht und Ordnung pocht. Er unterhält zahlreiche Regierungsagenturen, denn viele Innenminister sehen es als ihre vornehmste Aufgabe an, den starken Mann zu markieren, der die Bevölkerung mit harter Hand vor den Übergriffen der Verbrecher schützt. Klar ist, dass hier zumeist nicht „white collar crimes“ gemeint sind, im Nadelstreifenanzug begangene Straftaten ohne offensichtliche Gewaltanwendung, sondern Delikte, bei denen Täter unmittelbar Angst und Schrecken verbreiten – bevorzugt als Terroristen, Mörder oder Kinderschänder. Der Kriminalpopulismus kocht besonders hoch in Fällen, wo Täter qua ethnischer, religiöser oder sonstiger Gruppenzugehörigkeit einen populistischen Generalverdacht zu bestätigen scheinen – ein Verdacht, der natürlich auch auf solche Medien ausgedehnt wird, die sich in ihrer Berichterstattung über Kriminalfälle nicht an Herkunftsgruppen, sondern an der Schwere und Relevanz der Delikte orientieren. Denn inzwischen sollte es doch auch dem letzten liberalen Gutmenschen in deutschen Redaktionen klar geworden sein, dass eine Belästigung durch einen Nordafrikaner mindestens so viel mediale Aufmerksamkeit verdient wie ein Familiendrama mit Todesfolge!

Im Zuge der populistischen Thematisierung von Straftaten ertönt regelmäßig der Ruf nach einer Verschärfung der Gesetze oder des Strafvollzugs. Die Liste der populistischen und direkt verfassungswidrigen Vorschläge, die hier auch von Innenministern aufgemacht wurde, ist traurig und lang[97] – auch wenn sie darin von offensichtlichen Populisten meist noch getoppt werden.[98] Allerdings wird auch in einigen etablierten Parteien schon mal über Folter zur Zeugniserzwingung oder die Wiedereinführung der Todesstrafe diskutiert. Oft werden solche Debatten auch in einem freien, von der tatsächlichen Verbrechensentwicklung losgelösten Flug über die Fakten geführt, unabhängig auch davon, dass in Deutschland eine bemerkenswerte Abnahme schwerer Straftaten zu verzeichnen ist. Wenn es in Einzelbereichen tatsächlich einen signifikanten Anstieg gibt – so wie etwa vor einigen Jahren bei den Autodiebstählen oder bis vor einiger Zeit bei den Wohnungseinbrüchen – dann wird die Debatte natürlich umso heftiger geführt, zum Beispiel auch mit Blick auf Menschen aus dem östlichen Mitteleuropa, die in beiden Fällen unter Generalverdacht gestellt wurden. Kurios wird es, wenn Teile eines Dresdner Bürgertums den Warnungen vor kriminellen Ausländern ausgerechnet bei Pegida-Veranstaltungen lauschen, die vom rechtskräftig verurteilten Serieneinbrecher Lutz Bachmann initiiert und lange mit organisiert wurden.[99] Möglicherweise auch das ein Aufruf zu völkischem Zusammenhalt: Keep it in the Volksgemeinschaft – lass' vom Deutschen klauen!?

In den Grenzziehungen des Populismus wird der Debattenmodus demokratischer Gegnerschaft zum Sozialkampfmodus militanter Verdrängung und Ausschließung verkehrt und radikalisiert. Alle jene Feindpersonen und -gruppen, die beanspruchen, auf Augenhöhe mit dem Populisten zu stehen, müssen „nach unten“ gedrückt werden. Die vielen vertikalen Trennstriche der Abgrenzung, die der Populismus wie Zäune in seine tatsächliche oder auch nur imaginierte Lebenswelt einzieht, sollen zu einem großen horizontalen Trennstrich nach unten werden. Und unter den gehören natürlich auch die Eliten, die nicht bloß auf Augenhöhe prätendieren, wie die lebensweltlichen Feinde, sondern sogar „von oben herab“ auf den Populisten und sein Volk schauen. Auch und gerade für sie wird der Populist zum Weltgericht und Höllensturz! Denn alles, was nicht ist wie er, gehört raus aus Deutschland oder unter Aufsicht und Kuratel, ins Gefängnis, hinter Mauer, Zaun und Stacheldraht. In einer solchen autoritären Kontroll- und Herrschaftsfantasie werden die nach oben und zur Seite hin gezogenen Trennungslinien insgesamt zu einem Projekt und Versprechen – und zur Lust am Gedanken und zu einer durch die Drohgebärde noch einmal verstärkten Lust –, dass sie alle einst in eine einzige große und befestigte Trennlinie nach unten verwandelt werden, mit der sich der Populist alles Nichtidentische unterwirft. Alles über ihm und neben ihm, was nicht so ist wie er, gehört nach dort unten verbracht!

Die unterschiedlichen Konfliktlinien – die horizontale zu den Eliten und die vielen vertikalen zu den lebensweltlichen Feinden – stehen auch nicht unverbunden nebeneinander. Sie gehören eng zusammen und bestärken sich wechselseitig. Gerade auch der Ausbau und die Befestigung der horizontalen Trennlinie zum Hyperfeind Elite erfolgt ja mit den besonderen Feindbildern, die der Populismus sonst noch in Anschlag bringt – mittels des Kampfes gegen die vielen Usurpatoren seiner Lebenswelt, gegen die die Eliten ihn nicht verteidigen. So soll für Strache ein humanes Grenzregime für Flüchtlinge schlichtweg ein „Verbrechen“ der Eliten am eigenen Volk sein. Diejenigen, die das zu verantworten haben, werden geradewegs als Volksverräter gebrandmarkt. Der Hass auf den jeweils besonderen Feind dient so stets auch der Mobilisierung gegen den allgemeinen Feind, der den besonderen nicht oder nicht ausreichend bekämpft. Die besonderen Feindbilder werden zum Treibstoff in einer politischen Verallgemeinerungsmaschine, die auf die Verdrängung der alten Eliten und letztlich die Übernahme der staatlichen Macht durch neue populistische Eliten zielt.

Auf dem Weg dorthin nimmt der Populismus mit seiner gedoppelten vertikal-horizontalen Feindbildzeichnung der etablierten Politik das Heft des Handelns aus der Hand und führt sie in eine Zwickmühle, in der sie nur noch verlieren kann. Denn die etablierte Politik stärkt die Populisten nicht nur dann, wenn sie sich dem populistisch organisierten Volkszorn widersetzt, sondern auch dann, wenn sie ihm entspricht. Wo sie sich gegen Flüchtlinge nicht „wehrt", vergeht sie sich am eigenen Volk. Und dort, wo sie sich auf die Forderung der Populisten einlässt und militarisierte Grenzanlagen baut, schlägt auch das gegen sie zu Buche, weil sie nicht „die Eier" hatte, das schon viel früher zu tun. Das Einknicken bestätigt nicht nur die scheinbare Berechtigung populistischer Forderungen, sondern auch den Vorwurf, dass „die Etablierten" selbst dort, wo sie einmal „liefern", es zu spät und nur auf Druck der Populisten tun. Deshalb ist auch der Versuch einer Übernahme der populistischen Feindbildthemen und -entwürfe durch die Etablierten weitgehend zum Scheitern verurteilt. Denn die Populisten haben die Schneisen der Signifikation längst geschlagen, sie haben „ihre" Themen längst besetzt. Sie und niemand anders profitiert, wenn es gelingt, die populistischen Feindbilder in der öffentlichen Debatte zu lancieren, Feindbilder, die stets auch der Hyperfeindbildproduktion dienen und unter dem Deckmantel des Antielitenpopulismus Bausteine eines politischen Großangriffs auf die offene und plurale Demokratie sind – jenes großen und ersten Übels, das der Bekämpfung aller weiteren im Weg stehen soll.

10. Zweitsprachen des Populismus

Bisher ging es um den Populismus bei sich zu Hause, um die performative Situation, in der er es krachen lässt. Dabei führte der Weg von den begleitenden und ergänzenden Gehalten zum Zentrum, von dem her sich die populistische Rede organisiert. Insgesamt zeigte sich, dass der Populismus die klassische, um faktengesättigte Narration, These sowie Argument und Widerlegung der Gegenargumente bemühte Rede entkernt, um an deren Stelle eine Feindausdeutung zu setzen, die sich wiederum in eine mythisierte Eigenwelt einspinnt. Denn wer F wie Feind sagt, muss auch über ein E wie Eigenwelt verfügen. Wie aber verhält es sich, wenn der Populismus ausgeht und unter kritischer Beobachtung steht?

Die extreme Verengung der Kommunikation durch seine eigene und eigentliche Hasssprache macht pragmatisch abgeschwächte Zweitsprachen nötig – zum Beispiel dort, wo Kameras laufen und die Anforderungen einer pluralen Debatte sich nicht einfach umgehen lassen. Hier spricht der Populist mitunter konzilianter und verzichtet auf extreme Anfeindung. Mitunter scheint es auch, als sei ihm sein Feind doch nur ein bloßer Gegner in einem mehr oder weniger gepflegten Streitgespräch. Seine Zweitsprachen spricht der Populismus auch dort, wo nicht nur Anhänger, sondern auch zahlreiche Unentschiedene zuhören. Um auch diese erweiterte Zielgruppe zu erreichen, gibt er sich ein Image, das ihn in der breiteren Öffentlichkeit als „normalen" Teilnehmer an der politischen Debatte erscheinen lassen soll.

Der Populismus auf dem Vormarsch versucht sich auch im Spagat zwischen Hasssprache und Leutseligkeit wie etwa eine Frauke Petry, die bei AfD-Kundgebungen – solange keine Kameras laufen – die Stimmung heftig anheizt, um sich vor laufenden Kameras und in Talkshows mit süßlich-ironischem Dauerlächeln zu präsentieren. Es handelt sich um eine Ambivalenzpraxis, die allzu große öffentliche Abstoßungseffekte vermeiden und der eigenen Anhängerschaft dennoch signalisieren soll, dass man hier auf dem Terrain der „Lügenmedien“ subversiv unterwegs ist. Manchmal sind die Umschaltoperationen zwischen den unterschiedlichen Sprachen sehr deutlich. So bei einem Donald Trump, der nur wenige Tage nach seinem Wahlsieg und einer beispiellosen Hasskampagne gegen Hillary Clinton wie aus heiterem Himmel anerkennende Worte für seine Konkurrentin fand. Die Rhetorik des Populismus untersuchen heißt deshalb, stets mit Ambivalenzen, Doppeldeutigkeiten und Brüchen zu rechnen, die manchmal nur andeuten, aber nicht sagen, was in pluralen Kontexten zu viel Widerstand hervorrufen würde, manchmal aber auch wie vollständige Kehrtwendungen aussehen.

Die Zweitsprachen sind Camouflage und scheinplurale Immunisierung einer militant antipluralistischen Muttersprache – oder aber Komplement eines nur taktischen Einsatzes populistischer Rhetorik. Denn auch das ist möglich, etwa bei doppelsprachigen Nebenerwerbspopulisten, wie man sie auch in anderen Parteien findet. Die Zweitsprachen sind nach dem Eigenweltgespinst des Herzlands ein zweiter Kokon, der um den Feindbildkern gesponnen wird – eine rhetorische Taktik, die den populistischen Diskurs noch geländegängiger machen soll. Sie sollen die Feindkonstruktionen rationalisieren, moralisieren und positiv emotionalisieren – Verkaufsverpackungen, die den Anschluss an die gängigen Standards von Rationalität und Moral nicht allzu abrupt unterbrechen und eine nicht nur negative, an Hass und Feindschaft orientierte Emotionalität aufscheinen lassen. Die Rhetorik des Populismus verstehen heißt stets auch, derartige Verquickungen von esoterischer und exoterischer Sprache zu entschlüsseln und zu transkribieren.

Hybridisierung der Rede

Einige Aspekte der Zweitsprachen lassen sich als Abweichungen von den populistischen Abweichungen vom klassischen Modell beschreiben, die formale – allerdings *nur* formale und in besonderer Weise interessierte – Wiederannäherungen an ersteres vornehmen. Auch ein Populismus, der nicht länger nur

„Schmuddelkind" des öffentlichen Diskurses sein will und ein eigenes hegemoniales Projekt entwirft, das weit auf die Gesellschaft ausgreift, wird versuchen, solche Wege zu gehen – nicht zuletzt mit scheinbar dialogischen und sachorientierten Statements.

Ein Übergangsprodukt ist hier ein doppeldeutiges Sprechen, das unterschiedliche Auslegungen ermöglichen soll. Es findet sich etwa in Höckes Dresdner Rede vom Januar 2017, in der er das Berliner Holocaustmahnmal als ein „Denkmal der Schande" bezeichnete.[100] Aus dem Redekontext des Zitats ist klar, dass es hier um ein „Denkmal der Schande" im Sinne eines genitivus objectivus geht, wobei „Schande" das Satzobjekt ist, mit dem das Satzsubjekt „Denkmal" näher bestimmt wird: „Das Denkmal ist eine Schande." Nichts anderes ist gemeint. Das ist der Sinn, der vom Kontext der ganzen Rede getragen wird. Das Holocaustmahnmal soll vor allem auch Ausdruck einer schändlichen Erinnerungspolitik sein, in der sich der „Gemütszustand" eines „total besiegten Volkes" zeige. Ein Vorbild für eine solche Erinnerungspolitik soll Richard von Weizsäckers berühmte Rede zum 8. Mai 1945 darstellen, die den Tag des Kriegsendes als einen Tag der Befreiung würdigt, weshalb Höcke Weizsäckers Rede als „eine Rede gegen das eigene Volk und nicht für das eigene Volk"[101] diffamiert.

Nachdem Höckes Dresdner Rede auf breite öffentliche Kritik traf, unternahm der AfD-Führungsmann und Kommunikationsprofi Alexander Gauland den Versuch, den Sinnkontext des vor allem kritisierten Zitats vergessen zu machen, um den Sinn der Aussage um 180 Grad zu drehen. Er verteidigte Höcke gegen die öffentliche Kritik, indem er das Wort „Schande" in „Denkmal der Schande" schlicht zum Satzsubjekt erklärte. Höcke habe nur die Schande der Naziverbrechen gemeint, an die das Denkmal erinnert, und nicht etwa die Schande der bundesdeutschen Erinnerungspolitik, gegen die in der Rede eine Breitseite nach der anderen abgefeuert wird. Dem Apologeten Gauland zufolge soll es lediglich darum gegangen sein, dass die Leistungen der deutschen Geschichte im öffentlichen Diskurs oftmals „unter der Erinnerung an diese zwölf Jahre" verschwänden.[102] Aus Höckes Sprache eines Anti-„Schuldkult"-Diskurses wird bei Gauland so ein scheinbar kultivierter Debattenbeitrag, der nur zum Nachdenken darüber einladen wollte, ob die erinnerungspolitischen

Schwerpunkte nicht etwas besser zu equilibrieren seien. Derartige Winkelzüge zeigen, dass auch ein um sein bürgerlich-konservatives Image bemühter Populismus sehr gut mit der Rabulistik vertraut ist, mit der sonst Neonazis agieren, um augenzwinkernd dem Verdacht der Volksverhetzung – oder vielmehr deren unangenehmen Rechtsfolgen – zu entgehen.

Hybridisierung der populistischen Rede meint aber nicht nur ein sophistisches Spiel mit Doppeldeutigkeiten, sondern eine weitergehende Annäherung an das klassische Redemodell. Dieses Modell ist ja darauf angelegt, Probleme sachgerecht zu erörtern und rational entscheidbar zu machen. Doch liefert es von sich her keine Garantie für eine solche konstruktive Verwendung. Es kann im Widerspruch zu den in ihm eingelassenen rationalen und normativen Standards auch einer perfiden Strategie der Täuschung, Scheinargumentation und Überredung dienstbar gemacht werden. Genau das versucht mitunter auch der Populismus. Und das hat in ähnlicher Weise schon eine NS-Rhetorik versucht, die ja nicht zuletzt dort, wo sie in besonders mobilisieren wollte, mit der des Populismus vergleichbar ist – auch wenn sie insgesamt noch perfider agiert, auch und gerade mit Blick auf die von ihr benutzten Zweitsprachen.

Das heutige Bild der NS-Rhetorik ist stark geprägt von schreienden und die Gefühle der Zuhörerschaft hochpeitschenden Naziführern, was nicht zuletzt auf Charlie Chaplins brillante Hitlerpersiflage in „Der große Diktator" zurückgeht – redefunktional also von der Totalisierung jenes Schlussteils der Rede, der klassischerweise eine Anregung der Gefühle liefern soll, der in der Gesamtbedeutung aber ein eher untergeordneter Teil der Rede ist. Doch die NS-Rhetorik ist nicht auf ein solches Bild zu reduzieren. Sie war bei weitem nicht so eindimensional. Entsprechend dem Kult des „Klassischen", aus dem die NS-Propaganda besondere Legitimationen ziehen wollte, hat sie auch versucht, das klassische Redemodell für sich zu vereinnahmen. Das lässt sich an vielen Reden nachweisen, die nicht einfach nur Prunk- oder Schmähreden sind. Sie sollten nicht nur überreden und übermächtigen, sondern durchaus auch überzeugen oder zumindest überzeugend wirken. Klassische Modellierungen und realistisch anmutende Sachbeschreibungen und Argumentationen sollten dafür sorgen, dass sie nicht als bloße Propagandareden erschienen. Auch deshalb sind sie ein wichtiges Studienobjekt, um die rhetorischen Tricks und Techniken eines zunehmend perfider agierenden Populismus in unseren Tagen zu verstehen.

Das gilt auch für Goebbels' Sportpalastrede, die trotz ihres extrem hetzerischen Charakters zumindest der Ankündigung nach die Hauptfunktionen der klassischen politischen Rede zur Geltung kommen lassen will – insbesondere die von narratio und These. Goebbels kündigt eine schonungslose Sachstandsanalyse an: „Ich habe die Aufgabe, Ihnen ein ungeschminktes Bild der Lage zu entwerfen und daraus die harten Konsequenzen für das Handeln der deutschen Führung, aber auch für das Handeln des deutschen Volkes zu ziehen."[103] Hier wird der Gestus der Sachlichkeit bemüht und eine besondere Sachhaltigkeit angekündigt, um die daraus zu ziehenden Schlussfolgerungen als rational begründet erscheinen zu lassen. Doch wie weit wird die darin implizierte Ankündigung, den Rationalitätsansprüchen der klassischen Rede genügen zu wollen, dann auch eingelöst? Denn die klassische Redeform lässt sich ja nicht umstandslos vereinnahmen. Die rationalen und normativen Standards, auf die man sich hier einlässt, bleiben eine implizite Messlatte für das, was gesagt wird.

Was die Rekonstruktion der Fakten angeht, so werden in der Sportpalastrede sogleich Abstriche gemacht. Auch weil die „Stunde drängt" und „keine Zeit mehr offen [lässt] für fruchtlose Debatten", will Goebbels sich nicht mit Debatten über mögliche Fehleinschätzungen in der Vergangenheit aufhalten. Die umfassende narratio, die angekündigt war, fällt deshalb aus und soll zu einem späteren Zeitpunkt nachgeholt werden. Dennoch soll bereits klar sein, dass es mit der Stalingradniederlage, um die es in Goebbels' Rede ja geht, eine volksgeschichtlich tiefere Bewandtnis hat:

> „Es ist jetzt nicht der Augenblick, danach zu fragen, *wie* alles gekommen ist. Das wird einer späteren Rechenschaftslegung überlassen bleiben, die in voller Offenheit erfolgen soll und dem deutschen Volk und der Weltöffentlichkeit zeigen wird, dass das Unglück, das uns in den letzten Wochen betroffen hat, seine *tiefe*, schicksalhafte Bedeutung besitzt."[104]

Doch die bereits beschnittene narratio wird noch weiter verkürzt, zunächst mit einem faktenfreien Platzhalter – eben dem Versprechen, dass eine ausführliche Schilderung der Vorgeschichte von Stalingrad ergeben würde, dass es um etwas Schicksalshaftes ging, um eine Vorsehung, die etwas Wichtiges mit dem deutschen Volk vorhatte, und nicht etwa um den militärischen Größenwahn und die katastrophalen Fehleinschätzungen der NS-Führung. Gleichzeitig wird der brutale, auf Landnahme und Kolonialisierung setzende Angriffskrieg gegen die Sowjetunion umgedeutet in einen Akt der präventiven Notwehr: „Es war zwei Minuten vor zwölf! Ein weiteres Zögern hätte leicht zur Vernichtung des Reiches und zur vollkommenen Bolschewisierung des europäischen Kontinents geführt.“[105] Der Angriff sei Selbstverteidigung in vorletzter Minute gewesen – also noch nicht im allerletzten Augenblick, sondern zu einem Zeitpunkt, an dem das Kriegsziel noch ohne größere Umstände erreichbar schien.[106]

Doch immerhin kann Goebbels auch in seiner Restnarratio nicht völlig abstreiten, dass es Fehleinschätzungen gab. Er macht dafür mutwillige Täuschungen durch die Sowjetunion verantwortlich, mit denen diese ihre eigentliche militärische Stärke verheimlicht hätte: „Es ist verständlich, dass wir bei den groß angelegten Tarnungs- und Bluffmanövern des bolschewistischen Regimes das Kriegspotential der Sowjetunion nicht richtig eingeschätzt haben. Erst jetzt offenbart es sich uns in seiner ganzen wilden Größe.“[107] Auch diese Aussage zeigt den sehr besonderen Umgang des Propagandaministers mit Fakten und Argumenten. Einem rhetorisch bereits vom Opfer zum Täter umgedeuteten Feind werden zusätzlich noch Täuschungsmanöver vorgeworfen, die dem Aggressor den Sieg einstweilen vorenthalten. Ja, die Bösartigkeit des Feindes soll so groß gewesen sein, dass er den Aggressor nicht einmal alle nötigen Informationen über den Kampfeswillen und die eigenen militärischen Potenziale hat einholen lassen, die dieser doch gebraucht hätte, um schnell siegreich zu sein.

Einer solchen Erzähllogik wird noch eine Hilfsnarratio zur Seite gestellt, die nicht auf die Ursachen der Krise, sondern auf die nationalsozialistische Tradition eines vermeintlich heroischen Handelns in Krisenzeiten abhebt:

„*Wir müssen handeln, und zwar unverzüglich, schnell und gründlich*, so, wie es – [Heilrufe, Beifall], so, wie es seit jeher nationalsozialistische Art gewesen ist. Von ihrem Anfang an ist die Bewegung in den vielen Krisen, die sie durchzustehen und durchzukämpfen hatte, *so* verfahren. Und auch der nationalsozialistische Staat hat sich, wenn eine Bedrohung vor ihm auftauchte, ihr mit entschlossener Willenskraft entgegengeworfen. Wir gleichen nicht dem Vogel *Strauß*, der den Kopf in den Sand steckt, um die Gefahr nicht zu *sehen*. Wir sind *mutig* genug, sie unmittelbar ins Auge zu nehmen, sie *kühn* und rücksichtslos abzumessen und ihr dann mit *erhobenem* Haupte und mit fester Entschlusskraft entgegenzutreten! [Heilrufe, Beifall].“[108]

Sich der Krise heroisch entgegenwerfen, ohne deren Ursachen näher zu analysieren – so wie in der Rede, so soll auch in der Wirklichkeit der Wille über die Fakten triumphieren. Denn nun ist die allerletzte Minute gekommen, um den Feind doch noch aufzuhalten – der Moment der totalen Mobilmachung.

Die von Goebbels versprochene narratio, das „ungeschminkte Bild der Lage“, erweist sich also als ein von leeren Versprechen und Behauptungen beschnittenes Propagandabild, als ein Negativ, in dem Täter und Opfer umstandslos vertauscht werden, wobei der Angriff auf den Feind als präventive Selbstverteidigung und dessen Verteidigungsanstrengungen als Ausdruck seines ursprünglichen Aggressionswillens interpretiert werden. Tatsächlich muss die Ankündigung, ein „ungeschminktes“ Bild der ernsten Lage zeichnen zu wollen, auch als Teil einer emotionalisierenden Strategie verstanden werden, als rhetorischer Schockeffekt, mit dem dann Zustimmung zur „Totalisierung“ des Krieges mobilisiert werden soll. Der totale Krieg soll als Handlungsoption erscheinen, die der Hörerschaft nach dem anfänglichen Erschrecken neue Zuversicht ermöglicht.

Die Sportpalastrede beanspruchte nicht nur, die klassisch-rationale Funktion der narratio zu erfüllen, sondern auch die der These, mit der der Redner vor dem Hintergrund der rekonstruierten Faktenlage seine eigenen Positionen und Lösungsansätze rational und logisch darstellt und im Weiteren begründet – so, als wären hier tatsächlich auch Gegenthesen geduldet und eine Diskussion beabsichtigt. Bezeichnend ist, dass Goebbels dabei nicht nur vordergründig dem klassischen Modell folgt, und auch nicht nur zu den ausgewählten Volksgenossen im Sportpalast spricht, sondern auch zu einer „Weltöffentlichkeit", an die er sich ausdrücklich wendet. Auch dies ein Grund für den diskursiven Aufbau der Rede:

> „Ich wende mich in meinen Ausführungen zuerst an die Weltöffentlichkeit und proklamiere ihr gegenüber die Thesen unseres Kampfes gegen die bolschewistische Gefahr im Osten. Die erste dieser drei Thesen lautet: Wäre die deutsche Wehrmacht *nicht* in der Lage, die Gefahr aus dem Osten zu *brechen*, so wäre damit das *Reich* und in kurzer Folge *ganz Europa* dem Bolschewismus verfallen. [Zögernder Beifall]. Die zweite dieser drei Thesen lautet: Die deutsche Wehrmacht und das deutsche Volk *allein* besitzen mit ihren Verbündeten die Kraft, eine grundlegende Rettung Europas aus dieser Bedrohung durchzuführen [kaum hörbarer Beifall]. Die dritte dieser Thesen lautet: *Gefahr ist im Verzuge. Es muss schnell und gründlich gehandelt werden, sonst ist es zu spät*! [Bravo-Rufe, Beifall]."[109]

Mit der Weltöffentlichkeit, die Goebbels hier anspricht – ob tatsächlich oder auch nur mit Blick auf die propagandistischen Wirkungen einer solchen Hinwendung –, sind vor allem die Westalliierten gemeint, aber auch die verbündeten, besetzten und neutralen Staaten Europas, denen er NS-Deutschland als Schutzwall gegen die „bolschewistische Gefahr" andienen will. Diese Avancen sind das neben der totalen Mobilmachung gegen die Sowjetunion zweite Hauptanliegen der Rede. Und genau an dieser Stelle, an der ein nach Stalingrad schon dem Untergang geweihtes NS-Regime nach Gesprächspartnern oder zumindest Zuhörern sucht, um sich ihnen als Retter Europas und des Abendlandes zu präsentieren, kommen auch die rational-thetischen Elemente der klassischen Rede ins Spiel – Elemente, die im üblichen Debattengeschehen ja dialogische Funktionen haben und den anderen im Austausch der Argumente erreichen sollen:

„Die europäischen Mächte stehen hier vor ihrer entscheidenden Lebensfrage. Das Abendland ist in Gefahr […] Eine zweitausendjährige Aufbauarbeit der abendländischen Menschheit ist in Gefahr.[110]

Und direkt an Großbritannien und die USA gerichtet:

Was wollten England und Amerika tun, wenn der europäische Kontinent im gröbsten Unglücksfall dem Bolschewismus in die Arme fiele? Will man Europa von London aus vielleicht einreden, dass eine solche Entwicklung an der Kanalgrenze haltmachen würde? [Heiterkeit].“[111]

Die Implementierung der klassischen Form in die NS-Rede ist deshalb nicht bloß Camouflage, sondern gleichzeitig ein – wie auch immer verlogenes und letztlich auch unrealistisches – Stück Machtrealismus. Bezeichnend ist, dass die Idee, mit der Rede nicht nur Feinde auszudeuten und Kampfeswillen bei der eigenen Anhängerschaft zu mobilisieren, sondern auch dialogische Signale zu senden, just in einem Moment auftaucht, in dem die Grenzen der eigenen Macht erreicht sind und die Wirklichkeit sich der eigenen Ambition und Willensmobilisierung nicht mehr einfach fügt. Goebbels verfolgt an dieser Stelle eine Doppelstrategie: Er setzt auf Überwältigung *plus* Überzeugung, auf totalen Krieg *plus* Gesprächsangebot. Es handelt sich um eine formale Hybridisierung der Rede, die die aufpeitschende Hetze gegen den einen Feind mit einem scheinbar rationalen Appell an den anderen verbindet. Die Hybridisierung ist die rhetorische Form, mit der ein reales Doppelproblem angegangen werden soll. Es handelt sich um eine Rede, die zwei durchaus unterschiedliche Arten der Ansprache verbindet – eine wahre Zweifrontenrede angesichts zweier Feinde, deren Bündnis geschwächt und deren zweite militärische Kriegsfront im Westen verhindert oder hinausgezögert werden soll.

Wo es eng wird, fangen also selbst NS-Machthaber an zu argumentieren – oder tun zumindest so. Doch analytische und argumentative Passagen finden sich auch an anderen Stellen, nicht zuletzt dort, wo nicht einfach nur geherrscht, sondern

Zustimmung mit Hilfe eines Funkens von Rationalität organisiert werden soll. Selbst faschistische und nazistische Regimes setzen neben Zwang stets auch auf Überredung oder sogar Überzeugung – auf Versuche, neben der Gewaltherrschaft eine politisch-geistige Hegemonie herzustellen. Auch deshalb finden sich zahlreiche Erzählungen, in denen zum Beispiel Vergleiche eines vorgeblich geordneten Jetztzustandes mit der glücklich überwundenen „Systemzeit" der parlamentarischen Demokratie angestellt werden, oder Erzählungen von infrastrukturellen und sonstigen Großtaten des NS-Staates. Das Positivbild, das dabei gezeichnet wurde, hatte im Mythos des Autobahnbaus und den „Es-war-nicht-alles-schlecht-unter-Adolf"-Phrasen ein langes Nachleben. Es gründete auf Halbwahrheiten und Dekontextualisierungen, die allerdings zu vollständigen Unwahrheiten wurden, weil sie die verbrecherischen Zwecke und Kontexte aussparten.

Die Mehrschichtigkeit, die in der NS-Rhetorik nachweisbar ist, dürfte Einiges von dem vorwegnehmen, was Populisten im Weiteren für sich wiederentdecken werden, rhetorische Strategien, auf die man sich mit einem weiter erstarkenden Populismus wird einstellen müssen – Facetten einer „Zweisprachigkeit", die, je nach Bedarf und Auditorium, Feinde schmäht und ausgrenzt oder zivilere, leutseligere und „rationalere" Umgangsformen findet oder auch beides mehr oder weniger komplex miteinander verbindet.

Neues Ressentiment

Eine besondere rhetorische Rettung wird dem Abendland durch Geert Wilders zuteil. Die grundsätzliche Rettungsgeste, die das Anliegen rahmen soll, ist altbekannt. Auch der zu rettende geographische Raum ist weitgehend identisch mit dem, der in der bisherigen Rettungshistorie des Abendlandes beansprucht wurde. Und auch die Methoden der Affektstimulierung, deren er sich bedient, unterscheiden sich eher graduell als prinzipiell von denen anderer populistischer Redner. Was die Rhetorik von Wilders jedoch von der seiner Vorgänger unterscheidet, ist der mehr oder weniger elaborierte Versuch, das Rettungsanliegen populistisch zu bedienen, ohne dabei in die Nähe rechtsradikaler oder sogar rechtsextremer Positionen zu geraten. Hier liegt das sozusagen avantgardistische Moment in Wilders' Rhetorik.

Es ist eine populistische Zweitsprache, der es weniger um die Präsentation formalrhetorischer Rationalitätsstandards als vielmehr um Moral- und Wertstandards geht, die er zur Legitimation seiner Forderungen heranzieht. Zwar hat Wilders keine Probleme damit, vor Rechtsextremen oder pegidistischen Hooligans zu reden und ein solches Publikum dann auch entsprechend aufzureizen. Doch zumindest verbal geht es ihm nicht um die Rettung eines Blut-und-Boden-Konstrukts oder eines christlich-fundamentalistischen Abendlandes, sondern um ein liberales, westlich-demokratisch geprägtes Europa. Die Enmifikation, die er betreibt, soll auf einer liberal-demokratischen Legitimationsbasis erfolgen. Hier soll sein neues Herzland liegen. Gegenüber den alten antiwestlichen, antidemokratischen, fundamentalistisch-klerikalen, revolutionär-konservativen oder auch nationalsozialistischen Versuchen erscheint sein Populismus – zumindest der Ankündigung nach – als geistig-ideell deutlich „nach Westen" verschoben.

Das beinhaltet unter anderem, dass er dem alten Antisemitismus abschwört. Stattdessen vertritt er – durchaus zum Leidwesen vieler Aktivisten aus der israelischen Friedensbewegung – einen aggressiven Philosemitismus und reist mit Strache und anderen Populistenführern nach Israel, um dort eine „Jerusalemer Erklärung" zur Rettung der europäisch-jüdisch-christlichen Aufklärung zu unterschreiben. Und auch dem Dresdner Pegida-Volk schreibt er ins Stammbuch: „Die jüdisch-christliche Zivilisation zu verteidigen ist unsere Pflicht!" Es gehe um die Tradition „Kant, Schiller, Stauffenberg!"[112] Wilders verabschiedet also alte Feindbilder. Doch er hat neue parat!

Zu Beginn seiner mit Aversionen gegen den Islam gespickten Rede in Dresden verkündet er: „Wir hassen niemand, sondern kämpfen für die Freiheit!" Freiheitskampf, das heißt für ihn vor allem Kampf gegen den Islam. Vor der Kulisse anschwellender „Wir sind das Volk"- beziehungsweise „Volksverräter"-Rufe frönt er einer Kritik an verräterischen europäischen Eliten, die vor der Islamisierung Europas kapituliert hätten. Doch er will nicht nur Antisemitismus, sondern auch Frauenfeindlichkeit und Homophobie aus dem populistischen Repertoire streichen. Stattdessen kämpft er entschieden gegen die Benachteiligung und Unterdrückung von Frauen und die Verfolgung von Homosexuellen – in Saudi-Arabien! Und fast scheint es, als wolle er sogar das populistische Feindbilddenken als solches überwinden und Gegensätze stattdessen in liberalen Kategorien politischer Gegnerschaft denken: „Wir hassen auch unsere Gegner nicht. Ich bin froh, dass wir friedlich gegeneinander demonstrieren dürfen – im Unterschied zu Saudi-Arabien." Seine Wunschantagonisten, die er Gegner nennt, um gegen sie dennoch den Hass der Feindschaft zu mobilisieren, sind Frauen-, Schwulen-, Lesben-, Juden- und Demokratiefeinde – vorausgesetzt, dass sie Muslime sind.

Auf den ersten Blick könnte Wilders als eine Art Jakobiner erscheinen, als ein besonders schnittiger und engagierter Vertreter der bürgerlich-revolutionären Freiheits- und Gleichheitsideale, jemand, der es wirklich ernst meint und sich nicht von den Feinden der Freiheit einfangen lässt – auch nicht von einer „Multikulti"-Ideologie, hinter der diese sich angeblich verstecken. Er könnte als jemand erscheinen, der wirklich ernst machen möchte mit den progressiven Inklusionsbemühungen der zurückliegenden Jahrzehnte – nicht zuletzt mit dem Kampf für die Gleichberechtigung von Frauen und Angehörigen der LGBT-Community. Doch ernst machen heißt bei Wilders vor allem eines: Ergänzung und scheinbare Fortführung der Inklusionsbemühungen durch eine radikale Politik der Exklusion gegenüber Muslimen, denen er pauschal unterstellt, dass sie solche Anliegen in Frage stellen.

Inklusion durch Exklusion steht auch im Mittelpunkt des Wildersschen Populismus. Bei ihm ändert sich nur, wer dabei ins Töpfchen und wer ins Kröpfchen kommen soll. Auch der leitkulturelle Assimilationsautoritarismus wird fortgeführt. So, als wäre es nie anders gewesen, fordert Wilders: „Die *jüdisch*-christliche Kultur soll Leitkultur in unserem Land bleiben!" Dabei hat doch gerade der historisch wirksame Antisemitismus Juden zur Aufgabe der eigenen Identität und zur Assimilierung zwingen wollen. Jahrhunderte des christlichen Antijudaismus und des rassistischen oder kulturalistischen Antisemitismus sollen in einem unvermittelten Rekurs auf jüdisch-christliche Kultur vergessen gemacht werden. Jüdisch-christlich als Begriffsverbindung erhält durch den Gebrauch, den Wilders von ihr macht, einen direkt euphemistischen Einschlag. Tatsächlich werden die historischen Opfer des Antisemitismus ein weiteres Mal verhöhnt, wenn die Abwendung vom Antisemitismus nicht auch eine prinzipielle Abwendung von inhumaner Diskriminierung und Ausgrenzung beinhaltet. Die plakative Abkehr vom Antisemitismus hat bei Wilders natürlich einen tieferen Grund. Sie soll der Persilschein sein, den er von dieser historischen Opfergruppe erschleichen will, um das alte Spiel der Ausgrenzung mit einer neuen Opfergruppe weiterzuspielen.

Auch die alte Politik des Generalverdachts wird beibehalten, wenn auch mit Formulierungen, die die verräterischen All-Worte nicht allzu deutlich werden lassen. Denn Wilders weiß: „Nicht alle Muslime sind Terroristen, aber die meisten Terroristen sind Muslime!" Aus ihren Reihen stammen die „tickenden Zeitbomben auf unseren Straßen". Und während Wilders versichert: „Wir stehen alle auf der Todesliste", kochen beim Pegida-Publikum wiederum die „Volksverräter"-Rufe hoch, die all jenen gelten, die sich der angeblichen Islamisierung nicht entgegenstellen. Und natürlich weiß die Hörerschaft auch, mit wem sie Feindschaft auf Augenhöhe pflegt: „Wir wollen keine – Salafistenschweine!"

Und Wilders weiß schließlich auch, warum der Gegensatz zum Islam ganz und gar unüberwindlich sein soll. Wie viele andere Gegenwartspopulisten ist auch er ein wahrer Exeget islamischer Theologie: „Wir haben den Koran gelesen!" Sein Studium führt ihn zur Theologisierung aller den Umgang mit Muslimen betreffenden Fragen. Der Islam soll qua Koran eine unabdingbar friedens- und freiheitsfeindliche Glaubenslehre sein, unvereinbar mit den westlichen Freiheitswerten. Deshalb kann es Freiheit für Muslime auch nur außerhalb des Islam geben, nur dann, wenn sie aufhören, Muslime zu sein: „Ich rufe die Muslime auf: Verlasst den Islam und wählt die Freiheit." Hier ist nach vielen Umständen endlich der springende Punkt erreicht, an dem vor allem die anderen springen sollen: Werdet so wie wir – oder geht! Denn: „Wir tragen die Fackel der Freiheit, der Zivilisation!" Und wer für sich beansprucht, diese Fackel zu tragen, der wird den anderen doch wohl noch sagen dürfen, wo es lang geht!?

Wilders übernimmt hier der Form nach eine alte kolonialistische Erzählung, die den muslimischen Bevölkerungen in den Kolonien die Überlegenheit des Westens predigte, um ihnen westliche Werte wie Freiheit und Menschenrechte dennoch vorzuenthalten. Erst am Ende des Tages, wenn die Kolonisierten andere geworden wären und die Zivilisierungsmission sich an ihnen erfüllt hätte, sollten sie als dann Zivilisierte an diesen Werten partizipieren dürfen. Wilders überträgt diese Erzählung von der civilizing mission auf die aktuelle Lage in den ehemaligen europäischen Kolonialnationen. Nach Jahrhunderten des Kontakts und der Beherrschung durch den Westen und auch noch als Staatsbürger der ehemaligen Kolonialnationen sollen Muslime immer noch die ganz anderen sein – rein nur von ihren heiligen Schriften bestimmt, die der Populist natürlich besser kennt als die Mehrzahl eben jener Muslime, die von ihnen doch substantiell bestimmt sein soll.

Mit Herz und Hass

Auch die Wildersche, liberal-populistische Zweitsprache ist dezidiert eine der Feindausdeutung und des Gesprächsabbruchs. Mit Muslimen als Muslimen gibt es eigentlich nichts zu bereden. Neben dem scheinrationalen Rekurs auf das klassische Redemodell und einer solchen scheinliberalen Camouflage gibt es jedoch noch eine weitere Ausweichsprache. Sie will ihrem Publikum neben den negativen Grundaffekten des Hasses und Grolls, um die herum der Populismus sich organisiert, auch positive Emotionen bieten – einen Populismus der Herzen, in dem die Herzlandidyllen nicht nur bloße Hintergrundfolien der Feindbildkonstruktion sind, sondern positiv ausgesponnen werden, um die Hassprediger des Populismus zu Herzensmenschen mutieren zu lassen. Es geht um einen Populismus mit „menschlichem Antlitz", der nicht nur Hasskommunikation, sondern auch Herzlichkeit und Gemütlichkeit verbreitet.[113]

Die Ansprachen, die diesem Anliegen dienen, sollen über die Kernklientel hinausgehen und auch nicht nur einseitig auf eine männliche Zuhörerschaft zielen. Schon heute sind Tendenzen einer vordergründigen „Feminisierung" des Populismus sichtbar, getragen von Akteurinnen wie Marine Le Pen oder Frauke Petry – aber auch von neu hinzugestoßenen Bündnispartnerinnen wie Alice Schwarzer. Ohne Abstriche an den Feindbildern werden hier einige Kanten vorsichtig geschliffen, um eine für Teile des Publikums zu abstoßende Aggressivität mit zusätzlichen Angeboten abzufedern.

Auch der Populismus der FPÖ spielt diese Karte mit einer Rhetorik, in der Spitzenleute wie Strache und Hofer penetrant das „Menschliche" an ihrer Politik betonen, um sich gegen ihre „unmenschlichen" Feinde abzusetzen. Das zeigt auch Straches Aschermittwochsrede 2016[114], die als eine Art Prunkrede beginnt – mit einer minutenlangen Lobhudelei auf die Menschlichkeit des FPÖ-Präsidentschaftskandidaten Hofer, den Strache für seine Herzlichkeit und Bürgernähe lobt: eine „so liebenswürdige Persönlichkeit", deren einziger Fehler seine „Bescheidenheit" sein soll. Nach einem schweren Unfall soll Hofer jetzt sogar zum Vertreter für Menschen mit Behinderung geworden sein. Die Botschaft ist klar: Wir sind hart und streng, wo es sein muss, aber eigentlich lieb und nett und fürsorglich. Jeder und jede kann sich bei uns geborgen fühlen – solange es sich nicht um Flüchtlinge, Ausländer oder volksverräterische Eliten handelt. „Für Österreich – mit Herz und Seele" – so lautete dann auch der Wahlslogan des Kandidaten Hofer, eines aggressiven Vertreters der FPÖ, der dem deutschtümelnden Milieu der Burschenschaft „Marko-Germania zu Pinkafeld" entstammt, die zumindest zeitweise die österreichische Nation als bloße „Fiktion" ablehnte, um großdeutschen Fantasien nachzuhängen.[115] Im Rahmen eines politischen Good-Cop-/Bad-Cop-Spiels sollte Hofer neben dem vornehmlich giftenden Strache das freundliche Gesicht der Partei darstellen, mit einem Dauerlächeln, das nicht nur seine Gesichtsmuskulatur stark beansprucht haben dürfte, sondern auch viele österreichische Intellektuelle in die schiere Verzweiflung darüber trieb, wie viel Hass sich hinter einer platten Maskerade verbergen und welche Zustimmungswerte sich damit erzielen lassen.

Die Herzlandidylle bietet vielfältige Darstellungsmöglichkeiten im Romantikhotel des Populismus. Das betrifft auch den Handel mit der Unmittelbarkeitsillusion des liebenden Herzens, der seit vielen Jahrzenten das Geschäftsmodell der Regenbogenpresse bestimmt: menschliche Nähe, auch im Negativmodus von Streit und Liebeshändel, zur Aufführung gebracht vom Personal des Hoch- und Geldadels oder des Showbusiness. Hier wird ein erträumtes Leben der Schönen, Reichen und Mächtigen zum Gegenstand medialpopulistischer Ansprache – eine erhabene Welt jenseits des Alltags der „einfachen" Menschen. Verkauft wird eine scheinbare Nähe zu Glanz und Erhabenheit, zum mythisch gereinigten, olympischen Raum der Prominenz, den ja auch der Portier aus „Der letzte Mann" bis in seine Mietskaserne hinein trug. Und auch die NS-Propaganda wusste um libidinöse Besetzungen, die sich damit verbinden: Die Frauen lieben den Führer! Nicht zuletzt auch die FPÖ hat seit Haider den „feschen" Populistenführer im Angebot.

Das sympathieheischende Weichzeichnen bei der Präsidentenwahl führte den FPÖ-Kandidaten nahe an die Mehrheit. Der hohe Stimmenanteil reichte dennoch nicht zum Sieg. Hofer verlor nicht zuletzt bei den Frauen. Nur 38 Prozent der weiblichen Wähler stimmten für ihn, während er bei den Männern mit 56 Prozent vorne lag. Das Frauenbild der FPÖ zog wohl nicht ausreichend, zumal es letztlich doch nur ein Negativabzug des Selbstbilds „kerniger" FPÖ-Männer ist, für die die Kriegsfront der Frau nach wie durch den Kreißsaal verläuft. So liest man in einem 2013 von Norbert Hofer herausgegebenen Buch, dass die „von feministischem Dekonstruktionsehrgeiz zur selbstverwirklichungsverpflichteten Geburtsscheinmutter umdefinierte Frau sich unverändert nach einem ganzen Kerl [sehnt], der ihr alle die emotionalen und ökonomischen Sicherheiten gibt, die eine junge Mutter braucht, um sich mit weitgehend sorgloser Hingabe dem Nachwuchs zuwenden zu können."[116]

Doch es ist absehbar, dass der Populismus an dieser Stelle auch eingängigere Antworten finden wird, nicht zuletzt, um Verunsicherungen auszuschlachten, die veränderte Familien- und Geschlechtsrollen auch für Frauen mit sich bringen. Durchaus Wildersche Perspektiven eröffnet dabei Marine Le Pen, die Chefin des französischen Front National. Nachdem sie ihren Vater, den notorischen Antisemiten Jean-Marie Le Pen, politisch kaltstellte, bastelt sie nun an einem feministischeren Touch für ihren Marinismus, so etwa in einer Reaktion auf die Übergriffe auf

Frauen in der Kölner Silvesternacht 2015/16. In der Tageszeitung *L'Opinion* vom 13. Januar 2016 schreibt sie: „Ich denke an die Worte von Simone de Beauvoir: ‚Vergesst nie, dass es nur zu einer politischen, wirtschaftlichen oder religiösen Krise kommen muss, um die Frauenrechte in Frage zu stellen.' Und ich befürchte, dass die Flüchtlingskrise der Anfang vom Ende der Frauenrechte ist."[117]

Wie speziell die Kämpfe der Emanzipationsbewegungen auch immer waren, sie standen in aller Regel in einer Perspektive der Verallgemeinerung, wonach Diskriminierung prinzipiell zu bekämpfen und zu überwinden ist. Wenn Marine Le Pen nach den Ereignissen von Köln nun „die" Flüchtlingskrise im Allgemeinen adressiert, um im Kontext einer Entgegensetzung zwischen uns (den Frauen) und ihnen (per se frauenfeindlichen Nordafrikanern oder Muslimen) eine Gefahr für die Frauenrechte zu konstruieren, dann stellt das einen Versuch dar, den Feminismus für populistische Feindbildkonstruktionen einzuspannen. Marine Le Pen trägt der Frauenbewegung einen Kampf gegen Diskriminierung an, der sich diskriminierender Mittel bedienen soll. Letztlich will sie die Regression dieser Emanzipationsbewegung in einen feindbildbewehrten Partialismus, der dann noch so verallgemeinerbar wäre, wie der Kampf einer beliebigen Lobbygruppe für ihre Spezialinteressen.

Inhaltliche Unterstützung erhält sie dabei von den Thesen einer weit nach rechts driftenden Alice Schwarzer, die, weitgehend abgehängt von den Diskursen des neueren Feminismus, ihre Positionen inzwischen mit dem Boulevardjournalismus kompatibel gemacht hat. Dabei nimmt Schwarzer die Gefahr einer Vergiftung des inklusiven und solidarischen Denkens, die von vielen Antidiskriminierungsbewegungen über Jahrzehnte hinweg zurückgewiesen wurde, nicht nur in Kauf, sondern befördert diese mit schrillen und entdifferenzierenden Beiträgen wie dem zur sogenannten „Nafri"-Debatte: „Wir haben es hier mit einer Art von Terrorismus zu tun. Nur in diesem Fall nicht mit Kalaschnikow oder einem Lastwagen, sondern mit Händen und Fäusten."[118] Mit solchen Sätzen, die einen Generalverdacht schüren und zur populistischen Entdifferenzierung beitragen, opfert eine der wichtigsten Vertreterinnen des älteren Feminismus ihr durchaus beeindruckendes Lebenswerk einem späten populistischen Hype.

11. Politik des Ressentiments[119]

Die Frage nach den Zweitsprachen des Populismus führt über jene krachledernen Heimspiele hinaus, in denen populistische Redner – scheinbar oder tatsächlich – so sprechen, wie ihnen die Zunge gewachsen ist. Die Beobachtung durch eine kritische Öffentlichkeit, das Anliegen, eine größere Anhängerschaft zu rekrutieren oder die Suche nach neuen Bündniskonstellationen machen weitere rhetorische Kautelen nötig. Um den Willen zum Feind, der die populistische Rede im Kern motiviert und organisiert, wird so nicht bloß eine legitimatorische Herzland-Eigenwelt gesponnen, sondern noch eine weitere Legitimationsschicht, die die populistischen Thesen rationalisieren, moralisch legitimieren und auch stärker positiv emotionalisieren soll.

Woher kommt aber eigentlich die Bereitschaft, solchen Konstruktionen zu folgen, und grundsätzlicher noch das Motiv, sich überhaupt auf deren Ausgangspunkt, die primäre Feindausdeutung, einzulassen? Klar ist: Populismus ist Subjekttheater, das Versprechen, der eigenen Anhängerschaft in einer komplexen und bedrängenden Welt die Subjektrolle zurück zu geben: Wieder Herr sein im eigenen Haus, das ist der Wunsch, den der Populismus breitenwirksam und autoritär formuliert und dessen Erfüllung er verspricht – mit ganz eigenen Auslegungen dessen, was Herr, Haus und eigen dabei jeweils heißen soll.

Aber wie ist zu verstehen, dass der Populismus solche Wünsche gerade heute derart publikumswirksam formulieren kann? Denn Feindbildkonstrukte sind in der sozialen Kommunikation ja ziemlich durchgängig präsent, während die Schärfe und Heftigkeit und vor allem auch der Erfolg, mit dem sie kommuniziert werden, doch sehr unterschiedlich sind. Warum kann der Populismus seine Anwürfe gegenwärtig mit vergleichsweise großer Aufmerksamkeit und politischer Bindewirkung propagieren? Warum finden seine Forderungen und seine Versprechen, Probleme qua Feindaustreibung lösen zu können, gerade heute so viel

Anklang? Zumal der Populismus, solange er nicht an der Macht ist oder Regierungen vor sich hertreibt, eben nur erst Forderung und Versprechen ist – bei allem martialischem Gehabe, mit dem er auftritt, eine doch eher luftige Ankündigung.

Und wie kommt es, dass er auch mit augenscheinlich absurden Forderungen derart reüssieren kann, wenn er etwa seinen Kampf gegen den Islam gerade dort mit der größten Emphase führt, wo dieser Feind kaum zu finden ist – in Mecklenburg-Vorpommern, Sachsen und Umgebung? Warum ist der Hass oft dort am größten, wo der ausgedeutete Feind am fernsten und der Anlass am abwegigsten ist? Woher kommt diese Diskrepanz von starkem Antiaffekt und faktisch fehlendem Gegenstand?

Offensichtlich ist hier eine Verrückungslogik am Werk, die dem populistischen Angebot entgegenkommt – eine Nachfrageseite, für die ein populistisches Angebot mit nur sehr lockerem Faktenbezug kein Problem darstellt. Angebot und Nachfrage treffen sich auf der Grundlage einer doppelten Kontingenz. Fantastisch-kontingente Problemlösungsangebote, das gordische Syndrom eines kruden Durchhauens undurchschauter und unentwirrter Faktizität, treffen auf einen zunächst unbestimmten Groll, eine Verstimmung mit diffuser und sich selbst intransparenter Herkunft, die auch noch keinen bestimmten Gegenstand für die Affektexpression gefunden hat. Eine solche zweiseitige Kontingenz ergibt letztlich einen Sprengstoff aus zwei Komponenten. Und dieser Sprengstoff ist es auch, der den Populismus so gefährlich wirksam macht, wobei die populistische Rhetorik letztlich die Operation ist, die das Zusammentreffen der beiden Komponenten organisiert.

Wo der Feind am fernsten ...

Einen wichtigen Beitrag zur Aufklärung der zweiten Komponente leistet Friedrich Nietzsche in seiner *Genealogie der Moral*. Dort beschreibt er ein notorisch situationsunangemessenes Verhalten, das sich der Welt gegenüber verschließt, um sie im nächsten Moment mit Überreaktionen und Wutausbrüchen zu überziehen. Nietzsche sieht darin kein unmotiviertes Tun, sondern macht eine versetzte Motivation aus, die er Ressentiment nennt.[120] Der Mensch des Ressentiments reagiert nicht auf Eindrücke, die er unmittelbar empfängt, sondern wirkt in seiner Vehemenz seltsam abwesend – von einem anderen Ort und einer anderen Zeit her bestimmt. Ressentiment ist Wieder-Empfinden und Sich-Bestimmen-lassen durch ein Vergangenes.

Aber auf welchen Aspekt des Vergangenen reagiert der von Ressentiment Bestimmte genau? Nietzsche sieht unvergessene Niederträchtigkeiten am Werk, und vor allem auch einen bestimmten Umgang mit ihnen – eine Unfähigkeit, zurückliegende Kränkungen und Verletzungen zu vergessen. Für Nietzsche sind es letztlich Erinnerungswunden, die die Gegenwart beherrschen und verspätete Reaktionen an unpassenden Objekten auslösen.

Allerdings depotenziert Nietzsche diese wichtige Einsicht, indem er sie sogleich zu einem „Sklavenaufstand in der Moral" erklärt – die von jüdisch-christlich-demokratisch-sozialistischen Gleichheitsvorstellungen angetrieben sein soll –, Ideale, die der heroische Einzelne in sich überwinden müsse. Eine solche Ausdeutung lässt Nietzsches Psychologie des Ressentiments dann bestenfalls als Künstlermetaphysik der ästhetischen Selbstbehauptung erscheinen, schlechtestenfalls als Ressentimentkritik einer konservativen Revolution, die in den modernen Gleichheits- und Gerechtigkeitsidealen nur eine Neidmoral der zu kurz Gekommenen erblicken kann.

In Nietzsches Perspektive, die von „oben" auf ein Ressentiment blickt, das seine unangemessenen Negativaffekte von „unten" nach „oben" richtet, fehlt unter anderem der „scheele" Blick zur Seite, der einer sich sozial auf Augenhöhe bewegenden Konkurrenz gilt. Es fehlt auch das Ressentiment, das nicht von „Sklaven", sondern von sozial relativ höheren Positionen ausgeht und sich gegen „Subalterne" und „Minderwertige" wendet – zum Beispiel auch in der Form eines Gegenressentiments, das ein von unten kommendes nur unter der abwertenden Bezeichnung einer Sklavenmoral diskutiert. Eine solche Abwertung und Ausgrenzung von Personen mit subalternem oder auch gleichrangigem Status dürfte gerade nicht einer Moral der Gleichheit oder Nächstenliebe entspringen, die Nietzsche kritisiert, sondern müsste von anderswo her befeuert sein – nicht zuletzt von Verunsicherungen der sozialen Identität und des Selbstwerts, von Brüchen und Friktionen in den sozialen Anerkennungsbeziehungen und Gefühlen des Zu-kurz-gekommen-Seins, die Individuen und Gruppen bestimmen können, die sich auf sehr unterschiedlichen sozialen Fallhöhen bewegen.

Was Nietzsches Ressentimentpsychologie fehlt, ist nicht zuletzt eine soziologische Unterfütterung: Was geschieht eigentlich in einer Gesellschaft, in der Ressentiment einen besonders fruchtbaren Nährboden für den Populismus liefert? Wie sehen die sozialen Verletzungen und Angriffe, die dem Affekt vorausliegen, tatsächlich aus? Max Scheler, neben Nietzsche der zweite wichtige Theoretiker des Ressentiments, fragt genauer nach den sozialen Ursachen und Bedingungen dieses Affekts, nach Identitätsproblemen, die aus der Auflösung traditioneller Rollenbilder resultieren, nach sozialen Geltungs- und Eigentumsdifferenzen und auch nach psychischen Zumutungen der Vergleichs- und Konkurrenzgesellschaft. Für die späte wilhelminische Epoche stößt er dabei auf Faktoren, die uns auch heute seltsam bekannt vorkommen – etwa die inzwischen noch viel stärker verflüssigten Berufs- und Geschlechterrollen, oder eine Durchmarktung der Lebenswelt, in der Selbstwertgefühle und Identitäten einem beständigen Vergleichsdruck ausgesetzt sind.[121]

Hinzu kommen aktuell Prozesse der Globalisierung, die den Nationalstaat als Identitätsstütze relativieren, der verunsichernde Abbau sozialstaatlicher Garantien, ein rasantes Anwachsen von Vermögens- und Eigentumsunterschieden und die Deklassierung eines Prekariats, das sich jeglicher Zukunftsperspektive beraubt sieht – Leben als ein sich Abplacken bis zur Armutsrente! In den Neuen Bundesländern spielen schließlich auch die noch immer nicht zureichend verarbeiteten DDR-Erfahrungen des Zurückdrängens von sozialer Kritik sowie Kränkungen, Verletzungen und Abwertungen in einem langen und nicht abgeschlossenen Prozess der Wiedervereinigung eine Rolle. Wer über eine angebliche „Sklavenmoral" redet, sollte über die realen Erfahrungen mit Macht nicht schweigen, die an der Entstehung von Ohnmachtsgefühlen beteiligt sind.

Der soziologische Blick kann die Heftigkeit des Affekts und die Formen seines Auftretens nicht vollends aufklären, er lässt sie aber weniger rätselhaft erscheinen. Klar ist, dass sich mit den Verunsicherungen der letzten Jahre und Jahrzehnte viel psychischer Sprengstoff angehäuft hat. Auch die Feindbildkonstruktionen, die der Populismus anbietet, erfahren von hier aus einige Aufklärung. Eine über die Zeit diffus aufgestaute Wut behindert angemessene Beurteilungen der gegenwärtigen Probleme und der durchaus komplexen Ursachen, die sozialen Anfechtungen und Wunden zugrunde liegen. Stattdessen schafft sie Nachfrage für Feindobjekte, auf die der von anderswoher befeuerte Wille sich richten kann – Feindobjekte, die eine magische Kur der erlittenen Verletzungen via Feindbeschwörung und -bekämpfung ermöglichen sollen.

Vom Ressentiment als Affekt zur populistischen Politik

Das Unmittelbarkeitstheater des Populismus, das in einem nur diffus wahrgenommenen Kontext der sozialen Vermittlung mit der kruden Ausdeutung von Feindbildern und persönlicher Schuld Probleme lösen will, ist ein Angebot an ein seinerseits diffuses und sich selbst undurchsichtiges Ressentiment, dem damit Zielpunkte seines Dräuens und Drängens präsentiert werden. Im Ergebnis eines solchen Zusammentreffens von Ressentiment und populistischer Rhetorik entsteht jenes skurrile Sammelsurium von Feindbildern und Hassobjekten, das sich unschwer ironisieren lässt. Weniger leicht dürfte dies mit den Ideen Carl Schmitts gelingen, dem neben Nietzsche und Scheler dritten wichtigen Denker des Ressentiments. Schmitt geht es allerdings nicht um eine nähere Bestimmung dieses Affekts, sondern um dessen politische Vereinnahmung. Tatsächlich korrespondiert die Art und Weise, wie Ressentiment von sich aus Feindbildangeboten des Populismus entgegenkommt, sehr auffällig mit Schmitts formaler Bestimmung des Politischen – als der Unterscheidung von Freund und Feind.[122]

Aufschlussreich ist gerade die abstrakt-formale Seite dieser Bestimmung bei Schmitt, denn ein Feind ist eigentlich etwas sehr Konkretes und gerade nicht Austauschbares – Teil einer langen Beziehungshistorie und mit starken und dauerhaften Affekten belegt. Wenn Schmitt den Freund-/Feind-Gegensatz dagegen unabhängig von konkreten Freund-/Feind-Beziehungen zur Grundbestimmung des Politischen schlechthin macht, dann geht es ihm weniger um einen lakonischen Realismus, als den er die unterstellte politische Ubiquität des Feindes verkaufen will, sondern um ein flexibel nutzbares Instrument für eine Politik, die von Feindbildkonstruktionen zehrt. Schmitt liefert mit Freund und Feind die Grundbegriffe für den Populismus als eine Politik des Ressentiments, die diffuse und von sich her wenig Orientierung bietende Ressentimentgefühle machttaktisch ausrichtet. Es geht um den Versuch, die Psychologie des Ressentiments in eine machtbewusste Politik einzuspannen.

Dieser Punkt des Zusammenspiels von Ressentimentaffekten und populistischer Mobilisierung ist der eigentlich springende, hoch aktuelle und Besorgnis erregende, um den sich die politische Situation in vielen westlichen Ländern immer mehr zu drehen beginnt. Denn viele der heutigen Populisten, die sich als Geschäftsführer des Ressentiments betätigen, sind keine Witzfiguren mehr, Schreihälse oder bloße Stammtischpolitiker, die nur auf Kurzauftritte am Rande des Geschehens hoffen dürften, sondern geschickte und erfahrene Taktiker der Macht. Längst haben sie begonnen, auch in EU-Staaten Meinungsfreiheit, Demokratie und Gewaltenteilung abzubauen. Oder sie treiben wie Strache, Le Pen und Wilders demokratische Parteien vor sich her und schwächen sie Schritt um Schritt.

Wenn aber die eigentliche Gefahr in einem solchen Zusammenspiel von Ressentiment und populistischer Politik besteht, was folgt daraus für den Versuch, Demokratie und die offene Gesellschaft zu verteidigen? Die Antwort kann nicht weniger vielschichtig sein als die Probleme, die den Nährboden des Ressentiments bilden.

Die populistische Ressentimentpolitik funktioniert wie ein Staubsauger. Sie saugt unterschiedlichste Ängste und Verunsicherungen auf, um diese magisch auf Feindobjekte als deren vermeintliche Verursacher zurückzuführen – vor allem auch auf den Hyperfeind, die Eliten, die überall zumindest eine Mitschuld tragen. Und diese Feindbildkonstruktion ist auch *Freund*bildkonstruktion. Es geht um Wiederbefreundung mit dem eigenen, von Zweifeln und Unwertgefühlen angenagten Selbst und um die Schaffung und Festigung von Gruppensolidaritäten, die das neue Selbstbild stützen sollen. Hierfür bietet der Populismus autoritäre Scheinlösungen: Wieder Herr sein im eigenen Haus, wieder seiner selbst sicher sein im eigenen Bewusstseinskasten – das soll mit der magischen Kur, die der Populismus dem Ressentiment anträgt, angeblich erreicht werden. Und das ist es, was Ressentimentpolitik auf ihren Verkaufsverpackungen mit verspricht: Verunsicherungen abbauen und Bindungen neu aufbauen – qua Feind- *und* Freundkonstrukt. Und hier liegt auch der Punkt, an dem demokratische Politik und die plurale Zivilgesellschaft eine Alternative bieten müssen: Verunsicherungen abbauen und Bindungen an das demokratische und pluralistische Gemeinwesen festigen – ohne Feindkonstrukt!

Wer Populismus bekämpfen will, muss vor allem jene Nachfrageseite abbauen, die empfänglich macht für die Angebote des Populismus, die diffusen Gefühle des Ressentiments und der Verängstigung. Er muss andere Antworten auf die Anfechtungen von Identitäten und Solidaritäten finden, mehr anbieten als eine zweite – und diesmal durchaus unkritische – Publikumsbeschimpfung, die den Übergang vom *homo solidaricus* des sozialdemokratischen Zeitalters zum gesteigert individualistischen *homo oeconomicus* des neoliberalen Zeitalters als alternativlosen Vorgang der Modernisierung beschreibt. Er wird mehr bieten müssen, als das Modell der Ich-AG zur allein gültigen und anstrebenswerten Individuationsform zu erheben. Es genügt nicht, all denjenigen, die diesen Übergang nicht mitmachen wollen oder können, schlicht psychische Modernisierungslücken zu attestieren und dabei die alte Tina-Gebetsmühle zu drehen – „There is no alternative" –, so, als wäre eine solidarischere Modernisierung ein Ding der Unmöglichkeit. Und vor allem wird er sich klarmachen müssen, dass zwischen einem vielerorts zum Dogma erhobenen Neoliberalismus und einem ressentimentgeladenen Populismus kein tiefer Graben liegt, sondern vielleicht nur jener Münzkörper, der zwei Seiten einer Medaille trennt und verbindet. Forcierte Desolidarisierung und pathologische Resolidarisierung sind aufeinander bezogene Momente einer Wirklichkeit.

Doch beim Abbau von Ressentiment geht es nicht nur um dessen sozialen Nährboden, sondern auch um all jene, die mit dem Affekt ihre Geschäfte betreiben – und das sind keineswegs nur ausgemachte populistische Parteien wie AfD oder FPÖ. Auch eine Volkspartei wie die CSU, für die Ressentimentpolitik zumindest eine Art Nebenerwerb darstellt, gehört dazu. Lange hob ein Nebenbei-Populismus diese Partei von der für Volksparteien nicht unüblichen 40-Prozent-Marge auf über 50 Prozent der Wählerstimmen und sicherte ihr so die alleinige Macht in Bayern – was offensichtlich ja Parteiräson, wenn nicht gar wesentlicher Daseinszweck ist. Die lange Kampagne der CSU gegen die Flüchtlingspolitik von Kanzlerin Merkel war nichts anderes als der Versuch, sich diesen, die eigenen Machtressourcen komplettierenden Nebenerwerb zu erhalten – vor allem mit Blick auf eine AfD, die das populistische Geschäftsfeld originär und nicht nur nebenbei beackern will.

Der strategische Fehler von Seehofer – und im Hintergrund auch der eines Edmund Stoiber, der sich ja bereits als CSU-Generalsekretär unter Franz Josef Strauß als das „blonde Fallbeil" seiner Partei profilierte – lag darin, die Rolle des populistischen „Originals" spielen zu wollen. Damit wiederholte die CSU ihren Fehler aus der verlorenen Europawahl 2014. Eine krawallig vorgetragene Politik – diesmal nicht gegen die Arbeitnehmerfreizügigkeit in der EU, sondern eben gegen Merkels Flüchtlingspolitik – zahlte wiederum bei der AfD ein und sicherte ihr eine Aufmerksamkeit, die ihr einen rasanten Wiederaufstieg ermöglichte – nach dem tiefen Fall, den ihr der Lucke-Weggang eingetragen hatte.

Konjunkturprogramm für Populisten

Doch nicht nur Teile des Politikspektrums, auch Teile der Medien spekulieren quasipopulistisch auf Zugewinn aus Ressentimentgefühlen. Auffällig ist, dass dies nicht nur in ausgemachten Boulevardmedien geschieht, wo das stets zum Kerngeschäft gehörte. Inzwischen will auch kaum eine Talkshow mehr ohne Sarrazin-Adepten auskommen, ohne Leute, die sich als Islam- oder Asylkritiker bezeichnen und die vor nicht allzu langer Zeit schlicht Rassisten genannt worden wären. Die Frage, die sich die

Macher solcher Sendungen ernsthaft stellen sollten, ist die, ob die populistischen Anwürfe, denen sie ein so großes Publikum verschaffen, wirklich die Herausforderungen unserer Zeit sind? Lohnt es sich, den Themen der Populisten ebenso viel oder sogar mehr Aufmerksamkeit zu schenken wie den Problemen von Armut, Ungleichheit, Deklassierung, Globalisierung, Deregulierung, Klimawandel oder Menschenrechten? Oder schielt das zuverlässige Aufgreifen fast jeder populistischen Feindbildsetzung nicht doch primär auf Zuschauerquote und Reichweite der Infotainment-Sendungen selbst?

Das bisherige politische Nebenerwerbsmodell der CSU ist also längst auch auf einem medialen Nebenerwerbsboulevard angekommen. Und der große Fehler der CSU wird dort gleich mitkopiert – die Verschiebung des öffentlichen Diskurses hin zu den populistischen Themen, was hauptsächlich den Populisten zugutekommt. Statt sich über einen jede Woche neu ausgerufenen Feind der Woche zu erhitzen, sollte endlich das Prinzip der Aufmerksamkeitsökonomie Thema sein, das dahintersteckt. Das heißt dann auch: Mut zur Metaebene! Mut zu einer Debatte über populistische Rhetorik und die Mechanismen ihrer Feindbildproduktion, statt bloß Krawall um deren Produkte.

Doch nicht allein die Medien oder eine bayerische Regionalpartei mit besonderem Geltungsdrang haben hier den Schwarzen Peter in der Hand. Ein breites Spektrum der demokratischen Parteien schafft heute einen nicht unerheblichen Resonanzraum für Ressentimentpolitik. Gemeint sind nicht nur zufällige oder berechnete populistische „Ausrutscher" in der politischen Kommunikation, sondern das weithin entpolitisierte Erscheinungsbild von demokratischer Politik. Die Trennungsstriche zwischen den Parteien und politischen Lagern sind verblasst. Die politischen Argumente flottieren oft nur noch in einem diffusen und nicht mehr erkennbar strukturierten Debattenraum und ermöglichen und stärken damit einen wirksamen Antielitenpopulismus.

Das hat auch mit dem von Angela Merkel über lange Jahre gepflegten Politikstil zu tun, der wenig konturierte, sondern eher rautenförmig abwartete. In Zeiten von Großen Koalitionen ist auch der konturierende Faktor einer starken Opposition geschwächt. Und noch diffuser wird es, wenn großkoalierende Regierungsparteien sich selbst zur Opposition werden und bis zum gefühlten Koalitionsbruch streiten, um im nächsten Moment in scheinbar trauter Harmonie weiter zu regieren. Eine so agierende Regierung dürfte jenes hoch verwirrende und verunsichernde Wechselbad von Zuwendung und Ablehnung ins Politische übersetzen, das die Psychopathogenese als *Double Bind* beschreibt. Populisten ziehen aus dieser Performance jedenfalls eine ganz eigene Schlussfolgerung. Sie ersetzen die zwischen den Parteien und Lagern verloren gegangenen vertikalen Trennungsstriche eben durch ihren großen horizontalen Trennungsstrich zu „denen da oben" und stoßen damit auf große Resonanz bei vielen Bürgerinnen und Bürger. Es ist die Trennungslinie, mit der Populisten sich so erfolgreich von ihrem Hassobjekt der „Altparteien" absetzen.

Deshalb gilt es, die Fehler, die bisher im Umgang mit dem Rechtspopulismus gemacht wurden, nicht zu wiederholen. In Österreich verschafften Große Koalitionen einer FPÖ Zulauf, die mit ihrer wachsenden Stärke dann Sozialdemokraten und Konservative in immer neue Große Koalitionen trieb. Wenn das, was als „rechtspopulistische Lücke" in Deutschland bezeichnet wurde, sich schließt, sollte man endlich ernsthaft zur Kenntnis nehmen, dass Große Koalitionen, neben allen anderen Mängeln, die sie sonst noch haben, vor allem eines sind: Konjunkturprogramme für Populisten.

Die von der Entpolitisierung demokratischer Politik mit hervor gebrachte und vom Populismus aufgegriffene und forcierte Abtrennung großer Teile der Gesellschaft von einer ernsthaften politischen Debatte, ermöglicht den Populisten und ihrer Anhängerschaft eine starke Selbstimmunisierung gegen alles, was aus dem politischen Raum kommt – und vor allem auch den Aufbau einer selbst-referentiellen Parallelwelt, die durch Argumente von außen kaum mehr zu erreichen ist. Hier liegt auch ein Hauptgrund für die weit verbreitete Ratlosigkeit im Umgang mit den populistischen Parteien. Bei vielen ihrer Anhänger hat sich ein Generalverdacht gegen „das System" und gegen den demokratischen Diskurs insgesamt verfestigt. Dieser verfestigte Verdacht gibt Ressentimentgefühlen immer neue Nahrung und hilft den populistischen Stichwortgebern dabei, sich einzuigeln und eine Welt ganz eigener Bedeutungen aufzubauen.

Möglicherweise liegt hier die brisanteste Folge jenes blinden und verantwortungslosen Hochkochens der „Flüchtlingsproblematik“ durch Teile der etablierten Politik und vor allem der CSU. Mit einer monatelangen, alle Medien beherrschenden Kampagne gegen eine richtige humanitäre Entscheidung von Kanzlerin Merkel wurde hier das Geschäftsmodell der Populisten möglicherweise langfristig etabliert. Faktisch wurde an einer gar nicht einmal so großen, mit gutem politischen Willen überschaubar zu bewältigenden Aufgabe ereignishaft jener „populistische Moment“ erzeugt, in dem sich für eine relevante Gruppe der Gesellschaft ein neuer – oder auch sehr alter – Deutungshorizont politisch verfestigte und für „das Original“ einer solchen Politik verfügbar wurde, nämlich für die identitätsverbürgenden Feindbildkonstruktionen der populistischen Ressentimentpolitik. Der Spuk des Rechtspopulismus kommt nicht aus dem Nichts. Er wird sich nur dann wieder verziehen, wenn Politik, Medien und Zivilgesellschaft seine Ursachen und Bedingungen erkennen, ernst nehmen und engagiert bekämpfen. Die bessere Einsicht in das Wie und das Warum der populistischen Feindbildproduktion ist dabei ein wichtiger Schritt.

Anmerkungen

1 So führte die Auswertung der von der NGO „Votewatch Europe" aufgestellten Beteiligungs- und Abstimmungsstatistiken im EU-Parlament die Brüsselkorrespondentin Sefanie Bolzen zu einem recht ernüchternden Fazit: „Ani-Europa-Populisten sind faul und teuer" (in: Die Welt vom 14. Mai 2014).

2 Zu den Schwierigkeiten und Paradoxien der Populismusdefinitionen vgl. näher Ernesto Laclau, *On Populist Reason*, London/New York 2007, S. 3 ff.

3 Aristoteles, *Rhetorik*, München 1989, 1358a f.

4 Arthur Schopenhauer, *Die Kunst, Recht zu behalten*, Berlin 2016, S. 44.

5 Zum engen Verhältnis von Hass und Feindschaft vgl. den brillanten „Versuch über den Hass" von Aurel Kolnai (in: *Ekel Hass Hochmut – Zur Phänomenologie feindlicher Gefühle*, Frankfurt am Main 2007, S. 100 – 142). Kolnai erfasst wesentliche Elemente des Hasses, die sich in der Beziehung der Feindschaft realisieren und auch von der populistischen Rhetorik angestachelt werden. Hass ist verwandt mit „Antipathie, Zorn, Ekel, Verachtung" und „Bekämpfung". Feindschaft erscheint als eine „Grundtönung des Hasses" – neben „Widerstreben", „Ablehnung" und „Gefühlseinstellungen[en] negativer Art" (ebd., S. 100). Die hassende Person ist nicht nur nebenbei und oberflächlich, sondern in ihrer „Tiefe und Zentralität" von Hassgefühl erfasst (ebd., S. 101). Es handelt sich um ein Gefühl, das sich in einem allenfalls übertragenen Sinne auf Naturereignisse oder zufällige Wirkzusammenhänge richtet: „Man hasst die Wogen einer Sturmflut nicht". Tatsächlich hat Hass seinen Gegenstand in intersubjektiven und sozialen Zusammenhängen, ein „personenvertretendes Feindschaftserlebnis" und eine „geistige Betreffbarkeit" sind impliziert: Der Gegenstand des Hasses ist eine feindliche „geistig-personale Macht" (ebd., S. 102 f.). Oder auch überpersönliche soziale und kulturelle Gegebenheiten wie etwa „das Russentum" oder „de[r] Katholizismus" (ebd., S. 106). Was die Gründe für den Hass angeht, so spricht Kolnai von einer „Doppelmotivation": Hass gründet in einem Geschädigtsein *durch* oder einer sittlichen Entrüstung *über* eine gehasste Person oder soziale Instanz (ebd., S 109). Wobei die sittliche Empörung offensichtlich die gewichtigere Motivation dar-

stellt: „man hasst […] den noch so mächtigen, aber ritterlichen Feind weniger, als den tückischen, wiewohl an sich ungefährlicheren" (ebd.). Sehr zurecht betont Kolnai die dualisierende Tendenz des Hasses: „Wenn es eine stilvollendete Weltanschauung des Hasses gibt, so ist es zweifellos der *Manichäismus*, die Sicht der Welt als Kampfplatz und Kampfprodukt des Einen bestimmten guten Prinzips und des ihm an Realität ebenbürtigen Einen bestimmten bösen Prinzips" (ebd., S. 133). Sehr klar sieht er auch die Tendenz zur „*Vernichtung* des Gegenstands", die im Hass zumindest mit anklingt: „Ausschaltung, Verbannung, Zugrunderichten, Tötung, metaphysische Entweihung […] liegen in der Tendenz des hasserfüllten Willens" (ebd., S. 105) – auch dort, wo diese aktuell nicht gewollt oder angestrebt werden. In dieser exterminatorischen Tendenz gipfelt auch die besondere „dynamische Beziehung, die Daseinsverbundenheit des Fühlenden (Hassenden) mit dem Gegenstande" (ebd., S. 111). Hass ist keine in sich ruhende Gemütslage, sondern etwas, das den Hassenden heftig antreibt und umtreibt.

6 Unterstützt von titelseitenfüllenden Schlagzeilen der Boulevardpresse: „Bild kämpft für Meinungsfreiheit: Das wird man ja wohl noch sagen dürfen", in: Bildzeitung vom 4. September 2010.

7 Aristoteles, a. a. O., 1414a.

8 Aristoteles ist Anhänger der vierteiligen Gliederung, die den Beweis der eigenen These und die Widerlegung des Gegners zusammenführt: „denn die Widerlegung der Argumente des Gegners gehört zu den Mitteln der Glaubhaftmachung (Beweisführung)", a. a. O., 1414b.

9 Ein Überblick findet sich in: Heinrich Lausberg, *Handbuch der literarischen Rhetorik*, München 1960, 2. Aufl., S. 148 f.

10 Aristoteles, a. a. O. 1358b.

11 Jürgen Habermas, *Theorie des kommunikativen Handelns, Band 1: Handlungsrationalität und gesellschaftliche Rationalisierung*, Frankfurt am Main 1981, S. 376.

12 Chantal Mouffe beschreibt in ihrer Arbeit *Über das Politische. Wider die kosmopolitische Illusion* (Frankfurt am Main 2007) den „Agonismus" als eine für demokratisch-plurale Gesellschaften angemessene und anzustrebende Art des politischen Konfliktaustrags. Sie sieht darin eine gezähmte Form jenes Antagonismus, der Carl Schmitts Freund-/Feind-Bestimmung prägt: „Während der Antagonismus eine Wir-Sie-Beziehung ist, in der sich Feinde ohne irgendeine gemeinsame Basis gegenüberstehen, ist der Agonismus eine Wir-Sie-Beziehung, bei der die konfligierenden Parteien die Legitimität ihrer Opponenten anerkennen, auch wenn

sie einsehen, dass es für den Konflikt keine rationale Lösung gibt. Sie sind Gegner, keine Feinde" (ebd., S. 30). – Mouffe verdeutlicht, wie wichtig „die Schaffung einer lebendigen agonistischen Sphäre des öffentlichen Wettstreits" (ebd., S. 10) für den demokratischen Prozess ist. Das gilt insbesondere unter „postpolitischen", „postdemokratischen" oder auch großkoalitionären Bedingungen. Denn hier behindern und blockieren eigentlich demokratisch orientierte Parteien und Gruppierungen den demokratischen Prozess durch faule Kompromisse oder scheinbar alternativlose Konsense, statt die zur Entscheidung anstehenden Alternativen agonal zu konturieren und zuzuspitzen. Vollkommen zurecht sieht Mouffe in diesem Versäumnis einen Nährboden für den Rechtspopulismus. Das große Problem, das sie sich an dieser Stelle jedoch auflädt, heißt – Carl Schmitt. Und damit sind nicht bloß Gänsehauteffekte gemeint, die ein positiver Bezug auf den „Kronjuristen des Dritten Reiches" auszulösen vermag, der dem NS-Regime eine juristische Legitimation verschaffen wollte, sondern vor allem die immensen theoretischen Implikationen, die Mouffe sich hier zum eigenen Problembestand macht. Zwar will sie Carl Schmitt auch *gegen* Carl Schmitt lesen, doch die oft produktive und kreative Methode der „gegen den Strich" bürstenden Lektüre ist in diesem Fall eine kaum zu bewältigende Mammutaufgabe. Und zwar schon dort, wo Mouffe den dezidiert antipluralistisch, antidemokratisch und letztlich völkisch aufgeladenen Freund-/Feind-Antagonismus bei Schmitt als gezähmten Agonismus einer lebendigen Demokratie fassen will. Und vor allem auch im Versuch, eine „Kritik des liberalen Denkens unter der Ägide [… von] Carl Schmitt" zu formulieren (ebd. S. 11). Im Zuge dieses Versuchs kommt es zu einer ziemlich gewagten Volte, in der Mouffe den demokratischen Liberalismus zum eigentlichen Produzenten von Feindschaft im Politischen erklärt. Und zwar deshalb, weil er die herkömmliche Links-/Rechts-Unterscheidung zwischen politischen Gegnern zu einem Kampf zwischen „richtig" und „falsch" und „Gut" und Böse" moralisiere (ebd. S. 12) und damit politische Kontrahenten zu Feinden mache. Mouffe will entmoralisieren, um Feindschaft zu zähmen. Doch mit dem antiliberalistischen Impetus ihrer Moralkritik trifft sie auch jene „moralische" Integration, die eine an universalistisch gefassten Menschen- und Freiheitsrechten orientierte Unterscheidung von richtig und falsch leistet. Denn diese transzendiert ja besondere und partikulare politische Konflikte, um die Akteure an die universalistischen Werte, Normen und Rechte als Grenze ihres Konflikthandels zu binden. Was soll stattdessen das beide Konfliktparteien Umgreifende sein?

Zumal hier ja auch der antagonistische Integrationsmechanismus ausfällt, weil er nur auf die Integration der Eigengruppe bezogen ist – und zwar gerade als Kehrseite der Feindbildkonstruktion: Feindschaft zum Feind kann gerade nicht eine nichtfeindliche Beziehung zu diesem Feind integrieren, in der er zu einem bloßen Gegner würde. Woher kommen also die Mittel der demokratischen Integration, die einen agonistischen Wettstreit jenseits von Feindschaft ermöglichen? – Nötig wäre nicht nur eine die Konfliktparteien normativ umgreifende Integrationsdimension, sondern auch ein anthropologisch respektive intersubjektivitätstheoretisch deutlich weniger *negativistischer* Ausgangspunkt als der von Carl Schmitt. Ein solcher Ausgangspunkt beinhaltete auch den Rekurs auf grundlegendere dialogische und nichtfeindschaftliche Formen der Wechselseitigkeit, für die ein Konfliktaustrag jenseits von Anfeindung nichts Ungewöhnliches, sondern etwas lebensweltlich Alltägliches ist. In einem solchen Umgang sind auch starke universalistische Intuitionen mit angelegt, die eine demokratische Kultur mit tragen. Erst auf einer solchen Grundlage wird ein agonaler Konfliktaustrag denkbar, der mehr ist als ein nur Tanz am Abgrund zur Welt einer vermeintlich unhintergehbaren menschlichen Wolfsnatur, den Schmitts pessimistische Anthropologie unterstellt. Um Mouffes wichtige Ideen zur agonistischen Gegensatzbildung in der Demokratie fruchtbar zu machen, wäre also eine Lektüre nötig, die ihren Ansatz ihrerseits „gegen den Strich" bürstet – vor allem auch mit Blick auf die Residuen von Carl Schmitts Feindbildkonstruktivismus darin.

13 Doch auch unter demokratischen Bedingungen besteht bereits die Gefahr, dass die Lobrede zur Lobhudelei verkümmert und das kritische Moment, das das rhetorische Salz in der Suppe ist, verloren geht. Um dieser Gefahr zu entgehen, können Lobreden die Probleme ihrer Gattung reflexiv in sich hinein nehmen oder auch ironisch Distanz herstellen, etwa auch durch ein „Lob des Unbelobten", des vermeintlich unwürdigen Gegenstands. Vgl. hierzu Stefan Matuschek, „Antirhetorik, Propaganda, Streit, Spiel und Ironie. Zur Formengeschichte der Lobrede", in Josef Kopperschmidt und Helmut Schanze (Hg.), *Fest und Festrhetorik. Zu Theorie, Geschichte und Praxis der Epideiktik*, Paderborn 1999, S. 181–191, hier 190 f.

14 Oder aber eine hintersinnige Kritik an Autokraten, die in der Lobrede eine Art inneres Exil findet, indem sie „strategisch genau das lobt, worauf sie die Machthaber öffentlich verpflichten will". Die Kritik, die in der demokratischen Rede offen möglich ist, wird hier subversiv in ihrem scheinbaren Gegenteil verpackt: „Lobrede

als Forderung, als Aufrichtung eines Wunschbildes in kritisch korrigierender Absicht" (Matuschek, a. a. O., S. 189).

15 Martin Reisigl kommt in seinem Aufsatz „Rechtspopulismus und faschistische Rhetorik – Ein Vergleich" (in: *Totalitarismus und Demokratie* Jg. 9, Heft 2, 2012, S. 303–323) ebenfalls zum Schluss, dass hier zahlreiche Ähnlichkeiten und Übereinstimmungen vorliegen, vor allem mit Blick auf die Anfangsphase des Faschismus und auf Krisenzeiten, in denen faschistische Führer verstärkt auf die populistischen Mittel der politischen Massenmobilisierung zurückgegriffen haben. Die Unterschiede liegen in einem radikaleren Auftreten der Faschisten, die ihren Feinddiskurs noch aggressiver und gewalttätiger betreiben und – einmal an die Macht gelangt – ihre autoritäre Herrschaft durchweg positiv darstellen, während oppositionelle Populistenführer hier ambivalenter sind und einen Antielitenpopulismus gegen „die da oben" propagieren, in dem sie sich selbst als Teil und Vorkämpfer des unterdrückten Volks stilisieren.

16 Peter Handke, *Publikumsbeschimpfung und andere Sprechstücke*, Frankfurt am Main 1966.

17 Und zwar nicht nur mit Blick auf die Formen der populistischen Ansprache, sondern auch auf deren Inhalte, die ja nicht als etwas Neues, sondern als Traum von der Rückkehr einer guten alten Zeit verkauft werden sollen.

18 Donald Trump, Ankunft bei der Wahlkundgebung in Pittsburgh, 6. November 2016, http://www.newsr.in/video/20161107/5972347/Watch-Trump-grand-plane-unveiling-at-his.htm (die Fundstellen für sämtliche Internetzitate und -verweise wurden Ende Januar 2017 abgerufen).

19 https://www.youtube.com/watch?v=P4RzVczPRvo

20 https://www.youtube.com/watch?v=hLLDn7MjbFo

21 Donald Trumps Beraterin Kellyanne Conway hat die Postfaktizismusdebatte um diesen Begriff bereichert, als sie die offenkundige Falschbehauptung des Trump-Pressesprechers Sean Spicer, Trumps Amtseinführungszeremonie im Januar 2017 hätte „das größte Publikum angezogen, das jemals einer Amtseinführung beiwohnte. Punkt!" damit verteidigte, dass dieser sich auf „alternative facts" bezogen habe.

22 Martin Heidegger, *Sein und Zeit*, 15. Aufl., Tübingen 1984, S. 127.

23 Ebd.

24 Jean-Paul Sartre, *Das Sein und das Nichts. Versuch einer phänomenologischen Ontologie*, Reinbek bei Hamburg 1991, S. 267.

25 Paul Taggart, „The populist Turn in the Politics of New Europe", Paper prepared for presentation at the 8th Biannual Interna-

tional Conference of the European Union Studies Association Conference, Nashville 2003, S. 6.

26 Karin Priester, *Populismus. Historische und aktuelle Erscheinungsformen*, Frankfurt am Main 2007, S. 48; vgl. auch S. 19 f.

27 Taggart, a. a. O., S. 7. Die Unschärfe des Bildes ist – wie von Taggart beschrieben – eine Bedingung, um die Pluralität der populistischen Anhängerschaft in ihren unterschiedlichen Visionen belassen und sie dennoch als „monolithische" Einheit anrufen und darstellen zu können. Doch – so die These, die ich im Weiteren entwickeln möchte – der entscheidende Faktor der Vereinigung ist nicht die heartland-, sondern die rhetorische Feindbildkonstruktion.

28 http://www.mumdadandkids.eu/de

29 https://www.moms-dads-kids.de/

30 Bildzeitung vom 6. März 2013.

31 Der Soziologe Andreas Kemper weist in seiner für die Friedrich-Ebert-Stiftung verfassten Untersuchung *Keimzelle der Nation. Familien- und geschlechterpolitische Positionen der AfD*, Berlin 2014, auf den „überproportionalen Anteil ultrakatholischer oder aber preußisch-evangelischer FunktionärInnen mit einer Herkunft aus dem Adel oder gar Hochadel" hin, die hier aktiv sind. Sie machen dabei nicht nur überzogene „‚Lebensschutz'- und Hetero-Normativitätsansprüche" geltend, sondern legen auch eine besondere „Verachtung für die Tugenden der Französischen Revolution, Freiheit – Gleichheit – Solidarität" (S. 61 f.) an den Tag.

32 http://www.familien-schutz.de/

34 Zitiert nach www.songtexte.com.

35 Jan-Werner Müller, *Was ist Populismus? Ein Essay*, Frankfurt am Main 2016. – So wichtig das Merkmal des Antipluralismus ist, das Müller in den Mittelpunkt seiner Populismusdefinition rückt, und so wichtig auch die Rolle des „Volkes" ist, die er daneben stellt („Das entscheidende Kriterium ist vielmehr, dass sich im Diskurs der Populisten ein dezidierter Antipluralismus findet und dass sie sich stets auf das Volk als moralische Größe beziehen", ebd. S. 96), beides lässt sich doch erst von jenem Willen des Populismus zur Feindausdeutung her verstehen, der ihn grundsätzlich antreibt. – Besonders deutlich wird der von Müller akzentuierte populistische Antipluralismus im Antielitenpopulismus. Neben den vielen besonderen Anfeindungen gegen Personen und Gruppen hat er eine politische Verallgemeinerungsfunktion für die populistische Feindbildkonstruktion: „Wir", gegen „die da oben", „das Establishment", die politische Konkurrenz insgesamt. – Gleichzeitig gründet im Willen zum Feind auch eine umfassende Eskalationslogik, die zur Selbstentgrenzung der populistischen Ausgrenzungsforderungen führt – Forderungen, die immer

weiter ausgreifen und aus diesem Antrieb heraus zu einem immer umfassenderen Antipluralismus tendieren. – Gegenläufig werden im heutigen Populismus allerdings auch Tendenzen sichtbar, die eine solche Eskalation einschränken wollen – etwa bei Geert Wilders, der mit einem Verfahren des „enemy picking" den Rundumschlag vermeiden und sich auf bestimmte Hauptfeinde konzentrieren will. Seinen eigenen Verlautbarungen zufolge soll sein Kampf gegen den Islam gerade kein Antipluralismus sein, sondern sogar eine Verteidigung von Freiheit und Pluralismus. Auf die Widersprüche, in die er sich dabei verstrickt, wird noch einzugehen sein. – Doch auch ein Populismus, der sich auf nur einen oder wenige Feinde konzentriert und dabei sogar im pluralistischen Gewand auftritt, trägt bereits markante antipluralistische Züge. Denn auch eine in dieser Weise eingegrenzte Ausgrenzung – falls sie sich überhaupt durchhalten lässt – missachtet die allgemeineren Prinzipien von Freiheit und Toleranz. Jean-Paul Sartre hat dies in seinen *Überlegungen zur Judenfrage* mit Blick auf den Antisemitismus in aller Deutlichkeit herausgearbeitet. Sartre weigert sich, eine Haltung, die, wie der Antisemitismus, „ausdrücklich auf besondere Personen abzielt und bestrebt ist, ihre Rechte zu beseitigen oder sie auszurotten, eine Meinung zu nennen" (Reinbek bei Hamburg 1994, S. 10). Beim Antisemitismus handelt es sich Sartre zufolge weder um einen bloß partiellen Defekt, der mit den sonstigen Zügen einer Person nichts zu tun hätte, noch um ein subjektives Geschmacksurteil oder eine Meinung unter vielen, die, wie andere auch, Toleranz verdiente. Tatsächlich handelt es sich um eine Form der Menschenfeindlichkeit, die den Geboten der Toleranz und den Freiheitsrechten prinzipiell und nicht nur partiell und nebenbei widerspricht. Aufgrund solcher Haltungen werden Freiheitsrechte und Toleranzgebote zum Schutz der pluralen Gesellschaft ja überhaupt erst notwendig.

36 Es gibt deutliche Belege dafür, dass Höcke vor seinem Engagement für die AfD unter Pseudonym für Publikationen aus dem NPD-Umfeld geschrieben hat. Vgl. hierzu Andreas Kemper, *„… die neurotische Phase überwinden, in der wir uns seit siebzig Jahren befinden". Die Differenz von Konservativismus und Faschismus am Beispiel der ‚historischen Mission' Björn Höckes (AfD)*, Jena 2016, S. 25 ff.

37 http://www.derfluegel.de/2016/06/06/video-rede-von-bjoern-hoecke-beim-kyffhaeusertreffen-2016/ (im Weiteren zitiert als Höcke 2016).

38 Ludwig Bechstein, *Der Sagenschatz des Thüringerlandes*, Bände 3–4, 1862, S. 13 f.

39 Höcke 2016, a. a. O.

40 Ebd.

41 Ebd.

42 Ebd.

43 https://www.youtube.com/watch?v=WWwy4cYRFls – Auf die Rechtfertigungsrabulisitik, mit der dieses Zitat von Seiten der AfD verteidigt werden sollte, wird noch einzugehen sein.

44 Höcke 2016, a. a. O.

45 Vgl. http://www1.wdr.de/daserste/monitor/videos/video-hoeckes-reden-goebbels-sound-100.ht[ml

46 „Die Kundgebung des Gaues Berlin der NSDAP im Berliner Sportpalast am 1. Februar 1943: Die Rede des Propagandaministers Joseph Goebbels“, in: Iring Fetscher, *Joseph Goebbels im Berliner Sportpalast 1943, Wollt Ihr den totalen Krieg?“*, Hamburg 1998, S. 63–103, S. 94 (im Weiteren zitiert als „Sportpalastrede“).

47 Heidegger, a. a. O., S. 73.

48 Georg Wilhelm Friedrich Hegel, *Grundlinien der Philosophie des Rechts*, Werke Bd. 7, Frankfurt am Main 1970, S. 28.

49 Ebd.

50 Ebd.

51 Ebd.

52 Emil Angehrn, „Philosophie zwischen Ursprungsdenken und Ursprungskritik“, in: Ders. (Hg.), *Anfang und Ursprung: Die Frage nach dem Ersten in Philosophie und Kulturwissenschaft*, Berlin 2007, S. 247–274, S. 251 f.

53 http://www.familien-schutz.de/2016/04/11/fuer-den-erhalt-der-ehe-zeichnen-sie-eu-petition/

54 Björn Höcke, Rede in Dresden am 17. Januar 2017, in: Der Tagesspiegel vom 19. Januar 2017.

55 Etwa auch die Studie des für seine Rankinglisten bekannten Magazins „US News & World Report“ (http://www.usnews.com/news/best-countries/overall-full-list), die die Länder der Erde unter anderem auf Lebensqualität, Wirtschaftsleistung, Infrastruktur, Rechtsstaatlichkeit, politischen und kulturellen Einfluss, Studienbedingungen, Bildung und Ausbildung von Arbeitnehmern, Ökologie und Nachhaltigkeit hin vergleicht und die Bundesrepublik dabei in fast allen Bereichen auf vorderen Plätzen sieht. Einen Ausrutscher nach unten gibt es allerdings in der Kategorie Abenteuertourismus – „The best countries to fulfill your wanderlust“ – wo das Land nur auf Platz 45 landet. Zum Glück für Deutschland wird diese Kategorie nur mit einem Anteil von 4 Prozent im Gesamtergebnis gewichtet. Fazit von US News & World Report: Höckes failing state ist Testsieger 2016 im Weltvergleich aller Länder – „#1 in Best Countries Overall“ – but no country for adventurers, kein Abenteuerland!

56 Höcke 2016, a. a. O.
57 Höcke 2017, a. a. O.
58 Höcke 2016, a. a. O.
59 Ebd.
60 Ebd.
61 Bechstein a. a. O.
62 Friedrich Nietzsche, *Jenseits von Gut und Böse*, Kritische Studienausgabe Bd. 5, München 1999, S. 121.
63 http://www.deutschlandfunk.de/demonstration-in-erfurt-afd-und-npd-gemeinsam-gegen-die.862.de.html?dram:article_id=333406
64 Höcke 2016, a. a. O.
65 Ebd.
66 Ebd.
67 Ebd.
68 Malcolm Clark, *Islam für Dummies*, Weinheim 2006.
69 Schaib Sultan, *Koran für Dummies*, Weinheim 2014.
70 Thilo Sarrazin, „Klasse statt Masse – Von der Hauptstadt der Transferleistungen zur Metropole der Eliten", in: *Lettre International*, Heft 86/2009, S. 197–201, S. 199.
71 Johann Wolfgang von Goethe, *Aus meinem Leben. Dichtung und Wahrheit*, Hamburger Ausgabe, Bd. 10, München 2002, S. 433.
72 Louis Althusser parallelisiert in *Ideologie und ideologische Staatsapparate* (Hamburg, Berlin/West 1977) die Rolle der Ideologie und der Staatsapparate mit einer quasi schöpfergöttlichen Stimme, deren Anrufung mit unhintergehbarer Autorität die Subjekte schafft. Althusser führt diese Grundanlage dazu, die Möglichkeiten der Subjekte zu subversivem Widerspruch zu unterschätzen. Auch die Akteure des Populismus träumen von einer quasi göttlichen Souveränität ihrer Ideologie und von einer vollständigen Unterwerfung ihrer Feinde. Sie verdrängen das Traumhafte und Konstruierte, um den Schein der Echtheit und Unabhängigkeit ihres Konstrukts zu setzen. Das Konstrukt soll eben mehr sein soll als nur Traum und fantastische Setzung.
73 New York Times vom 6. Dezember 2016.
74 Cicero, ein Großmeister der altrömischen Invektive, machte von diesen rhetorischen Topoi sowohl in politischen wie auch Gerichtsreden Gebrauch – allerdings nicht in mehr oder weniger stammelnden Statements, sondern in einer Form, die in die Rhetorikgeschichte einging.
75 Reinhart Kosselleck, „Zur historisch-politischen Semantik asymmetrischer Gegenbegriffe", in: Ders., *Vergangene Zukunft. Zur Semantik geschichtlicher Zeiten*, Frankfurt am Main 1993, S. 211–259, S. 211.

76 New York Times vom 9. August 2016.

77 Judith Butler diskutiert in ihrer Arbeit *Hass spricht. Zur Politik des Performativen* (Frankfurt am Main 2006) im Anschluss an John L. Austin die Frage, ob und inwieweit Hassrede als ein „illokutionärer“ Sprechakt aufzufassen ist, der bereits selbst die Tat ist, die er hervorbringt, oder als ein „perlokutionärer“ Sprechakt, der auf Folgen und Wirkungen führt, die deutlich über das bloße Sagen hinausgehen (S. 11 ff.). Entsprechend fragt Butler, ob es sich bei bestimmten Missfallens- und Hasskundgebungen lediglich um ein „Sprechen“ handelt, das von der Rede- und Meinungsfreiheit geschützt ist, oder um ein weitergehendes „Verhalten“, das als Akt der Bedrohung, Beleidigung, Verhetzung oder Diskriminierung rechtlich verfolgt werden kann (S. 38 ff.). Butler nimmt in ihrer Antwort eine „liberale“ Grundhaltung ein, die abfälliges Sprechen und justiziables Verhalten nicht vorschnell miteinander identifizieren will. Entsprechend plädiert sie dafür, auch nicht vorschnell nach dem Eingreifen von Staat und Justiz zu rufen, sondern den Schwerpunkt der Auseinandersetzung auf zivilgesellschaftliche Gegenstrategien zu legen, auf subversive Gegenreden, die die Brüchigkeit der Hassrede und die nur angemaßte Souveränität der Hassredner dekuvrieren. Hier liegt eine praktisch wichtige Konsequenz von Butlers Überlegungen auch im Hinblick auf den Umgang mit populistischer Rhetorik.

78 Habermas, a. a. O.

79 Sartre 1991, S. 405 ff.

80 Dabei gelingen ihm luzide Beschreibungen des Sadismus und Masochismus, des Antisemitismus und Kolonialismus. Sie hatten kaum zu überschätzende Auswirkungen auf politische, philosophische, soziologische und psychologische Debatten der Zeit, die Sartres Grundidee in variierter, erweiterter und mit anderen Ansätzen kombinierter Form aufgriffen (vgl. hierzu näher Reinhard Olschanski, *Phänomenologie der Missachtung. Studien zum Intersubjektivitätsdenken Jean-Paul Sartres*, Bodenheim 1997, S. 102 ff.).

81 Zur Parallelführung und imaginativen Verschmelzung beider Ebenen im Nationalressentiment vgl. Reinhard Olschanski, *Ressentiment. Über die Vergiftung des europäischen Geistes*, Paderborn 2015, S. 134.

82 Höcke 2016, a. a. O.

83 Ebd.

84 https://www.welt.de/politik/ausland/video126025309/Wilders-provoziert-mit-Hetz-Rede.html

85 Siegfried Kracauer, *Von Caligari zu Hitler. Eine psychologische Geschichte des deutschen Films*, Frankfurt am Main 1979. – Kracauer

zeichnet nach, wie vor allem kleinbürgerliche Schichten sich unter vollkommener Verkennung ihrer faktischen Lage in ein verlorenes Herzland der bürgerlichen Sicherheit zurücksehnen, statt sich unter den neuen Bedingungen der Demokratie für ihre Belange einzusetzen: „Kleine Ladenbesitzer, Kaufleute und Handwerker waren so ressentimentgeladen, dass sie davor zurückschreckten, sich der neuen Lage anzupassen. Statt sich bewusst zu machen, dass es in ihrem praktischen Interesse läge, sich für die Demokratie zu schlagen, hatten sie wie die Angestellten eher ein offenes Ohr für die Versprechungen der Nazis. Ihre Kapitulation beruhte mehr auf emotionalen Fixierungen als auf Einschätzung der wirklichen Lage" (ebd., S. 17).

86 Handke, a. a. O.

87 https://storify.com/case_face/a-trump-rally-in-greensboro

88 https://www.youtube.com/watch?v=b3_xA5orZAg

89 In meinem *Ressentiment*-Buch (a. a. O.) rekonstruiere ich dualisierende Feindbilddiskurse, die für Europa prägend waren – von der Abwertung und Ausgrenzung des Judentums, des Islam und der kolonisierten Welt bis hin zu den feindbildbewehrten zwischennationalen und Systemkonflikten. Der Blick auf die Geschichte des Ressentimentdenkens zeigt, an welch mächtige Traditionen der heutige Populismus anknüpfen kann und wie fragil und gefährdet eine sich an den Werten von Humanität, Demokratie und Menschenrechten orientierende europäische Identität tatsächlich ist.

90 Heinz-Christian Strache, Aschermittwochsrede, 10. Februar 2016, https://www.youtube.com/watch?v=WitcRd_ge1U

91 Dem gegenüber hat Karin Priester eine Definition des Populismus versucht, die auf relativ feststehende Inhalte und eine bestimmte Trägerschicht abhebt: „Die soziale Basis des Populismus liegt in der Mitte der Gesellschaft, in den selbständigen Mittelschichten." Angetrieben von drohenden Statusverlusten und sozialen Auflösungserscheinungen sollen diese Schichten sich autoritären Führern zuwenden und dabei einer wenig ausgearbeiteten, konservativ-mittelständisch geprägten Ideologie anhängen (Karin Priester 2007, a. a. O., S. 44). Mit diesem Versuch kann Priester zwar einige häufig anzutreffende Trägerschichten und Ideen des Populismus fassen, aber andere kommen dabei aus dem Blick – etwa eine verarmte und prekarisierte Arbeiterklasse oder eine Schicht von sozialdarwinistischen Gewinnern. In einer weiteren Arbeit mit dem Titel *Rechter und linker Populismus. Annäherung an ein Chamäleon*, Frankfurt am Main 2012, trägt die Autorin der ideologischen und schichtenspezifischen Vielgestaltigkeit des Populismus dann deutlich mehr Rechnung. Tatsächlich ist es ja

ein Mechanismus der Ausdeutung und Bekämpfung von Feinden, der das „Chamäleon" Populismus als ein synkretistisches und transklassistisches Phänomen integriert.

92 Eine alternative Bezeichnung aus der NS-Bewegung wäre die eines „Affentheaters", in dem „Klugschwätzer", „Krämerseelen", „Profitgeier", „Verzichtler", „Konkursvollstrecker" und „internationales Gesindel" das große Wort führen (vgl. Ralph Gehrke, *Literarische Spurensuche: Elternbilder im Schatten der NS-Vergangenheit*, Opladen 1992, S. 127 f.).

93 Ausgehend von Colin Crouch, *Postdemokratie*, Frankfurt am Main 2008, hat die Debatte um den „postdemokratischen" Zustand der westlichen Gesellschaften die entsprechenden Probleme breit erörtert.

94 Udo Di Fabio, *Die Kultur der Freiheit*, München 2005, S. 9.

95 http://www.mutter-vater-kinder.de

96 „Damals: Holocaust – heute: Babycaust", http://www.kath.net/news/5014

97 Inzwischen hat sich ein ganzes Set von Forderungen herausgebildet, das von diversen Innenpolitikern gebetsmühlenartig wiederholt wird: schärfere Strafen für Straftäter, mehr Befugnisse für die Sicherheitsorgane, die Verwischung von Grenzen zwischen Polizeibehörden, Geheimdiensten und der Bundeswehr, die Zentralisierung der Sicherheitsarchitektur zulasten föderaler Strukturen, die Erschließung neuer Informationsbestände – von flächendeckender Videoüberwachung über Vorratsdatenspeicherung bis hin zum erleichterten Austausch sensibler Persönlichkeitsdaten.

98 So von „Deutschlands lautestem Polizisten", dem langjährigen Vorsitzenden der Deutschen Polizeigewerkschaft Rainer Wendt, der die entsprechenden Forderungen aus der offiziellen Politik lange Zeit verlässlich toppte. Dieser ganz besondere Vertreter von Recht und Ordnung stolperte schließlich darüber, als Hauptkommissar jahrelang Beamtenbezüge eingestrichen zu haben, ohne je zum Dienst erschienen zu sein. Im Versuch, publizistisch auf der Sarrazin-Welle mit zu surfen, veröffentlichte Wendt ein Buch, in dem er sein innenpolitisches Credo zusammenfasst: *Deutschland in Gefahr. Wie ein schwacher Staat unsere Sicherheit aufs Spiel setzt* (München 2016). Thomas Fischer skizziert in der „Zeit" vom 29. Dezember 2016 die darin angelegte populistische Diskursstrategie: Mit Titel und Untertitel „sind schon zwei Schritte getan: Zunächst sind die Begriffe ‚Deutschland' und ‚Wir' zur Deckung gebracht, sodann Leser und Autor. Wer das Buch aufschlägt, marschiert also ab Seite 1, Seit an Seit mit Rainer Wendt, eingebettet im ‚Wir', und darf sich persönlich als Deutschland fühlen."

99 Vgl. „Das krumme Leben des Pegida-Chefs“, in: Sächsische Zeitung vom 2. Dezember 2014.

100 Höcke 2017, a. a. O.

101 Ebd.

102 Vgl. Matthias Kamann, „Was Höcke mit der ‚Denkmal der Schande‘-Rede bezweckt“, in: Die Welt vom 18. Januar 2017.

103 Sportpalastrede a. a. O., S. 65.

104 Sportpalastrede, S. 64. – Als mögliche und an dieser Stelle nicht genannte Sündenböcke der NS-Führung für die Niederlage kommen die Verbündeten Italien, Rumänien und Ungarn in Betracht. In ausländischen Medien regte die Stelle diverse Spekulationen an und wurde zum Teil „als versteckter Hinweis auf die tatsächlich verheerenden Führungsfehler Hitlers verstanden“ (Fetscher 1998, S. 110).

105 Sportpalastrede, S. 66.

106 An einer solchen Umdeutung haben sich im Übrigen auch ultrakonservative bundesdeutsche Geschichtswissenschaftler im sogenannten Historikerstreit der 1980er Jahre versucht.

107 Sportpalastrede, S. 66 f.

108 Ebd., S. 65.

109 Ebd., S. 67.

110 Ebd., S. 69.

111 Ebd., S. 71.

112 Geert Wilders, Rede bei der Pegida-Kundgebung vom 13. April 2015, https://www.youtube.com/watch?v=b3_xA5orZAg

113 Entsprechende Versuche, einen Ausgleich und eine emotionale Ergänzung zur Hasssprache zu finden, waren auch in der NS-Propaganda überdeutlich, nicht zuletzt bei Göring in der Rolle des jovialen „Onkel Hermann“. Und auch die Macher der NS-Unterhaltungskunst wussten, wie wichtig scheinbar unideologische, weniger angestrengte und eher gefühlige Darbietungen sind, um sich einen Massenrückhalt zu sichern. Ein weiter anwachsender Populismus wird auch diese reichen Erfahrungsschätze der Vergangenheit zu heben wissen.

114 Strache, a. a. O.

115 Vgl. „Hofers Burschenschaft und ihr Nein zur österreichischen Nation“, in: Der Standard vom 7. April 2016.

116 Michael Howanietz, *Für ein freies Österreich*, herausgegeben von Norbert Hofer, Wien 2013, S. 32.

117 „Je repense à ces paroles de Simone de Beauvoir : ‚*N'oubliez jamais qu'il suffira d'une crise politique, économique ou religieuse pour que les droits des femmes soient remis en question*‘, et j'ai peur que la crise migratoire signe le début de la fin des droits des femmes.“

118 Alice Schwarzer in: Bildzeitung vom 5. Januar 2017.

119 Das abschließende Kapitel ist eine erweiterte Fassung meines Beitrags „Die Politik des Ressentiments“ in: *Blätter für deutsche und internationale Politik*, Heft 11/2016, S. 43–48.

120 Friedrich Nietzsche, *Zur Genealogie der Moral*, in: Kritische Studienausgabe Bd. 5, München 1999, S. 270 ff.

121 Max Scheler, *Das Ressentiment im Aufbau der Moralen*, Frankfurt am Main 2004, S. 7 ff.

122 Carl Schmitt, *Der Begriff des Politischen*, Berlin 2002, S. 26. – Vgl. hierzu näher Olschanski 2015, S. 29–34.